꼰대의 조언

100세시대, 직장에서 배울 것들

백 병 성 저

JINSAEM 진샘미디어

프롤로그

이 책은 현재 각자의 경쟁 현실 속에서 특히 직장(조직)생활에 열중인 직장인에게 꼭 하고 싶은 이야기를 쓴 책이다. 후배, 조카, 내 아이들이 직장생활을 이렇게 했으면 하여 이야기를 엮은 것이다.

나는 청소년기에 시장에서 장사하는 것으로부터 시작하여, 시골우체국에서의 전보배달도 해보고 대기업에서는 소년공으로 일도 해봤다. 성인이 되어서는 나름 노력하여 공공기관과 공무원으로도 상당기간 동안 종사했다. 그리고 중년이 되어서는 개인/법인사업자로 중소기업을 대상으로 직원관리, 사업계획과 마케팅 관련 컨설팅을 하였고, 동시에 시민사회단체 활동 등 다양한 사회생활을 경험했다. 젊은 날 여러 직장과 직업을 통해 몸으로 배운 것과 직무를 수행하는 과정에서 얻은 지식과 경험을 미래가 불투명한 경쟁사회에서 오늘도 열심히 뛰고 있는 후배 젊은 청춘들에게 조금이라도 보탬이 될 수 있는 진솔한 이야기를 풀어내고자 노력하였다.

100세 시대를 살아가는 우리는 직장생활을 어떻게 해야 하는가? 직장생활은 길어야 20~30년이다. 직장생활 동안 무엇을 어떻게 배워야, 직장생활 기간보다 훨씬 긴 퇴직 후의 시간을 행복하게 살 수 있을까? 퇴직 후가 걱정스럽고 막막하지 않을까?를 고민한 것이다. 제2의 삶을 살기 위한 준비 기간으로 직장생활을 내실 있고 알차게 해야 한다는 취지이다.

직장생활은 급여를 받으면서 제2의 삶을 준비하기 위한 교육의 장으로 인식할 필요가 있다. 그렇기에 직장생활을 통해 많은 것을 익히고 체험하여 준비하고 나와야 50~60대 이후의 삶을 무난하게 영위할 수 있을 것이다. 이런 사람은 자존감을 가지고 사회인으로서 역할을 수행하여 행복한 중년 이후를 꾸릴 수 있을 것이다.

시대의 흐름을 읽고 그에 맞추어 직장의 가치를 인식하는 능력을 키워야 한다. 변화에 대응하기 위해 자신의 마음을 다잡고 치열한 경쟁사회에서 나만의 차별화 전략을 언제 어떻게 구상할 것인지를 고민해야만 한다.

이를 위해 직장에서의 자기계발, 인관관계, 리더십, 상사와 부하의 관계, 시간관리, 언어 습관과 메모습관 등의 습관을 어떻게 만들어 갈 것인가? 또, 실무적으로 글쓰기, 보고서작성, 발표 등에 관한 내용으로 구성하였다.

그리고 조직생리에 맞는 협업, 부서 이기주의, 인사, 고과 등에 관한 내용도 나의 경험과 체험, 그리고 보고 들은 이야기들로 엮었고, 나만의 비즈니스전략으로는 월급은 누가 주나?, 경쟁하지 않는 삶, 새로운 길 등으로 서술하였다.

이 책은 나의 경험 이외에 많은 이들의 도움을 받았다. 이들께 감사드리며 이는 참고문헌으로 제시했다.

지금 수많은 경쟁자와 함께하는 직장생활이 힘들고 고달픈 이들에게, 또 미래를 염려하고 두려워하고 아무도 관심 두지 않는 이 땅의 많은 젊은 청춘들에게 새로운 꿈에 한걸음 도약할 수 있는 작은 힘이 되었으면 하는 바람이다.

2022. 4.

차례

1 시대 읽기

개인의 시대 4
직업의 변화 6
직장인의 실상 7
4차 산업시대 10
시대 읽기 14

2 직장의 가치

떠나기 전에 배워야 할 것 19
임금 20
회사복리 21
소속감 22
직장에서 행복 24

3 내면 다지기

마음 다잡기 28
성과/성공 31
경쟁/성장/성취 32
실패 33

일하는 자세 37
40 41
승진 42
변화대응 44
자신을 지키는 힘 45
선택 48

4 차별화

기획력 55
질문 55
창의성 62
반응 64
객관화 65
알맹이 67
문해력 67
수평적 사고 69

5 자기계발

변화 74
휴식 77
도전 78
학습/몰입 81
독서 83

6 인간관계

사과요령 88
만남/관계 89
어울림 91
입버릇 93

7 리더십

리더십 기초 97
꼰대 101
소통/공감 102
경청 104
단순하게 말하기 106
다양성 107
연대 108
세 가지 어려운 문제 109
겸손 110

8 상사/부하

Z세대의 등장 114
바보들 116
상사/리더의 역할 117
상사 다루기 128
청년세대 133
직장 갑질 135
밉상 부하 137

9 습관

시간관리 141
말습관 143
메모 144
디지털 중독 146
마감시간 147
관찰 148

10 글쓰기/보고서/발표/말하기

보고서 154
발표 161
말하기 164
메시지 168
브레인스토밍 172

11 각자의 생각

주인의식 178
상사와 회사의 목적 180
몰입의 위험성 181
가스라이팅 182
사장이 미쳤다. 184
그레이존(Gray Zone) 186

12 품격

매력/매너 190
나눔 192
준비 192
열정 193
식사 마케팅 195

13 보고/인사/고과

보고 198
인사 199
고과 200
센스 202

14 조직과 협업

위계 조직/역할 조직 206
부서 이기주의 209
협업 210
성과주의/기여주의 211

15 나만의 비즈니스 전략

독립비즈니스 214
월급은 누가주나? 215
N잡의 시대 216

경쟁하지 않는 삶 218
새로운 길 221
고통과 마주하라 222

16 이력서 다시쓰기

전문성 227
이력서 다시 쓰기 230
적극적인 생각 232
직장을 떠날 때 233
마음가짐 233
뒷모습 235

참고문헌 237

1
시대 읽기

첫 직장

신길동 신풍시장 입구에서 리어카에 실린 사과를 한창 팔고 있는데, 고향에 계신 엄마로부터 전보(電報)가 왔다. 《취직자리 있다 급속래》 다음날 모든 것을 접고 바로 귀향했다. 나를 소개한 분은 우체부아저씨였다. 날 보자마자 몇 살인가 물어서 '열다섯입니다.', '너무 어리구나 나이를 한 살 올려라' 그때부터 나는 열여섯이 되었다.

이렇게 해서 열여섯 나이로 고향집에서 16 km 떨어져 있는 면소재지 우체국에 들어가기로 하고, 다음날 아침 우체국장님의 면접을 봤다. '여기서 멀리 떨어져 있는 마을까지 전보를 배달해야 하는데, 급할 때는 밤에도 배달을 가야 한다. 할 수 있겠니?'(당시 그 시절에는 전기도 없을 뿐 아니라 비포장도로였고, 고향의 땅의 지형은 폭이 8km, 길이가 30km에 가까운 장방형 농어촌이었다). '사람이 하는 일인데 못 할게 뭐 있겠습니까?' 어떨결에 이렇게 답하고 말았다.

그렇게 시작된 첫 직장은 만만치 않았다. 전보(電報)라는 것이 급할 때만 보내는 것이라(물론 전화가 없었다). 소년이 혼자 가로등도 없는 밤에 농로나 해변을 지나 배달을 가야 하는 경우가 허다했다. 무섭고 힘들었는데 비나 눈이 오는 악천후는 특히 어려웠다. 그래도 훈훈했던 고향의 인심은 지금도 생각이 난다.

매일 숙직실에서 잠을 자면서 전보가 오면 수시로 배달을 나가는데, 하루는 그만 이불에 지도를 그리는 실수를 하였다. 열일곱이나 먹은 놈이 글쎄 이불에 오줌을 싸다니 쪽팔려서 얼굴을 들 수 없었다.

당시 나와 이름이 같은 차석님(우체국내 넘버2)은 이렇게 말씀하셨다. "백군이 피곤했던 모양이네, 어차피 이불은 빨 때가 되었으니, 사람시켜서 빨래를 하게 하지 뭐, 너무 맘에 두지말게!"

우체국에서 2년 2개월 동안 전보(電報) 배달을 하고, 엄마가 돌아가시는 바람에 고향을 떴다. 연세가 있으신 그 차석님을 지금도 가끔 뵙는다. 그때 오줌싼 이야기를 하면 전혀 기억이 안난다고 하신다.

사람은 많고 일거리는 없다. 일자리는 부족한데 고급 인력은 너무 많다. 무엇이 성공을 가져다주는지는 모르지만, 적어도 그것이 학교공부가 전부가 아니라는 사실이다. 권위와 엘리트주의가 사라지고 '대중'이 떠오르는 현상은 시대의 운명이며 2010년대 이후 포스트모더니즘은 세계적으로 더욱 격화되었다. 우리나라에서 2016년 촛불혁명 이후 대중의 시대, 국민의 시대를 맞고 있다. 그런데 이러한 대중들도 태어난 시기에 따라 생각이나 가치관이 조금씩 차이가 있다.

이제 은퇴기를 맞고 있는 베이비부머와 70~80년의 X세대, 그리고 90년대생으로 대표되는 MZ세대가 각각 차이가 있다.

베이비부머 세대(1955~1963)는 가족을 위해 희생하고, 공동체를 중시하며, 조직 활동에 참여를 잘하는 편이다. 이들은 일과 삶의 균형에 대해서 '그러면 좋겠지'라고 생각하면서도 '현실은 그렇지 않다'는 생각이 지배적이다. 이들은 스스로 공부하면서 자수성가한 사람들이 많아 요즘 젊은 사람들에게도 스스로 알아서 하라고 강조한다. 회사 일도 알아서 눈치껏 배우면 된다고 생각하는 경향이 강하다.

반면, X세대(1970~1980)는 컴퓨터 환경에 노출되어 기술에 대한 이해도가 높고, 홀로 즐길 줄도 알고 회의적인 경향도 강하다. 이들은 상사가 방향만 제시하고 일을 맡겨 달라는 요청이 많고, 정기적으로 피드백을 받아 본인이 하는 일에 대해 잘잘못을 확인하고 싶어 한다. 회사 내에서도 배움의 기회가 없다면 다른 회사를 찾겠다는 생각이 강하고 즐길 수 있을 때 즐기자는 생각이 지배적이다. 점심을 굶고도 본인 좋아하는 6천 원짜리 커피는 마시는 것이 이상하지 않다.

밀레니얼millennials(1981~1996)로 불리는 더 젊은 세대는 페이스북 등 SNS에 자연스럽게 노출되어 있고 취업난, 입시난 등 온갖 난관을 겪고 있는 세대이다. 하지만 자기만의 자존감을 중시하고, 자신감이 있고 글로벌 역량도 강하다. 기성세대는 이들을 스승이라고 생각해야 할 정도로 배울 것이 많은 세대이다. 이들은 신선한 시각으로 아이디어를 제시하기도 하고 IT기술을 활용하기 때문에 업무 처리 속도도 빠르다. 밀레니얼 세대는 현금 보너스보다 자기계발과 유연성을 중시하고 자기가 원하는 시간에 일하는 것을 더 선호하며, 노동에서 일과 생활의 균형을 긍정적인 업무환경, 직업 안정성, 업무 흥미도 등 다른 어떤 요소보다도 중요하게 여기는 것으로 나타난다.

기성세대는 신세대를 이해하려는 노력이 우선되어야 한다. 이에 대한 반론도 있기는 하지만, 기성세대는 어차피 그들과 함께 일해야 하고 그들이 더 나은 아이디어를 많이 내고 성과를 내기 때문이다.

대한민국은 최근에 지구상에서 독특한 특징을 가진 국가로서 인정받고 있다. 한국은 독자적인 문화와 문자를 가진 역동적인 나라이다. 트랜드 공화국, 역동적인 국가로서 오천 만의 인구로 천만 관객을 넘는 영화가 숱하게 등장하는 데는 인기의 '바람'과 트렌드의 작용이 한몫 한다. 우리나라는 독자적인 언어와 문자를 가진 나라로, 한국인 사이에는 동류의식과 동질감이 큰 편이다. 동류의식은 유행과 트렌드의 전파에 유리하다. 동류의식으로 인해 강남에서 알아주는 패션이 전국 곳곳에서도 통할 수 있다. 반면, 동류의식은 경쟁을 심화시키는 역할도 한다. 모두 같은 기준과 목표를 가지고 있다고 생각하고, 남과 나를 많이 비교 한다. 치열한 경쟁은 힘이 많이 들기 때문에 비극일 수도 있지만 경쟁력을 향상시키는 역할도 한다[1].

직장인의 많은 이들이 자신이 누구인지 무엇을 좋아하는지도 모른 채

1) 모기룡, 평생직장이 사라진 시대에 '나'라는 브랜드로 살아남기(책들의 정원, 2019).

열심히 살다가 비참한 최후를 맞는데 이를 세 가지로 나누면 아래와 같다[2]. 먼저, 스스로 선택한 안락사이다. 자신의 신념이나 가치관은 접어두고 안정된 울타리에서 평온한 삶을 살지만 전반적으로 삶은 불만족스럽다. 결국 자신이 누구인지 모르고 진정한 자기 모습을 천천히 죽이는 것이다. 두 번째 유형은 성공한 롤 모델을 닮아가다가 죽는 복사複死copy이다. 결국은 모델을 닮지 못한다. 환경, 성향, 지식이나 경험이 다르기 때문이다. 여러 구성원 중 한 명으로 살다가 어느날 은퇴 혹은 해고 당한다. 마지막 유형은 가장 어리석은 과로사이다. 말 그대로 일만 하다가 죽는다. 처음에는 더 나은 내일을 위해, 남들보다 뛰어나기 위해 열심히 일했다. 어느 순간부터 누가 시켜서가 아니라 스스로 열심히 일하지 않으면 안 되는 것처럼 쉴 새 없이 일해야 한다. 이런 우를 범하지 말아야 한다.

개인의 시대

누구나 고민은 있는데, 특히 현대를 사는 직장인들은 고민이 많다. 회사 일은 즐겁지만 그래도 미래를 위해 뭐라도 준비하지 않으면 안 된다는 불안감, 오늘 하루 혹은 이번 한 달을 살아내기에는 별 탈 없는 것 같지만 왠지 내가 타고 있는 배가 점점 절벽으로 밀려가고 있다는 느낌, 비단 과거의 나뿐 아니라 많은 직장인들이 가지는 공통된 고민일 것이다. 대중의 시대라는 의미는 국가권력과 국가를 움직이는 헤게모니가 대중에게 옮겨왔다는 의미지만, 개인적으로 보면, 개성이 존중받고, 개인의 행위나 활동에 대해 개인이 책임져야 하는 개인의 시대라고 할 수 있다.

2) 한봉주, 어떻게 자신을 변화시킬 것인가(미래지식, 2014).

개인의 시대라고 이 시대가 호락호락한 것은 아니다. 과거보다 좀 더 나은 역량을 필요로 한다. 집단의 시대에는 개인이 집단에 '묻어서'갈 수 있었다. 회사내에 능력없는 임원이 몇 명이 있다고 해도 회사는 오늘도 그럭저럭 굴러간다. 개인의 시대는 개인이 주인공이자 주체가 된다. 개인의 시대에는 비빌 언덕도 없고 묻어갈 기회도 사라진다[3].

그런가 하면, 이러한 시대를 오히려 반기는 사람도 있다. 그간 집단에 묻혀 자신의 능력을 충분히 인정받지 못한 사람들이다. 노력한 만큼 더 빛날 기회가 많으면 원하는 만큼 얻을 수 있는 것도 많은 세상이 펼쳐졌다는 의미이기도 하다.

개인의 시대에 일의 미래는 어떤 모습일까? 밀레니얼 세대도 그들의 부모 세대처럼 잘 살 수 있을까? 어떻게 하면 의미도 있고 보수도 좋은 일자리를 찾을 수 있을까? 현재 미국 노동자 3명 중 1명은 프리랜서다. 독립계약자, 프리랜서, 임시직 등 대안적 근로 형태를 일컫는 긱 경제 Gig Economy의 성장세는 누구도 부정할 수 없다. 직장이 없어지는 시대는 누군가에게 자유와 유연성, 경제적 이익이 보장되는 삶이고, 또 누군가에게는 실업과 번아웃에 대한 차악의 선택일 뿐이다[4].

긱 워커(긱 노동자)란 비정규직 프리랜서의 일종으로 확산세가 가파른 디지털(온라인) 플랫폼을 통해 단발성 업무를 찾아 수행하는 근로자들을 의미한다. 일시적인 업무를 의미하는 '긱Gig'은 1920년대 미국 재즈 클럽에서 단기로 고용한 연주자를 '긱'이라고 부른 데서 유래했다. 코로나19로 디지털 플랫폼에 대한 중요성이 커지면서 관심을 받는 근로 형태다. 또한 코로나19 타격으로 재택근무 등 업무 형태가 급변하면서 긱

3) 서준열, 개인의 시대가 온다(㈜미래엔, 2020).
4) 새라 케슬러, 김고명 역, 직장이 없는 시대가 온다(더 퀘스트, 2019).

워커에 대한 수요·공급도 늘어나는 것으로 보인다.

긱 워커는 그간 정보기술IT 개발자 등 비정규직 근무자 등에 한정해 사용됐지만, 공유경제 확산으로 다양한 직업군이 나타나자 기업들이 필요에 의해 단기로 계약하고 임금을 지불하는 모든 근로 형태를 포함하는 의미로 확대되고 있다. 대표적으로 차량공유서비스 운전자나 배달 전문 라이더 등 1인 계약직들이 포함된다. 긱 워커 비중이 크게 늘고 있는 해외의 경우 이들의 사회적 안전망 제공 수준 등에 대해서도 활발한 논의가 진행되고 있으나 국내는 아직 미흡한 실정이다.

직업의 변화

직업이란 모름지기 1년 내내 주 5일을 일하는 것, 남자가 돈을 벌어오고 여자가 살림하는 게 이상적인 가정의 형태로 여겼던 시대의 산물이다. 이것은 오래전의 이야기이다. 지금 미국 기혼여성 70%가 일을 해서 돈을 벌고 여성이 주 부양자인 가정도 40%나 되는 만큼 예전처럼 남녀의 역할이 나뉜 가정을 보기가 더더욱 어려워졌다.

풀타임 직업은 자녀 양육에만 지장을 주는 게 아니라 취미, 봉사활동, 자기계발의 기회마저 빼앗기기가 일쑤다. 특히 자기계발은 기술 발전에 맞춰 그와 관련된 능력을 갖춰야 하는 현대 사회에서 날로 중요해지는 부분이다.

좋은 점도 있다. 9시 출근 6시까지 직장에 매여 있을 때는 사내정치가 만연했고, 답답한 위계질서 때문에 의견 하나 개진하려 해도 수많은 사람을 거쳐야 했으며 승진을 하거나 뭔가 새로운 것을 시도하려면 회사 안에서 영업을 해야만 했다. 하지만 긱스터는 그런 게 전혀 없다. 프로젝트를 맡아서 잘 끝내기만 하면 등급이 오른다. 긱스터는 이것을 '카르마' 점수라고 하는데 성공적으로 완수한 프로젝트가 늘어날수록 점수도 높아진다. 점수가 높아지면 긱스터 알고리즘의 '신뢰'를 받아 더욱더 흥미로운 프로젝트를 맡을 수 있다. 말하자면 종래의 직업과 달리, 일만 잘하면 그 외에는 아무것도 신경쓰지 않아도 착착 승진이 되는 셈이다.

하청노동자, 프리랜서, 외주 노동자라고 좋은 대우와 보수를 받지 말라는 법은 없다. 하지만 선의의 고용주가 노동자에게 이로운 선택을 하리라고 기대하는 것은 확장성 있는 해법이 아니다. 직업의 안정성 뿐 아니라 삶의 안정성도 필요하기 때문이다.

직장인의 실상

열정으로 직장이나 직업을 탐색하는 것도 중요하지만 열정을 다해서 하고 싶은 분야의 일자리를 찾기 어려울 때가 많다.

캐나다 학생을 대상으로 조사한 결과에 따르면, 84%가 열정을 다해 노력하고 있다고 응답하는데 이 중 90%는 스포츠, 음악, 예술 분야에 관심을 둔 학생들이 대부분이다. 그런데 캐나다의 일자리 통계를 보면, 스포츠, 음악, 미술 등과 관련된 일자리는 3%밖에 되지 않는다.

우리나라도 마찬가지이다. 무엇이든 할 수 있다는 열정을 가진 사람들이 많지만, 실제 노동시장의 일자리는 그들의 열정만큼 녹록지 않다. 열정적으로 일할 수 있는 직업을 갖기 위해 노력하지만 현실은 열정을 다해 일할 수 있는 일자리를 찾기 어려울 때가 많기 때문이다. 열정을 다해 일할 수 있는 직업을 얻는다는 건 사회적 구조와 조직문화 직업이 갖는 특성과 더 관련이 있다[5].

5) 최석규, 직업을 얻는다는 건(밥북, 2019).

우리나라에서 대부분의 많은 사람들은 똑같이 학교를 졸업하고 직장에서 주어진 비슷한 일을 하면서 자기만의 재능이 무엇인지 생각할 시간도 없이 나이를 먹어간다. 30대 초반까지 자신의 직업을 찾아야 관련 분야에서 10년 정도는 경력을 쌓고 40대 중반에 전문가로 나설 수 있다. 40대에 새로운 일을 시도하기란 현실적으로 쉽지 않다.

직장인은 50세가 되는 순간 갑자기 급여가 제로가 될 위험에 놓일 수 있다. 반면, 자기만의 분야를 만들어가게 되면 수입은 적고 불규칙할지 모르지만, 갑자기 급여가 제로가 되는 위험은 훨씬 적다.

모든 사람은 어떤 분야에서든 전문가라는 말이 있다. 자기만의 전문성이 누구에게나 있다는 것이다. 다만, 전문성을 발견하는 사람은 자신의 직업으로 살아가게 되고, 발견하지 못하면 남이 만든 직장에서 불안하게 살아가게 된다. 미래는 앞으로 무엇이 유망한지를 고민하는 사람보다 자신이 무엇을 정말 좋아하고 빠져들 수 있는지를 고민하는 사람에게 기회와 행복감을 선사한다.

우리는 인공지능과 같은 세상의 최신 변화를 바라보며 걱정한다. 성공한 사람들의 기사를 읽으며 나는 뒤쳐져 있다고 느끼며 불안해한다. 자신에 대해 좀 더 이해해야겠다는 생각은 하지 않으면서 세상의 변화에 대해서만 관심을 갖고 걱정을 한다. 중요한 것은 '거울'을 통해 나를 바라보고 먼저 자신을 이해하는 작업이다.

나는 주변 사람들이 욕망하는 것이 아닌 진정으로 내가 삶에서 그리고 직업에서 욕망하는 것을 아는가? 심리적 어른이란, 자기 마음속의 진실을 알아차리는 능력이다. 지금 솔직한 내 의견은 무엇인지? 그리고 그 질문을 회피하지 말고 답해야 마음속 진실을 발견할 수 있다.

지금처럼 불확실성의 시대에는 나에게 일이란 어떤 의미인지, 일을 통해 나는 어떻게 변하고 싶은지, 일을 통해 세상을 어떻게 변화시키고 싶은지 고민이 필요하다.

밀레니얼들은 연봉보다는 일에서 의미를 찾으려 하고 직장에 대한 만족도 보다는 목적과 자기계발을 중요하게 생각하며, 단순한 일자리가 아닌 자신이 기여할 수 있고 그 가치를 인정받을 수 있는 삶을 원한다.

아리스토텔레스는 〈수사학〉에서 "나이가 들수록 사람은 미래를 향한 희망보다는 과거의 추억으로 살아가며 따라서 말이 많아진다"라고 썼다. 디지털 시대는 역사상 최초로 나이든 세대가 나이 어린 세대보다 더 모를 수 있는 시대다. 나이 많은 선배에게만 배우면 그 시대를 살기 힘들다. 나이가 들수록 선배보다 후배에게 배우는 기회를 만들 수 있기를 바란다. 그렇기에 나는 더 이상 초심을 지키고 싶지 않다. 계속 업데이트하고 성장하고 싶을 뿐이다.

"네가 사장이야? 왜 그렇게 열심히 해? 지금 열심히 일하는 너의 미래는 나야 나!" 직장에서 능력발휘에 관한 조사결과, 56%가 '능력을 다 발휘하는 것은 손해'라고 답을 했다. 이런 응답은 대리급이 67.7%, 과장급 59.5%, 사원급 52.5%, 부장급이 45.7%, 임원급이 31.6% 순이었다. 이유는 무엇일까 적절한 보상이 이루어지지 않는다는 응답이 약 80%, 하면 할수록 일이 많아져서가 약 70%를 차지했다[6]. 실제 이러한 응답들은 우리의 일터에 자리 잡고 있는 안타까운 현실과 모순을 보여주는 모습이기도 하다.

---

6) 김용무, 손병기, 언택트 시대, 프로 일잘러의 업무공식 S.T.A.R(팜파스, 2020).

4차 산업시대

4차 산업 혁명의 기술이 수많은 일자리를 뺏는다고 하지만, 중요한 점은 뭔가 대단한 기술이 일자리를 뺏는 게 아니라, 매우 사소한 기술이 이미 우리 일자리를 뺏고 있다는 점이다. 예컨대, 패스트푸드점의 키오스크를 보면, 자영업자들은 한 대의 키오스크가 영업장에서 1.5명의 역할을 한다고 한다. 모바일앱이 등장하면서 은행의 대면 업무는 과거의 10%로 쪼그라들었다.

질 좋은 일자리라고 불리는 대기업 정규직은 지난 2017년 9만 개가 사라졌다. 통계청 국가통계포털에 따르면 구직단념자는 2018년 52만 4000명에서 2021년 구직단념자는 62만8000명으로 증가했다. 이는 관련 통계가 개편된 2014년 이후 가장 많은 수치이다.

최근 AI기술을 보면, 매장에 있는 키오스크의 수준을 훨씬 뛰어넘어 전문영역의 일자리를 위협하고 있다. 그 수준을 엿보자.

AI변호사/의료[7)]

2019.8.29. 오후 1시 변호사회관, AI변호사와 인간변호사의 대결이 있었다. 대회는 인간변호사와 AI가 계약서 분석 및 자문능력을 겨루는 시험 형식으로 진행했다. 법률 AI와 사람 한 명으로 구성된 AI · 인간협업팀 셋과, 변호사 두 명만으로 구성된 아홉팀은 시합 개시 직전에 전달받은 시험문제를 분석해 답안을 제출했다. 주제는 근로기준법이다. 답안은 계약서의 문제점을 지적하고 그 근거법규조항을 제시하는 자문 및 검토 보고서 형태로 작성되었다. 각 답안은 블라인드 방식으로 채점, 결과는 놀랍게도 1~3위 모두 AI · 인간 협업팀이 휩쓸었다.

---

7) 노성열, AI시대, 내 일의 내일, -인공지능 사회의 최전선(동아시아, 2020).

의료분야에서도 AI가 적극 참여하기 시작했다. 환자 개인별로 딱 맞는 치료법을 찾아 의사에게 보여주는 맞춤형 정밀 의료를 도와주는 과정에서 의학 논문과 임상 사례 등 AI 추천의 실증적·문헌적 근거도 한눈에 제시하는 투명성이 차별화 포인트다. '왓슨이 왜 이걸 권했나'를 의사도, 환자도 납득할 수 있다. 현대 의학의 키워드 4P로 요약된다. 예방Preventive, 예측Predictive, 정밀Precise, 참여Participatory 의학을 말한다. 이 모든 조건을 충족하는 4P의학 시대의 새 기술이 바로 의료 AI다. 치료·병원 중심에서 예방·소비자중심으로 특정한 시기와 장소에서의 의료 행위가 아니라 일상생활 속 헬스케어로 메디컬 서비스의 기본 틀이 바뀌는 대전환기에 돌입한 것이다.

안구 내부를 스캔한 딥러닝 영상 데이터를 기반으로 나이, 성별, 혈압, 흡연 여부 등을 분석하고 이를 바탕으로 심장질환 발병 가능성을 예측하는 기술을 네이처에 발표했는데, 30만명 망막 안쪽 안저 영상정보로 심장질환 발병을 예측해본 결과, 약 70%의 정확도를 기록했다. 이는 고통스럽게 안구에서 혈액을 채취해 검사하는 기존의 침습적 예측 방법과 거의 비슷했다. 당뇨병 환자의 안전사진을 AI로 분석하는 당뇨병성 망막병증 진단 시험결과, 50명의 전문의 정확도(0.91)보다 더 높은 0.95의 성과를 내고 있다.

블록체인(BlockChain)

계약 당사자간 정보가 오가고, 이 정보를 외부인에게 드러나지 않도록 보호할 필요성이 생긴다면 블록체인 알고리즘을 사용하면 된다. 계약에 참여한 전원에게 거래 내역의 장부를 나눠서 보관시키고, 신규거래가 발생하는 즉시 그 변동을 동시에 알려 변조를 막는 분산장부Distributed Ledger 네트워크를 블록체인이라 한다.

거래 내역을 기록한 한 페이지의 장부가 블록, 이 블록들이 첫 거래부터 지금 거래까지 쭉 연결된 것이다. 거래에 참여하는 전원이 장부를 보관하고 변동 내역이 즉시 기록되기 때문에 만약 위변조를 시도라도 하려면 분 단위의 거래 승인이 떨어지기 전에 매우 빠른 시간 내에 위조기록 과반수 네트워크 참여자의 장부에 심어야 하기 때문에 현재 컴퓨터 기술로는 불가능하다. 즉, 신뢰의 독점을 깬다. 블록체인은 중앙집권화된 단일 보장이 아니라 참가자 전원에게 분산되어 복수 검증을 통해 신뢰를 보장한다. 신뢰의 민주주의화, 탈중앙화라고 할 수 있다. 블록체인은 금융혁신의 최종 기술이다. 암호통화와 스마트 계약으로 이어지면서 금융 AI의 신뢰성을 보증해 주기 때문이다.

오픈 뱅킹이란 모든 은행과 핀테크 업체들이 표준화된 공동결재, 송금망을 사용하는 제도이다. 현재는 은행마다 제각기 구축한 결제, 송금망을 다른 업체에서는 사용하지 못하게 막아 놓고 본인들과 제휴한 업체에만 제공한다. 이 문을 열어 정보가 자유롭게 이동할 수 있게 하는 것이다.

모든 비즈니스의 종착은 소비자이다. 은행은 그동안 소비자보다 기업고객에 더 신경을 써왔다. 단기 수익이 더 높으니 당연한 일이다. 하지만 소비자의 요구가 정부에 도달해 법과 제도를 바꾸기 시작하며 운동장의 지형은 달라진다. 거래은행을 잘 바꾸지 않는 계좌 관성과 큰 거래처의 신뢰도는 든든한 방패이지만, 이에 안주한다면 반드시 실패할 것이다. 핀테크나 네오뱅크는 더 낮은 비용에 더 편리한 서비스, 전에 없던 가치를 제공하기 때문이다. 저신용자에 대한 마이크로 대출, 계좌이체 및 외화 송금 등 각종 수수료 인하, 보험이나 쇼핑 등 다른 상품과의 연계 등이 그것이다.

정치인 AI

2019년 2월 IBM연례 신기술 발표회에서 프로젝트 디베이터가 선보였다. 프로젝트 디베이터는 유럽 토론챔피언이자 세계 토론 챔피언의 결승 진출자인 인간 출연자 나하라잔과 열띤 논쟁을 벌였다. 양쪽 다 토론 직전에 공개된 주제에 맞춰 도입연설 4분, 반박연설 4분, 마무리연설 2분 순서에 따라 자신의 주장을 펼쳤다. 중간에 인터넷활용은 금지됐다. 800여 명의 청중이 토론을 경청한 결과, 최종적으로 '나하라잔'의 주장에 손을 들어줬다. 최종적인 설득력 면에서 프로젝트 디베이터의 패배였다. 하지만 프로젝트 디베이터는 인간 챔피언보다 사실관계 전달 면에서 더 낫다는 평가를 받았다. 통계수치와 논문 같은 연구자료를 포함하여 풍부한 새 정보를 많이 배울 수 있었다는 반응이 많았다.

대의제의 한계[8]로 인해 AI를 통한 정치의 시대가 앞당겨질 것으로 예측되고 있다. 다음과 같은 이유로 AI를 이용한 직접 민주정치가 도입될 것으로 예측된다. ① 직업적 관료제들이 국가 운영을 주도하는 관료 민주주의의 만연, ② 강력하게 조직되고 발언권 강한 특수이익집단이 민주적 토론과정을 지배하면서 시민의 이익보다 특수집단의 이익이 극대화될 위험이 커졌다. 공공선 개념을 실현하기 어려워진 것이다. 갈등하는 이익들이 자신의 선호가 사회적 선호로 선택받도록 하기 위한 경쟁과정, 즉 시장민주주의로 변질돼 버렸다. ③ 매스미디어와 여론 조사 같은 전통적 공론 형성기구가 제대로 작동하지 못해 국론이 분열되고 양극화의 극단 대치가 잦아졌다.

이와 같이 전문가영역에서 AI의 역할이 활발하고 이는 전문가의 역량을 넘어서고 있다. 인공지능이 사람보다 훨씬 많은 것을 알고 있고, 방대

---

8) 노성열, AI시대, 내 일의 내일, -인공지능 사회의 최전선(동아시아, 2020).

한 자료를 분석한 다음 패턴을 읽어내며 확률과 득실을 계산하고 이를 바탕으로 판단하고 예측하는 능력의 면에서 인간은 인공지능을 따라갈 수 없다.

시대 읽기

요즘세대는 기성세대와 어떤 점에서 사고방식이 다를까? 한 조사에 의하면, 회사보다 자신을 중심으로 생각하고, 워라밸(일과 생활의 균형)을 중시하며, 솔직하고 적극적인 의사표현을 한다. 나아가 요즘에는 타인들의 공감도 받지 못하는 주관적인 의식의 흐름이 표출되어도 신세대들 사이에서 그것이 너그럽게 인정된다. 맥락이 파괴된 소통 맥락의 파괴는 과거에 없었던 것을 허용하는 장점이 생기는 동시에 한 가지에 오래 집중하고 구성하는 일에 취약하게 되는 단점이 있다.

지금은 권위상실의 시대이다. 가습기 살균제 사태와 세월호 참사의 충격은 정부권위에 대한 신뢰의 상실을 가속화시켰다. 촛불로 시작한 정부에 대해서도 처음 시작할 때와는 다른 행태에 실망하는 사람이 많다. 사람들은 권위에 대한 의심이 커졌고, 권위는 더 빠른 속도로 사회에서 사라졌다. 사람들은 이제 권위보다는 자신의 판단에 따라 행동하고 살 길을 찾는 '각자도생'을 하기 시작했다. 권위는 자신이 부족할 때 더 똑똑한 전문가를 믿고 따를 것이기 때문이다[9].

코로나19가 불러온 위기 덕분에 우리에겐 과거보다 더 많은 배움의 기회가 생겼다. 여건이 되지 않아 공부를 할 수 없다는 말은 이제 핑계에 불과하다. 4차 산업혁명 시대, 인간 및 비인간과도 두루 협력하는 유연하고 통찰력있는 인재가 되려면 평생 배움을 삶의 중심에 두는 태도가

9) 모기룡, 평생직장이 사라진 시대에 '나'라는 브랜드로 살아남기(책들의 정원, 2019).

필요하다.

"오늘 퇴사했어요". 수천대 1 뚫었어도 미련없이 던지는 2030[10] MZ세대를 중심으로 퇴사가 증가하는 것은 2021년 통계에서도 확인된다. 취업 전문 플랫폼 '사람인'이 2021년 기업 538개를 대상으로 조사한 바에 따르면, 2021년 상반기 퇴사율은 평균 15.7%로 2020년 동기(13.9%) 대비 1.8%포인트 증가했다. 2022년 초 기업 571개를 대상으로 퇴직 이유를 조사했더니 '연봉을 높이기 위해서'가 21.4%, '평가 · 보상에 대한 불만'이 17.7%, '사회적 명망과 규모가 더 큰 회사로 이직'이 14.5%, '성장 가능성, 비전이 없어서'가 11.6% 등이었다.

10) 매일경제신문, "오늘 퇴사했어요". 수천대 1 뚫었어도 미련 없이 던지는 2030, 2022.2.4.

2
직장의 가치

일본 출장에서 느낀 것

1990년대 후반으로 기억한다. 당시에는 일본으로 출장을 자주 가는 편이었다. 경제산업성에서 공무원 두 사람과 대화를 나누었다. 한국에서는 자동차, 세탁물, 가전제품, 이삿짐 등 대부분의 소비재에서 문제가 발생하면 그 정도에 따라 각각 보상하는 기준을 가지고 있다고 설명했다. 이 기준에 따라 보상안을 제시하고 합의가 안 되면 서로 조금씩 양보를 유도해서 합의에 도달하도록 하는 일을 한다고 했다.

그 관료는 일본은 그런 규정은 없고 법에 따라 합당한 보상을 한다고만 규정되어 있다고 하면서 관련 법 규정을 보여주었다.

나는 또 다른 질문을 했다. 그랬더니 그것은 관련 규정이 없다. 그래서 어떻게 할지는 잘 모르겠다는 답변을 한다. 무언가를 질문하면 흰와이셔츠에 검정색 넥타이와 정장차림의 공무원은 두터운 법규정을 자꾸 찾아보는 모습이 조금은 생경해 보였다.

이것을 보고 일본은 매뉴얼이 없으면 일을 처리하기가 쉽지 않구나. 매뉴얼에 나와 있는 사건이나 문제는 매뉴얼대로 처리하지만 규정이나 매뉴얼에 없는 일은 임기응변이나 즉흥적으로 처리하는 것이 쉽지 않겠구나!! 생각을 했다.

그로부터 25년이 흘렀다. 지금은 대한민국이 하나 둘씩 일본을 앞서고 있다.

현시대는 다양성과 융합, 역동성, 혁신이 발전의 키워드라고 생각된다.

퇴사가 빨라지는 요즘, 직장 근속기간은 평균 6.5년, 길어야 10년이다. 입사 순간부터 노동의 의무를 다하면서 내가 얻어갈 자산을 잘 챙겨야 한다. 학교는 돈을 내고 다녔지만, 직장은 돈을 받으면서 노동을 제공하는 공간이다. 수많은 직장인 중 '뜻이 있는 자'만이 자신만의 능력을 개발해 나간다. 인생에서 가장 영리하고 열정 넘치던 시절에 경험한 직무는 곧 내 인생의 자산이 된다. 배움과 경험에 쓸모 없는 것이란 건 없다. 회사가 내게 관심이 없어도 나는 회사와 직무와 세상에 관심을 가지며 일해야 한다[11].

서준열[12]은 회사의 이점으로 다음 네 가지를 든다. 즉, 회사다닐 때 가졌던 경쟁의 구도, 실행력, 지식과 정보, 인재 양성의 기회까지 놓아 버려서는 안 될 것이다.

경쟁의식을 길러준다. 독립사업자가 되었을 때, 가장 중요한 것이 바로 경쟁자의 설정이다. 경쟁이 가져오는 부작용도 많다고 하지만 자신의 생존 기술을 기르기 위한 경쟁은 언제나 긍정적이라고 본다. 자신의 멘토를 경쟁자로 삼는 것도 하나의 방법이다. 나는 언제쯤 저 사람을 따라갈 수 있을까? 라는 존경의 시선을 자신에게 투영하면 자신에 대한 엄격한 기준을 세울 수도 있다.

다음 실행력과 전투력을 키운다. 데드라인이라고 생각하면 늘 다급한 마음이 앞선다. 성과에 대한 갈급함과 비슷하다. 퇴사 이후에도 '매일 성과를 내야 하는 간절함'과 데드라인을 지키면서 살겠다는 계획이 있어야 매우 훌륭하게 일상을 컨트롤 해 나갈 수 있다. 업무의 창의성 역시 데드라인이 존재해야 잘 발현되곤 한다.

그리고 새로운 지식과 정보를 제공해준다. 회사에서는 끊임없이 신상품을 만들어낸다. 이 신상품이야말로 새로운 지식과 정보의 결정체이다. 새로운 기술, 새로운 디자인, 새로운 트렌드의 변화 등이 모두 '지식과

11) M과장, 요즘 직장 생존법(흐름출판, 2020).
12) 서준열, 개인의 시대가 온다(㈜미래엔, 2020).

정보'다. 이는 퇴사를 한 이후에도 계속 추구해야 하는 것이다. 퇴사 후 하나의 일을 정해 놓고 연년세세 먹고 살 수는 없다. 하나의 분야라고 해도 계속 새로운 콘텐츠, 새로운 비즈니스 모델을 만들어야 한다.

마지막으로 인재 양성이다. 인재가 자라지 않는 회사는 결국 도태의 길을 걸을 수밖에 없다. 이렇듯 퇴사 이후에도 계속해서 자신만의 인재를 키우는데 힘써야 한다. 현재 직장에서 별로 배울 것이 없다고 생각할지 모르지만 우리는 알게 모르게 많은 것들을 배우고 있다.

위에서 든 의식이나 전투력과 같은 의지를 배우기도 하지만, 기본적인 예절부터, 인간관계, 리더십, 거래처와의 관계, 관련 기관이나 언론사와의 관계 그리고 실무적인 내용까지 헤아릴 수 없는 많은 것을 배우게 된다.

떠나기 전에 배워야 할 것

조직에 대해 이해를 한다. 퇴직하더라도 조직 밖에서도 조직과 일한다. 필요한 능력은 조직에서 쌓아야 한다. 또 관계 커뮤니케이션하기를 통해 일을 풀어가는 능력을 키우게 된다. 그리고 일하는 방법 등 모든 일을 스스로 해야 한다. 체계적으로 일하는 방법을 찾고 시간 관리 방법도 고민하라.

직장형 인간은 조직 내 작은 변화에도 예민하게 반응해 몸부터 사리게 된다. 회사에 충성하느라 개인의 전문성 배양을 소홀히 여길 수도 있다. 일은 무엇인가? 곧 삶이다. 생명을 불어넣고 즐거움을 안기는 것이다. 일하면서 만나는 사람에게 열정을 느껴 자극받고 이야기를 하다 더 큰 일을 도모하기도 한다. 일을 하지 않는다면 '나'는 존재하지도 않을 것이고 일하지 않으면 그에 따르는 대가도 없으니 삶의 의미도 찾기 어렵다.

직업에도 유통기한이 있다. 사람들이 쉽게 간과하는 체력 부분도 직업을 고민할 때 반드시 고려해야 한다[13].

청년과 신입사원은 처음부터 본인의 적성과 취미와 특기에 맞는 진로를 택할 수 있는 사람은 많지 않다. 많은 사람들이 조금씩 양보하고 어느 정도 참아내면서 회사생활을 한다. 이런 인격적 수양을 쌓는 일이 사람을 사람답게 만드는 과정일 수도 있다. 그렇지만 앞으로 30년 뒤를 미리 확실하게 준비하기 바란다[14].

임금

직장에 다니면 많든 적든 급여를 받게 된다. 급여는 내 삶에 있어 소중한 자원이다. 그리고 4대보험도 처리가 되기 때문에 자영업자나 프리랜서들이 부담해야 할 것들이 해결된다.

직원은 임금에 의하여 자기의 생계를 유지할 수 있으므로 임금은 직원에게 협력의식을 유인하는 가장 중요한 요소가 된다. 따라서 노동자로서는 항상 많은 임금을 받아 윤택한 생활을 할 수 있기를 바라게 된다. 그러나, 임금은 자본가 또는 사용자에게는 생산비의 중요한 일부를 구성하므로 자본가는 경영목적의 달성을 위하여 가급적이면 임금을 덜 올리려고 한다. 그 결과 임금문제를 중심으로 하여 항상 노사간의 충돌이 일어나고, 복잡한 사회문제가 야기되며, 따라서 이 문제의 적절한 처리는 늘 중요한 과제가 되고 있다. 이러한 임금을 어떻게 체계화하여 합리적으로 지급하느냐 하는 것이 극히 중요한 관리 문제이다.

---

13) 홍순성, 나는 1인기업가다(세종서적, 2017).
14) 권순용, 퇴직은 있어도 은퇴는 없다(도서출판 유심, 2017).

회사는 근로의 대가에 상응하는 수준에서 시장 임금을 고려해 외부와 경쟁력을 갖도록 운영하며, 내부 형평성을 감안해 직급간/연차간/성과간 종합적인 설계를 하고 있다. 또 매출이익/영업이익/당기순이익과 주주배당, 사내유보 등 다양한 고려 요소를 종합적으로 판단하여 지불 여력에 맞는 급여 정책을 사용한다. 그래서 임금은 상호 이해와 협력을 전제로 결정되어야 한다[15].

노사간의 내부적인 문제를 떠나서 직장생활하는 우리들에게는 배움과 더불어 급여를 얼마를 받는가에 따라 동기부여가 되기도 하고 이직사유가 되기도 하는 것은 무시할 수 없다.

회사복리

복리후생은 기업이 자신의 직원과 직원의 가족에게 정신적, 경제적인 지원을 하는 복지 체계를 말한다. 현대에 와서 복리후생은 기업의 사회적 책임으로 인식되면서 법적 성격이 강화되었다. 복리 후생의 구체적인 사항으로는 거주설비, 매점, 세탁 등의 생활시설, 의무실, 문화 오락시설, 안전위생시설 등이 있다.

워킹맘인 이명혜씨의 이야기를 들어 보자. “내가 다니고 있는 회사는 매년 직원들에게 복지카드를 지급하여 여행과 숙박, 교육, 학원, 운동 등에 사용할 수 있는 포인트를 제공해 준다. 8월이면 자기계발비 명목으로 휴가비가 나온다. 나를 선택해준 회사에 대한 고마움을 느낀다.”[16]

직장에 따라서 복리수준은 천차만별이다. 대기업같은 곳에서 일하면 자

15) 박해룡, 직장생활, 나는 잘 하고 있을까?(플랜비디자인, 2018).
16) 이명혜, 17년째 버티고 있는 중입니다(싱크스마트, 2021).

녀 대학학비까지 지원하는 기업이 있는가 하면, 중식비 정도만 지원하는 중소기업도 있다. 복리는 충분할 수 없으며, 최소한의 보장이다. 복지는 보편적이어야 하고 나만을 위한 것은 아니다. 나는 좋지만 남은 또 다른 것을 원할 수 있다. 복지는 예산이 소요되며 예산을 우선순위로 고려해 편성한다. 회사의 복지 예산은 회사의 이익 중에 일부를 사용하는 것이다. 그래서 회사는 기본급, 성과급, 복리후생비 등 총보상 관점에서 비용을 고려해 최적의 포트폴리오를 구성해 운영함으로써 구성원의 만족과 동기부여를 시키고자 하는 것이다. 회사의 복리후생제도 혜택을 받는 것이 당연하고, 공짜라고 생각하면 안된다. 구성원들이 행복하고 더 성과를 내자는 의미와 기여에 대한 보상 개념을 동시에 갖는 것이다.

소속감

매슬로우Abraham Maslow는 인간은 모두 다섯 가지의 욕구 계층을 가지고 있으며, 하위 단계의 욕구가 달성되면 상위 단계의 욕구를 채우려고 한다고 주장하였다. 즉 일정 단계의 욕구가 충족되면 그 단계에서 더 이상 동기 유발이 되지 못하기 때문에 더 높은 단계의 욕구를 충족시켜 간다는 것이다. 따라서 경영자는 조직 구성원의 욕구를 파악하여 만족시킴으로써 동기를 부여할 수 있다.

인간의 욕구에는 다섯 가지 계층이 있다. 가장 낮은 단계의 인간의 육체적·생리적 유지와 관련된 욕구, 그리고 위험으로부터 자신을 보호하고 안전하게 하려는 욕구이다. 다음이 소속과 애정의 욕구인데, 집단에 소속하여 사랑을 주고받으며 소속감과 자신의 위치를 확인하려는 욕구이다. 그위에 자기 존중의 욕구와 자신의 재능, 능력, 잠재력을 발휘하고자 하는 욕구인 자아실현의 욕구가 존재한다. 많은 젊은이들이 본인이 속한 조직에 대한 소속감과 충성심을 느끼지 못하는 것으로 보인다.

코로나19 사태로 소속감이 급격히 떨어진 직원들이 잇달아 퇴사 또는 이직을 선택하는 경우가 적잖다. 재택에서 출근으로 돌아가는 과정에서 적응하지 못하는 사례도 많다. 주로 'MZ 세대'에서 많이 목격된다.

최근 회사를 옮긴 A씨(33)는 "코로나로 인해 많은 생각을 해봤는데, 한 직장을 오래 다닌다고 해도 더 이상 미래가 보장될 수 없다고 판단했다"며 "평생직장은 이제 옛말이고, 개인적으로 더 성장할 수 있고 처우 측면에서도 더 안정적인 회사로 옮기는 게 낫다"고 했다. 이직을 준비 중인 사무직 회사원 B씨(30)도 "입사 이후 1년도 채 되지 않아 재택근무에 돌입했다"며 "위드 코로나 시행 이후 이미 익숙해진 재택근무가 줄고, 저녁 없는 삶으로 되돌아가면 지금 회사의 장점은 더 찾기 힘들어졌다"고 하소연했다[17].

반면, 마이크로소프트Microsoft 직원들은 물리적으로 같은 공간에 있지 않아도 서로 연결될 수 있음을 보여주는 긍정적 지표들이 나타났다. 2020~2021년 원격근무를 진행한 직원 90%가 회사에 소속감을 느낀다고 답했으며, 이는 마이크로소프트가 현재까지 진행한 자사 임직원 설문 결과 가운데 가장 높은 수치다. 직원의 90%는 관리자를 신뢰하고, 96%는 관리자가 본인을 존중한다고 답하는 등 관리자에 대한 신뢰도와 업무 지원 만족도도 높은 수준으로 나타났다[18].

직장인이 아닌 직업인은 자신을 독립적인 사람으로 인식할 뿐 아니라 다른 사람들도 개별적인 존재로 인식하게 된다. 유명한 기업에 다니고

17) 이데일리, 2022.1.27. 급여 더 주면 바로 이직, 출근도 꺼려…기업들 인사관리 '비상'
18) ZDnet Korea, 2021.9.10. MS 직원 90% "원격근무 후에도 회사에 소속감 느껴".

있어도 자신이 지속적으로 개선할 것이 있다고 생각하며, 지금의 직책이 자신을 대변한다고 생각하지 않는다. 따라서 회사 이름과 직책에 기대기보다는 자신의 전문성을 만들고 자신을 브랜드로 만들기 위해 직장에 다닐 때부터 노력한다. 그래야 퇴직을 하더라도 인정받을 수 있고 할 일이 생기게 된다.

직장에서 행복

'존버'[19]로 사는 인생은 무의미하다. 회사를 통해 자신을 존중하는 삶을 살 수 있다. 자신의 삶을 영위할 수 있도록 월급을 지원해주고 활동의 공간을 내주는 것이 회사다. 회사는 본인이 인정받을 수 있는 공간이고 회사를 통해 내가족의 행복을 확보할 수 있다.

직장에서의 행복은 먼저 내가 하고 싶은 일을 할 때이다. 또 내가 성장할 때, 그리고 내가 의사결정을 하면서 영향력을 미칠 때 등 다양하다. 그렇더라도 칭찬을 듣거나, 일의 의미를 느끼거나, 인정을 받을 때 더 큰 행복을 느낀다. 함께 하는 사람과의 관계가 직장인의 행복에 큰 영향을 미친다[20].

집단이나 공동체 의식이 개인화되고 있다. 그래서 직장에서나 가정에서 '외로움'을 많이 느끼게 된다. 정신적으로 위로받고 싶은 사람이 갈수록 많아지고 있다. 직장생활을 하다 보면 자신이 인식하지 못하는 사이에 외로움을 느낄 수 있다. 터놓고 이야기하며, 정신적으로 교감하고, 위로받을 수 있는 정신적 동반자 soul mate를 만들어 보자. 또한 자신이 누군가의 소울메이트가 되어 먼저 마음을 열고 다가가 다른 사람에게 용

---

19) '존나 버티다'의 줄임말로, 끝까지 막연하게 버티는 것을 뜻한다.
20) 박해룡, 직장생활, 나는 잘 하고 있을까?(플랜비디자인, 2018).

기를 줄 수 있도록 해보자.

당신은 정말 힘들 때 누구와 터놓고 말하나? 직장 안에 그 사람이 있으면 다행이다. 그 사람이 직속 상사나 가까운 동료라면 더욱 다행이다. 터놓고 얘기할 소울메이트를 만들고 다른 사람의 soul mate가 되어보시라.

이는 내가 숨기고 싶은 나의 허물을 털어놓는다. 그리고 상대방이 숨기고 싶은 말을 듣고 공감하되 절대 다른 사람에게 전달해서는 곤란하다. 내 말을 잘 들어주는 사람, 공감해 주는 사람이 소울메이트다.

미래의 행복을 위해 현재를 희생하는 것은 슬픈 일이다. 현재도 행복하게 살아야 한다. 일도 내가 좋아서 하는 것이 되어야 한다.

3

내면 다지기

정부에 대들다

내가 맡은 팀에서 팀원들이 일을 나누어 맡아 열심히 조사하고 자료를 분석해서 문제점을 발견했다. 당시 우리나라 통신요금이 상대적으로 많이 비싸다는 사실에 대해... 보도자료를 냈다. 〈사용시간대가 비슷한 국가 16개국을 비교한 결과, 우리나라 이동통신요금이 가장 비싸다〉. 이동통신서비스가 급속하게 확산될 즈음 이것은 큰 뉴스거리였다.

다음날 통신위원회발 반론 기사가 신문에 실렸다. 담당과장의 말을 인용하여 "아마도 착오나 착시가 있는 것 같다"라고 말하면서 우리의 자료가 잘못되었다는 것이다.

고민이 되었다. 반론을 제기한 곳이 통신위원회로 정부부서인데... 정부에 대들어도 되나? 여기서 밀리면 우리가 지는 거다. 그럼 우리의 신뢰는 땅에 떨어진다. 아무리 정부지만 아닌 것은 아닌 거다. 다다음날 재반론 기사를 냈다. 관련 입증자료와 함께 비교자료를 제시했다.

시간이 한참 흐른 뒤 통신위원회에서는 기사를 냈다. '이동통신요금인하로 소비자에게 2조 5천억 원의 경제효과를 제고했다고...'

그해 추석 때, 집권당 최고위원들은 서울역에서 귀성객들에게 전단지를 돌리며 홍보를 했다. 그 전단지 속에는 통신요금 인하가 치적으로 기록되었다.

회사의 사업실적, 역량, 우리 부서의 모습, 개인의 역량, 성과, 평판에 대해 외부의 시각으로 보는 노력이 필요하다. 외부의 시각은 객관적일 수 있으며, 이는 냉정할 수 있기 때문에 적잖은 자극, 긴장, 아이디어를 준다. 사람이 나이가 들어가고, 조직이 노화될수록 상대방에 대한 피드백이 줄어든다. '내가 못 보는 나의 모습은 그렇게 형성되어 있구나'라고 생각해도 무리가 아니다. 그 내용이 평소 본인이 바라는 모습이 아니라면 개선하도록 노력해야 한다.

나쁜 일이 벌어졌다고 해서 절망할 필요가 없다. 그럴 때일수록 오히려 감사하다 보면 위기가 기회로 바뀐다. 예를 들면, 취직에 실패했을 때에도 '더 나은 직장을 구하려나보다'라고 생각하며 감사할 수 있다. 다음에는 면접을 더 잘봐야 겠다는 교훈을 얻을 수 있고, 취직에 성공하지 못하는 타인을 이해할 수도 있으며, 취직을 돕는 비즈니스를 생각할 수도 있다. 기회는 긍정적인 시각을 가진 사람만이 포착해낼 수 있는 아주 특별한 선물이다.

한계를 뛰어넘기 위해서는 작은 노력과 성취를 반복하는 것이 중요하다. 우리는 과거의 기억을 기준으로 미래를 바라본다. 따라서 성취한 기억을 만드는 것이 중요하다. 매 순간 작은 목표를 세우고 그것이 성취되었을 때의 짜릿함을 즐기는 것이다. 그 짜릿함이 우리의 기억을 좌우한다. 남과 경쟁하는 것보다 어제의 자신과 경쟁해서 이기는 것에서 즐거움을 느끼게 된다. 미래를 창조하는 열정과 끈기는 이렇게 성장한다.

성장 마인셋은 사람에게 재능이 있는지 없는지는 중요하지 않다. 중요한 것은 '무엇이든 배울 수 있다, 더 나아질 수 있다'는 태도가 있다고 믿는 사람은 훈련과 시도를 반복하고, 실제로 더 나아지기 때문이다.

마음 다잡기

상대적인 가치보다 자신만의 절대가치를 찾는 것이다. 앞으로 안정된 일이 무엇일까?라는 질문이 아닌 지금 내가 하고 싶은 것은 무엇인가라는 질문을 던진다. 청소부 아저씨의 한마디, '나는 지구의 한 모퉁이를 쓸고 있어요. 지구를요!!' 삶을 크게 바라보면서 살면 어떤 일이 즐겁지 않겠는가?

회사를 떠나기로 했다면 과감하게 또 다른 미래를 위한 여정에 나서면 그만이다. 반대로 남기로 했다면 불평불만 가득한 '시커먼 속마음'을 내려놓는 것에서부터 다시 시작해야 한다. 불평과 불만을 내세우면서 조직에 반하는 언행을 일삼는 것은 당장 떠나는 것보다 못한 일탈일 뿐이다[21].

한 취업 포털 사이트에서 직장인 직무만족도가 50% 정도는 현재의 직무에 만족하지 못하는 것으로 나타났다. 만족도가 가장 낮은 직급은 사원과 대리였다. 이처럼 만족스럽지 못한 업무를 기계적으로 반복하다 보면 점점 더 보람을 찾기 힘들어진다. 사회 초년생에게는 학창 시절과는 전혀 다른 조직문화가 낯설고, 그로 인한 고통은 더 클 수밖에 없다.

인생은 끊임없이 반복이다. '반복에 지치지 않는 자가 성취한다'라고 했다〈미생〉.

하루하루가 지옥 같고 지긋지긋할 때, 어려움에 봉착했을 때 필요한 것은 좌절과 패배에 머무르는 포기가 아닌 기회를 잡기 위한 오기와 도전이다. 모두가 겪고 있는 인생을, 절망 롤러코스터를 혼자만의 시련으로 착각하면 안 된다. 누구나 수시로 좌절과 피폐함과 괴로움을 느끼고, 그것을 극복하는 과정을 겪으며 더욱 단단해져 왔다.

회사 카드키를 목에 걸고 거리를 누비는 회사원들을 그토록 부러워했던

21) 장한이, 회사에 들키지 말아야 할 당신의 속마음(이다북스, 2018).

시절, '뭐든 시켜만 주십시오!!'를 외치던 절박했던 때를 떠올려 봐라, 가증스럽게 변한 자신이 부끄러워 질테니.

금수저라고 장밋빛 인생만 펼쳐지는 것도 아니고 흙수저라고 인생이 최악으로만 치닫지도 않는다. 그 어떤 상황에서도 스스로를 일으켜 세우는 것은 바로 자신이 만든 '진짜 수저'이다. 이것이 존재하지 않고는 삶에 정면으로 부딪쳐 살아가는 힘, 직장생활과 그 이후의 삶을 알차고 보람 있게 만들어가는 동력은 부족할 수밖에 없다. 사회가 만들어 놓은 프레임이 아닌 내 스스로가 만들어가는 '진짜 수저'라는 관점에서 자신을 되돌아 볼 필요가 있다. 우리가 정말 추구해야 할 것은 '남들의 시선'이 아니라 얼마나 '진짜 나'를 단단하게 만들어나갈 수 있느냐이다. 삶의 행보가 내가 아닌 타인에게 맞춰져 있으면 시간이 흐를수록 자신을 찾는 일은 더 어려워진다. 중년을 넘어선 사람들이 어느 날 문득 가을 낙엽을 보면서 '도대체 나는 무엇을 위해 살아 온 거지?'라는 상념에 젖게 되는 까닭이 바로 이렇게 '진짜인 나'를 만들어 오지 못했기 때문이다.

월급의 노예가, 회사의 노예가 되지 말자[22].

가능한 자발적으로 즐겁고 행복하게 일하다 떠나자, 그러려면 언제든 내킬 때 사표를 낼 수 있어야 한다. 회사가 날 언제 자를까 전전긍긍하면서는 결코 마음껏 즐겁게 일할 수 없고, 원하는 삶을 살 수도 없다. 문제는 실천이다. 직장인은 또 소비자의 노예이기도 하다. 매달 월급을 받자마자 여러 가지를 구입한다. 막상 언제든 사표를 쓸 수 있도록 준비하자고 마음먹고 나니 이런 소비가 다 부질없게 느껴진다. 월급에 의존하는 삶을 벗어나려는 시도를 해봐라.

---

22) 송혜진, 하마터면 남들처럼 살 뻔했다(비즈니스북스, 2018).

이제는 누군가를 앞서야 한다는 강박증에서 벗어나자. 넘어져 있는 자존감을 손잡아 일으켜주자. 자존감이 땅에 깊게 뿌리내릴 때 인생 나무에 튼실한 열매가 열린다. 나를 진정으로 존중하고 사랑하는 사람만이 다른 사람을 내 삶 속에 받아들이고 인정할 수 있다.

일을 하는데 주어진 일을 생각 없이 하는 것은 위험하다. 윗사람이 시켰으니까 하라는 대로 하다 보면 나의 생각은 없어지고 만다. 어떤 일이 주어지면 목적이 무엇인지 이 일을 어떻게 잘 수행해나갈 것인지 고민해야 한다. 고민하는 만큼 나의 생각의 깊이는 깊어지고, 폭은 넓어지고 능력도 향상된다[23].

성과/성공

노래를 잘하지만 성공하지 못하는 가수들이 있다. 요리사자격증이 있고 요리를 잘한다고 꼭 성공하는 것은 아니다. 직장도 그렇다. 성과는 좋은 데 성공하지 못하는 직장인도 많다. 성공이란 나의 성과를 다른 사람들이 어떻게 인식하는가의 문제다. 노래를 잘 부르지만 대중이 매력을 느끼지 못하는 경우가 그렇다.

직장에서 나름대로 일도 잘한다고 본인은 생각하는데 주변에서 함께 일하는 상사와 동료, 부하직원이 그렇게 느끼지 못한다면 성공은 멀어진다. 커뮤니케이션 전문가인 헬리오 프레드 가르시아Helio Fred Garcia와 존 도얼리John Doorley는 평판을 성과와 행동, 소통의 합으로 본다. 즉, 성과 못지않게 나와 함께 일하는 사람이 업무상 나의 행동을 적절하다고 보는지, 내가 자신의 의견을 제대로 전달하면서도 사람들의 이야기에 경청한다고 느끼는지가 중요하다는 것이다. 특히, 실수나 잘못을 저질렀

---

23) 김명희, 지금시대의 자기경영(바이북스, 2021).

을 때 이를 숨기지 않고 투명하게 소통하는지는 신뢰 있는 평판을 만드는 데 매우 중요하다. 다음 협조능력인데 성과를 만들어낸 뒤에는 네트워크가 성공에 큰 영향을 끼친다. 네트워크는 사람들에게 먼저 도움을 주는 시도에서 생겨난다. 도움을 받은 사람은 대부분 기회가 있을 때 도움을 준 사람을 도와주려고 하기 때문이다. 동료에게 평소에 내가 먼저 도움을 줄 수 있는 일이 무엇인지 생각하고 기회가 있을 때마다 돕는 것이 좋다. 제일 안타까운건 도움을 요청했을 때, 온갖 짜증은 다 내면서 결국에는 도움을 주는 사람이다. 이런 경우 도움을 주고도 긍정적 네트워크를 형성하기 힘들다. 도움을 너무 어렵게 생각하지 말자, 현재 내가 가지고 있는 경험, 정보와 지식, 인적 네트워크를 활용해서 도움을 줄 수 있는 것에는 무엇이 있는지 찾아보자. 이 과정에서 나의 전문성이 찾아지기도 한다. 나의 전문성이 남에게 도움이 될 때, 이러한 것들이 잠재적으로 팔 수 있는 기술(직업)로 연결 될 수 있기 때문이다.

성과와 성공은 서로 연결되어 있지만, 동력은 다르다. 자신이 좋아하는 분야에서 일하며 결과물을 끊임없이 만들어내고 그 결과물에 대한 사람들의 상식을 개선하는 방법을 고민해나가는 것이 성공의 가능성을 키우는 가장 좋은 방법임을 과학이 말해주고 있다.

경쟁/성장/성취

나는 직장에서 경쟁자를 이기기 위한 노력보다 나의 직업을 성장시키기 위한 공부를 해 나가고 있는가?

경쟁적으로 자신을 입증하려는 전략을 선택한 사람보다 상위를 목표로 개선하는 전략을 취했던 직장인이 결국에는 더 나은 '경쟁력'을 갖추게 되는 것은 역설적이다. 무언가 입증하려는 직장인은 자신이 개선할 점이 별로 없으며 이미 경지에 올랐다는 것을 보여주려 애쓰기 때문이다. 조직을 떠나서 어느 쪽이 자기만의 직업을 갖고 살아갈 가능성이 큰 쪽인지는 분명하다.

입증하려는 사람은 후배가 요청하지 않을 때도 가르치려고 한다. 반대로 개선하려는 사람은 후배가 요청할 때는 적극적으로 가르쳐주지만, 평소에는 선배나 동료는 물론이고 후배에게도 배우려고 한다. 이러한 태도가 행동으로 드러나는 지점 중 하나는 후배에게 질문을 할 때다. 입증하려는 직장인은 상대방이 자기보다 모른다는 것을 다른 사람에게 보여주고 자신을 보호하기 위한 질문을 한다. 개선하려는 직장인은 상대방에게서 배우기 위한 겸손한 질문을 한다. 이 프로젝트를 다시 하게 된다면 우리가 혹은 내가 어떤 점을 개선할 수 있을까?

경쟁하기보다 성취하라. 성취하고자 하는 사람들은 자신이 하는 일이나 분야에서 자신이 이루고자 하는 기준에 도달하는 데 중점을 둔다. 이들은 다른 사람이 부과한 목표뿐 아니라 자신이 설정한 기준에 이르기 위해 개인적으로 노력한다. 경쟁에 빠지다 보면, 자신의 전문성을 높이기 위해 시간과 에너지를 쓰는 것보다 윗사람에게 잘 보이고, 경쟁자를 깎아내리거나 잦은 회식 등 과도한 '사내 정치'에 빠져들 위험이 크다. 성취를 중시하는 사람은 직장생활을 통해 자신이 어떤 분야에서 우수한 인재가 되고 싶어 하는지에 대해 자기만의 생각을 갖고 있으며 자신이 생각하는 우수함의 기준을 세우고 이를 달성하기 위해 노력한다.

실패

실패는 안전한 성공을 이룰 수 있도록 도와주는 지지대 역할을 한다.

그래서 실패는 당연하게 생각하고 고맙게 여기면서 즐겨야 한다. 실패를 원망하거나 증오하거나 자신을 비하해서는 절대로 안전한 성공, 튼튼한 성공, 존경받는 성공을 이룰 수가 없게 된다. 실패는 나만이 겪는 것이 아니라 누구나가 겪는 일이고 누구나가 겪으면서 성공으로 전진해 가는 필수 관문 중의 하나이다[24]. 실패 없이 성공한 사람은 단 한 명도 없다는 것을 인식하고 실패에 대한 두려움을 벗어버리고 목표에 대한 자신감을 가질 필요가 있다.

실패는 일시적인 이벤트이다. 실패를 대하는 중요한 관점은 실패 경험은 일시적임을 인지하는 것이다. 아기는 걷는 법을 배우기 위해 수백 번, 수천 번을 넘어지면서도 다시 도전한다. 그런 아이를 보며 실패자라고 하는 사람은 없다. 넘어질 때마다 부모의 넘치는 응원을 받으며 용기를 낸다. 나의 실패를 과정으로 인지해야지 실패자라는 결과로 인지할 필요는 없다.

역량이 더 성장할 수 있다는 것을 믿으면 실패에 낙담하기보다는 실패를 통해 내가 무엇을 배우고 있는지에 집중하게 된다. 실패를 마주했을 때, 성장에 집중한 대가를 자기 자신과 나누는 것도 실패를 이겨내는 데 중요하다.

실패의 경험을 값진 인생의 교훈이라고 말한다. 하지만 실패의 경험보다 중요한 것은 실패의 종류이다. 모든 실패가 우리에게 면역력과 저항력을 길러주지는 않는다. 상사가 오더를 내렸는데, 그 업무를 완수하지 못해서 실패했을 때 아무런 교훈을 주지 못한다. 대부분의 직원들은 자신의 능력 부족으로 실패이유를 생각하지 않는다. 상사가 잘못된 지시를 내려서라고 생각한다. 이런 식의 책임 전가가 일어나기 때문에 모든

---

24) 백금기, 간절한 목표가 인생을 바꾼다(보는 소리, 2015).

실패가 교훈을 주지는 못한다[25].

김주형은 실패를 극복하는 7가지 방법을 아래와 같이 제시하고 있다[26].

1. 과거에 어떤 실패를 했던지 간에 낙심하지 않는다.
2. 실패에 대해 미련을 갖지 않는다.
3. 실패의 경험을 통해서 배울 점을 모색한다.
4. 실패에서 성공으로 이끄는 아이디어를 찾는다.
5. 나는 할 수 있다는 자신감을 항상 잃지 않는다.
6. 초심의 마음으로 재도전한다.
7. 설령 실패할지라도 다시 1번부터 반복하여 성공할 때까지 도전한다.

〈미생〉의 작가 윤태호는 30여 년전 미대 입시에 떨어진 별볼일 없던 가난한 청년이었다. 그림을 그리는 것 말고 다른 일을 생각해본 적이 없었기에 인문계열 재수를 권하는 아버지에게 무작정 상경해 만화 학원을 다니겠다고 말했다. 변변한 자금 지원도 없던 터라 학원에서 취식하거나 노숙을 하면서 전전했다. 그러다 어렵사리 들어간 곳이 바로, 대한민국을 대표하는 만화가 중의 하나로 〈타짜〉, 〈식객〉을 쓴 허영만 화실이었다. 그곳에서 차곡차곡 기본기를 쌓은 그는 허영만의 화실을 나와 만화가 조운학의 문하생으로 들어가면서 실력을 쌓는다. 그 결과 25살의 나이에 자신의 이름을 내건 만화를 출간하게 되었다[27].

유명 만화가의 화실에서 주어진 작업만 하던 문하생들에게 자기 이름으로 자신의 만화를 출간하는 것은 꿈의 완성이라 생각했다. 그런데 그에

25) 권오현, 초격차. 1(쌤앤파커스 발행연도, 2018).
26) 김주형, 20대가 준비해야 할 것들(미래문화사, 2017).
27) 조철선, 공공은 경쟁하지 않는다(전략시티, 2018).

게 데뷔는 처참한 자기와의 대면으로 다가왔다. 당시의 심경을 〈시사인〉과의 인터뷰에서 다음 같이 말했다.

> "그림에는 어마어마하게 공을 들였는데, 그 그림이 담고 있는 얘기는 쓰레기 같달까? 아홉 번 퇴짜 맞은 작가의 아집, '이래도 나를 안 써줘?'라는 식의 자기 과시, 그런게 느껴졌다. 그 뒤 작품을 연재하는 4개월이 지옥 같았다. 너무 비참해 데뷔를 포기하고 다시 문하생으로 들어갔다".

빈약한 스토리로 인한 데뷔작의 실패에서 그는 자기만의 시선으로 자신만의 색깔을 갖추는 게 얼마나 중요한지 깨달았다. 그의 작품은 비정규직 사원의 회한과 아픔을 실제 현실이라고 느껴질 만큼 그려냄으로써 독자들의 공감을 얻어 선풍적인 인기를 끌었다. 모두가 공감한 "죽을 만큼 열심히 하면 나도 가능한 겁니까?" 고졸 출신의 비정규직 사원 장그래의 외침에 독자들도 함께 울었다.

실패연습

우리가 잘 아는 남아공 출신 앨런 머스크Elon Musk는 부모님의 이혼 후 캐나다 모델 출신인 어머니와 함께 살다 17살 때 캐나다로 건너왔다. 그는 미국에서 대학을 졸업한 뒤 동생과 함께 실리콘 밸리에서 창업에 도전하지만 만만치 않음을 느낀다. 밥 사먹을 돈이 없어 하루 종일 오렌지로 끼니를 때울 때도 많았다. 그는 자신의 한계치를 시험해 보기로 한다. 마트에서 냉동 핫도그와 오렌지 30개를 사와서 한 달 내내 이것만 먹는 실험을 했다. 그게 질릴 때쯤 가끔 싸구려 토마토 소스 캔을 따서 파스타를 해먹었다.

이 과정을 거치면서 컴퓨터 한 대와 한 달 30달러만 있으면 평생 살 수 있다는 확신을 가진 후 창업에 뛰어들었다. 창업 전에 미리 실패에 대한 두려움과 대면했던 셈이다. 실패를 해봐야 근육이 생긴다. 오히려 실패를 전제로 일을 시작하는 것이 현명한 일일수 있다. 세상은 내 생각대로 또 나를 중심으로 돌아가지 않는다. 매일 살면서 성공하는 일보다 잘 안되고 거절당하는 일이 훨씬 많다.

도전해서 실패할 것을 두려워하지 말고, 아무것도 하지 않는 것을 두려워하라(혼다 소이치로). 이 일을 시작해서 실패했을 때의 후회와 이 일을 하지 않았을 때의 후회를 저울질해 본다. 만약 실패하더라도 그에 따른 영향이 치명적이지 않다면 그래도 시도해 보는 것이 좋다. 도전해봤기 때문에 후회도 할 수 있다. 그런데 여기서 중요한 것은 그런 시도가 우리 인생에서 또 다른 기회로 이루어질 수 있다. 하지만 어떠한 시도도 하지 않았을 경우에는 평생 후회하며 남은 인생을 보낼 수도 있다. 배움이 있는 한 실패는 실패가 아니고 성공을 향한 준비이자 예행연습이다.

일하는 자세

어디서나 인정받는 것은 매우 소중한 가치이다. 인정이란 역량에 비해서 더 높은 수준의 일을 맡는 것이다. 의외로 본인의 역량이 현재 하고 있는 일에 비해서 높다고 표현하는 사람이 많지 않았다. 인정을 받기 위해서는 역량을 높여야 한다. 그리고 더 높은 수준의 일에 도전해야 한다. 인정을 받는다는 것은 일을 더 많이 하는 것이다. 더 어려운 일을 맡아서 도전하는 것이다. 현재 일을 넉넉하게 감당할 수 있다는 것을 증명해야 한다. 그래서 여유로운 모습을 보여야 한다. 직장은 복잡한 것 같지만 실제로 역량과 일과 그것을 인정해주는 사람과의 상관관계이다. 일을 찾아서 더 하는 것은 희생으로 느껴질 수도 있지만, 결국 그것이 성장과 성공의 비결이다. 이것은 발견한 사람들만 알고 있는 직장생활과 인생의 감춰진 비밀이다.

한 직장인 온라인 상담 사이트에 "전 누구보다 열심히 일하고, 업무 처리능력도 좋고, 야근도 마다하지 않고 최선을 다하는데, 회사에서는 도무지 저를 인정해주지 않아요"라고 올라온 고민의 글을 본 적이 있다. 이에 다양한 댓글이 달렸다. "평소에 부정적이니 않나요?, 혹시 말투가 사납지 않나요? 시키는 일만 하는 건 아닌지? 잘난체 하지는 않나요?" 등이었다. 이 말은 당신만 모르는 단점이 있을 수 있다는 뜻이고 '자신은 잘 한다고 생각하지만 객관적인 시각이 결여되어 있을지 모른다'는 우려의 목소리였다. 인정받고 싶다면 현재의 상황을 역전하고 싶은 만큼 노력하고 객관적인 눈으로 평가받아야 한다[28].

일하는 자세에는 책임감이 반드시 필요하다. '일 잘하는 직원은 방법을 찾고, 일 못하는 직원은 핑계를 찾는다'고 한다.

능력만큼 중요한 것이 책임감이다. 자신이 진행하던 일에 문제가 생겼을 때는 신속하게 해결할 수 있는 방법부터 모색하고 대안을 몇 가지 만들어 상사에게 보고하는 것이 기본적인 절차다. 이런 문제해결 경험이 쌓이면 향후 난처하고 어려운 상황에 직면했을 때도 위기를 현명하게 극복할 수 있는 기본기가 갖추어진다[29].

나를 힘들게 하는 상사를 두고 힘든 것만을 생각하면 하루하루가 지옥의 연속이다. 배울 수 있는 점에 집중해야 몇 년 후 발전해 있는 자신을 기대할 수 있다. 자신이 맡은 업무에서 문제가 발생했을 때 해결 방법부터 찾는 것이 먼저다. 하지만 한발 물러나 핑계를 찾으려는 이들도

---

28) 장한이, 회사에 들키지 말아야 할 당신의 속마음(이다북스, 2018).
29) 장한이, 회사에 들키지 말아야 할 당신의 속마음(이다북스, 2018).

분명히 존재한다. 대부분 순간적인 두려움 때문에 일단 발뺌하고 보는 경우가 많다. 잠깐의 위기 모면은 초짜의 무모한 행동이자 '나 무능해요'라는 사실을 여실히 드러내며 찍히는 좋은 방법이다.

왜 회사에 다녀?

경력사원으로 입사한 홍과장은 진급에 누락된 이후 회사에 대한 불평불만이 극에 달했다. 모이는 자리마다 이 사람 저사람을 붙잡고 상사 문제, 팀 문제, 회사 문제를 들먹거리기에 여념이 없다. 정작 자신이 인정받지 못하는 것을 두고 남 탓만 하며 현실 부정에 바쁘다. 어울리던 이들도 매번 반복되는 부정적인 기운에 점점 피하기 시작했고, 홍과장은 또 다른 사람들을 모아 어둠의 술자리를 만들어 신세 한탄에 바쁘다.

이런 마음가짐으로 도대체 왜 회사에 다닐까 싶을 정도로 하루가 멀다 하고 불평불만을 쏟아내기에 여념이 없다. 가만히 듣고 있으면 민망함을 넘어 상사의 귀에 들어가지나 않을까 동료들이 걱정스러워한다.

우리는 하루에 대략 5만에서 6만 가지의 많은 생각을 한다. 그런데 문제는 그 생각 중에서 85%는 부정적인 생각이며, 단 15%만이 긍정적인 생각이다. 동기부여 전문가 셰드 햄스테더Shad Halmstette는 하루의 대부분을 부정적인 생각과 싸우면서 살아가고 있다고 한다.

직장 생활 속에서는 가면의 필요성을 느끼지만, 실제로 실천에 옮기지 못하는 경우가 많다. 사람인지라 기분이 좋지 않은 일을 당했을 때 표정으로 드러나는 것은 십분 이해할 수 있다. 문제는 여기서 그치지 않고 그 기분을 남에게 고스란히 전달하는 것이다. 회사에서 밝은 표정은 즐거운 마음으로 업무에 임하려는 의지를 보여주지만, 인상을 쓰는 모습을 보고 '업무를 심각하게 처리하고 있구나'라고 아무도 생각하지 않는다. 회사라는 집단에 속한 이상 조직의 룰을 따라야 한다.

조직에서 인정받는 직원들은 상사를 모함하거나 험담하는 모습을 거의 보이지 않는다. 이런 사람들은 말수가 적다기보다는 필요한 말만 하고 많이 듣는 성향이 강하다. 때문에 말 실수를 할 가능성이 적다. 어느 조직이라도 남의 말을 하기 좋아하는 사람, 쓸데없이 상사나 동료들에 대한 뒷말을 전하는 이들이 있다. 이런 분류와 어울려 남의 이야기를 할 때, 괜한 분위기에 휘말려 맞장구를 쳐서는 안된다. 그런 자리일수록 소신을 갖고 중립적인 입장을 유지하는 태도를 보이는 것이 좋다[30].

회사의 윤리적 문제로 고민이 생기면 중국의 철학자 순자의 말을 되새겨볼 필요가 있다.

> "올바른 결정을 따르는 것은 순종, 잘못된 결정에 기꺼이 문제 제기하는 것은 충성, 잘못을 알면서도 따르는 것은 아첨이다"

일을 잘하는 사람은 어떤 일이 주어져도 확실한 실적을 올린다. 자신에게 주어진 작은 일도 제대로 하지 못하면서 큰일을 잘해 낼리 없다[31].

자신에게 주어진 일에 전력을 다하면 기회는 당신을 찾아낸다. 그것만이 높은 평가를 받을 수 있으며, 다음 일로 이어지는 비결이다(앤드류 매튜스Andrew Matthews). 기회를 많이 얻은 사람이 일을 더 잘하게 된다. 그리고 일을 잘하게 되면 또 다른 기회를 얻게 될 가능성이 커진다.

'돈을 지불하고 즐거운 일을 하는 것'이 취미라면, 프로에게 일이란 즐겁게 하면서도 돈을 받는 것이다. 그렇기에 꾸준히 노력할 수 있는 일을 직업으로 택하는 것이 가장 좋다. 일을 잘하는 사람들은 만일의 사태를 대비한 방안을 준비해 둔다. 완벽한 대비책을 마련하는 것이다.

---

30) 장한이, 회사에 들키지 말아야 할 당신의 속마음(이다북스, 2018).

31) 이와따 마쓰오, 김윤경역, 결국 성공하는 사람들의 사소한 차이(비즈니스북스, 2019).

자신의 손을 떠난 업무도 담당자가 그 일을 제대로 인수 했는지, 내용을 정확하게 이해했는지, 실행에 옮기고 있는지 자연스럽게 확인한다. 그런 모습이 한편으로는 다른 사람을 믿지 못하는 것처럼 비치기도 하고 매사에 부정적으로 느껴지기도 한다. 하지만 그런 행동을 하는 이유는 자신도 실수한 경험이 있기 때문에 다시는 똑 같은 실수를 반복하지 않기 위함이다.

때로는 고난에 빠져 절망스러울 때도 있다. 그렇다고 해도 절대 초조해하지 말고 의연하게 인생을 마주해야 한다. 낙담하지 않고 꾸준히 주어진 일에 최선을 다하면 반드시 그 노력을 보상 받고 또 다른 기회가 찾아오고야 만다.

40

아무리 늦게 시작했어도 이미 10년 이상의 경력이 생겼고 해당 분야에서도 대부분 전문가 소리를 듣고 있을 것이다[32]. 만약 잘못된 습관이 생겼거나 나쁜 평판을 받고 있다면 큰일이다. 회사 차원에서 새로운 제도를 도입하거나 도약을 위한 개혁을 시도할 때 이런 직원들은 변화에 적응하고 적극 동참하기보다는 오히려 방해하고 저항하는 경우가 많다. 물론 10여 년 동안 회사를 위해 나름대로 열심히 일했고 현재의 발전된 회사를 만드는 데 많은 기여를 한 점은 인정받을 만하다. 그러나 과거의 기여에 대한 자부심이 현재의 변화와 도약에 방해가 된다면 회사에서는 변화를 수용하고 적응하는 보다 젊은 직원을 대안으로 선택할 수밖에 없다. 그래서 40대 초반에 회사를 떠나는 사람들이 많다. 나이 40이 되기 전에 자신을 돌아보고 문제점을 파악하고 혼자 힘들다면 가

32) 우경명, 내일도 무사히 출근했습니다(황금 부엉이, 2019).

족, 상사, 친구들의 도움을 받아서라도 회사가 원하는 인재로 거듭나기 위한, 즉 회사의 변화에 적응하기 위한 각고의 노력이 필요하다.

이제는 어떤 회사에서도 열심히 노력하지 않는 사람을 내버려 두지 않는다. 본인은 윗사람이 모를 거라고 생각하고 약삭빠르게 행동하겠지만, 그분들은 이미 직원들이 겪는 과정을 극복하고 살아남은 사람들이라는 점을 무시하면 안 된다. 회사의 벽에도 귀가 있다. 낮말은 새가 듣고 밤말은 쥐가 듣는다. 후배들과의 경쟁에서 항상 앞서가고 누락되지 않기 위해서는 자기개발만이 유일한 방법이다.

승진[33)]

직장생활을 하는 사람들은 누구나 남들보다 빠르게 승진하는 것을 희망할 것이다. 빠른 승진을 위해 불철주야 노력하고 있을 것이다. 승진이 빠르면 매번 승진할 때마다 더 노련하고 경험 많은 강력한 경쟁자들을 만나게 된다. 승진하면 승진한 그룹 내에서 점점 견제와 경쟁은 치열해진다. 그렇기 때문에 전처럼 좋은 실적을 내기가 어려워질 뿐 만 아니라 함께 어울리고 함께 고민해줄 동료를 만나기도 힘들어지고, 결과적으로 과거보다 점점 능력이 떨어지는 것 같은 현상이 나타나게 된다는 점 역시 명심해야 한다.

많은 인사담당자의 말에 의하면, 직원을 뽑을 때는 성적순, 승진은 충성도 순이라고 한다. 부하를 승진이나 승급을 시키는 가장 중요한 요소는 충성도인데, 여기서 말하는 충성도란 결국 회사와 생사고락을 함께할 것 같은 사람, 회사가 망해도 끝까지 회사를 위해 고군분투할 것 같은 사람을 말한다. 그런데 이런 이미지를 만들어주거나 부각시켜주는

33) 우경명, 내일도 무사히 출근했습니다(황금 부엉이, 2019).

사람이 바로 상사이다. 즉 상사는 부하의 좋은 평판을 만들어주는 사람이다. 리더는 부하의 운명을 책임지는 사람이다. 한번 인연을 맺은 부하와 상사의 관계라면 그 인연이 죽을 때까지 지속될 수 있도록 계속해서 관심과 지원을 가져야 하며 필요하다고 생각되면 부하의 이직과 창업도 도와주어야 한다.

세상에는 영원한 갑과 을의 관계는 없다. 지금은 상대가 우월한 갑의 입장에서 나에게 비굴함을 강요하고 있지만, 언젠가는 상대가 내 앞에서 비굴한 을의 입장이 되지 말라는 법은 없다. 지금 다소의 비굴함을 참는 것은 훗날의 찬란한 영광을 준비하는 과정에서 겪는 고난의 일부라는 점을 명심하자.

취업이 어려운 만큼 승진도 어려워지고 있다. 주위를 둘러봐도 승진이 힘든 것은 대한민국 기업의 공통적인 현상이다

영화〈극한직업〉에서 상관이 만년 반장에게 던지는 "승진 안 할 거야?" 라는 대사는 승진 문제로 조직의 쓴맛을 보고 있는 대한민국 직장인들 가슴을 후벼 판다.

기간제로 근무하는 후배에게 들었다. 무기계약직 전환 심사를 앞두었다. 부서장이 '이번에 전환 대상이지?'라는 말을 지나가면서 흘렸단다. 후배는 야근까지 하며 성실히 근무했다. 부서장이 흘린 한마디에 꼼짝 못했다. 열심히 일하면 부서장이 힘써줄지 모른다는 기대를 품었으나, 후배는 지금은 같이 근무하지 않고 고향으로 돌아가 다른 직장을 다닌다.

나는 첫 근무부서가 총무팀이었다. 그때는 인사업무를 총무팀에서 했다. 나 보다 세 기수 위 선배들이 대리 자리를 놓고 경쟁할 때였다. 후보자는 많고 자리는 한정되어 있고, 하는 수 없이 일정한 연차가 된 대상자

를 놓고 승진시험을 치렀다. 차장님과 함께 나는 그 시험의 채점과 점수를 집계하는 일을 맡았다. 아깝게 1점 차이로 승진에서 떨어지는 사람이 세 사람이 나왔다. 며칠 뒤 합격자가 발표되고, 축하도 해줬지만, 나는 무엇보다 궁금한 것은 떨어진 사람들의 표정이었다. 한 사람은 죽을 표정으로 며칠간 휴가를 내고 출근하지 않았다. 또 한 사람은 떨어진 것에 개의치 않고 다음날도 출근해서 농담도 하고 밝게 일하는 모습을 보고 많이 배웠다. 그리고 세월이 흘렀다. 전자는 두 직급 승진한 뒤 불미스런 일로 결국 회사를 그만두었다. 후자는 최고자리까지 승진했고 그 회사에서 정년을 했다.

승진으로 스트레스를 받고 있다면 직장 상사에게 솔직히 말하는 것이 좋다. 면담을 하거나 메일을 받았다고 승진 심사의 결과가 바뀌지는 않는다. 하지만 직원 입장에서는 면담을 통해 정확한 나의 포지션을 파악할 수 있다. 나의 부족한 면을 채우고 준비할 수 있다. 나를 정확하게 알고 나면 스트레스는 조금 덜해진다.

변화대응

〈동아일보〉에서 청년 452명에게 성공조건에 관해 물었다. 청년들은 "큰 돈을 벌지 않아도 원하는 일에 도전하며 취미를 즐기면 성공한 삶이다"라고 답했다. 좋은 학벌과 전문직업이 성공조건이라고 말하는 부모 세대와는 다른 답변이었다.

부모세대가 우선시하는 안정과 안전이 자녀 행복을 보장하지 못한다. 부모는 자녀가 즐겁게 일할 수 있는 직업을 찾도록 도와주는 역할에 만족해야 한다. 안정적인 삶을 추구하다 보면, '생각 반경'이 좁아진다. 가슴이 뛰도록 자신이 하고 싶은 일을 하는데 두려움을 느낀다. 물질적이고 당장 눈에 좋아 보이는 것에 가치를 두기보다 내게 기쁨과 행복을 즐길 수 있는 일을 선택해야 한다[34].

은퇴 시기는 이제부터 내가 정한다. 대기업도 전문직도 정년이 불안정한 시대다. 은퇴 없는 직장은 이 세상에 존재하지 않는다. 직장에 근무할 수 있는 정년에 비해 사람들 수명이 35년은 길다, '지금이 황금이다'라는 말처럼 지금부터 미래를 준비해야 퇴직 순간을 삶의 한 과정으로 편안하게 수용할 수 있다. 준비된 사람은 미래가 두렵지 않다. 자신이 좋아하는 일을 하며 인생을 즐길 무대가 마련되어 있기 때문이다.

내가 직장에 더 다니고 싶어도 직장이 사라질 수 있다. 내가 좋아해 선택한 직업도 이제는 안전지대가 아니다. 변화 시점이 되면 자신을 냉정하게 돌아봐야 한다. 한 가지만 끝까지 붙드는 자세는 위험하다. 변화를 두려워 말고 끊임없이 새로운 일에 도전하라는 의미를 담은 말이 '성을 쌓는자 망하리라' 뼈 있는 말이다. 자신의 직업을 돌아보라. 이 직업이 앞으로도 존재할 것인지, 그 직업이 존재하더라도 내가 그 자리에 계속 있으라는 보장은 없다. 어떤 방향으로 성장할 것인지를 지속해서 주시하며 준비해야 한다.

자신을 지키는 힘

자신을 지키는 것은 올바른 가치관을 갖는 것이다. 올바른 가치관은 여러 가지가 있는데 그중에서 가장 선행되어야 할 것은 정직이다. 여러분은 가끔 무심코 한 사소한 거짓말에 발목이 잡혀 큰 곤욕을 치른 경험이 있을 것이다. 스페인의 작가 세르반테스는 '정직함은 진실을 사랑하는 마음에서 나온다. 정직함이 최고의 처세술이다. 정직만큼 풍요로운

34) 양병태, 두려움에 딴지를 걸어라(북랩, 2019).

재산은 없다. 정직은 사회생활에 있어서 지켜야 할 최소한의 도덕률'이라고 했다.

정직은 인간관계나 사회에서 지켜야 할 최소한의 도덕이고 이를 지키는 과정에서 역경이 따르는 경우가 종종 있다. 정직하기 때문에 당장은 불이익이 닥치더라도 묵묵히 감내해 내야하는 경우도 있다. 그렇더라도 정직이 최상의 방책이라는 데 변함이 없다. 우리는 주위에서 한 두 번의 정직하지 못한 말이나 행동으로 나중에 뒷감당이 안되거나 공인의 경우 공인의 자리를 잃게 되는 경우도 종종 보게 된다.

개인적으로 나는 거짓말을 하거나 거짓말을 감추기 위해 또 거짓말을 하고, 의심이 가서 다시 사실을 확인할 때조차 '아니다. 사실이다'라고 우기기까지 하는 사람을 혐오한다. 그 사람과는 뭔가를 믿고 같이 갈 수 없는 사람이라고 생각한다. 사람관계든 사업이든 회사의 일이든 믿지 못하는 사람과는 같이 하기는 쉽지 않다. 아무리 사람관계를 중시하고 능력이 탁월해도 그 사람과는 거리를 멀리 유지하는게 상책이다. 나중에 더 큰 위기나 문제에 봉착할 수 있기 때문이다. 이것은 학벌이나 재산의 유무와는 관계가 없다. 오히려 학벌이 좋거나 재산이 많은 경우 본인의 작은 실수를 감추기 위해 작은 거짓말을 하는 경우가 있다. 거짓말을 해도 상대가 모른다고 생각할지 모르지만, 시간이 흘러가면 거의 모든 것은 드러나게 되어 있다. 그것이 농담을 넘어 거짓이라는 것이 드러났을 때 어떻게 얼굴을 들겠는가?

솔직한 자신의 모습을 보여주는 것은 자신감을 드러내는 효과적인 수단이다. 하지만 일부 사람들은 고집스런 자세나 거만함을 보이는 행동이 자신감을 나타낸다고 잘못 생각한다. 절대로 그러지 말자. 자신에게 전혀 도움이 되지 않는 것이다.

약점을 드러내라는 말의 핵심은 솔직해지라는 것이다. 다른 사람과 상호작용할 때 진정한 자신을 드러내고 청중 앞에서도 완전한 자신의 모습을 보여주는 것이다. 다른 사람들이 당신을 볼 때 방어막을 치고 있는 사람, 꾸며진 모습을 보이는 사람이라고 느낄 때보다 '진정한 모습을 보여주는 사람'이라고 느낄 때 당신의 영향력은 더욱 커지고 사람들은 당신을 더 잘 받아들여 줄 것이다[35]. 사람들은 두려움 때문에 자신의 단점에 대해 이야기하는 것을 꺼린다. 드러남에 대한 두려움, 거절에 대한 두려움, 그리고 상처받을지 모른다는 두려움이다.

단점을 드러내야 한다는 것은 자신이 완벽한 사람이 아니라는 사실을 이야기할 때 긴장해 떨고 있으면 자신은 완벽해지기를 바라는 사람이라는 점을 전하는 셈이다. 이것은 현실적이지 않는 바람이다. 단점을 인정하는 것과 부끄러움을 드러내는 것이 같다고 생각하면 안 된다. 사실 자신이 모든 대답을 다 가지고 있는 것은 아니라는 사실을 인정하는 것이 중요하다.

인간관계에 집착하거나 매이지 않고 자유로울 방법은 무엇인가? 먼저, 자신을 소중히 여기자. 자기 생각과 감정에 충실히 행동하자. 다른 사람 신경 쓰느라 자신을 소홀히 하지 말자. 내면이 아닌 외부 관계에서 오는 만족과 행복은 일시적이다. 인간관계는 영원하지 않다. 다른 모든 사람이 나를 좋아할 수 없음을 받아들이자. 감정, 환경, 사고방식 가치관은 사람마다 다르다. 내가 세상 모든 사람을 좋아하지 않듯 아무리 모든 사람에게 호감을 얻으려 발버둥 쳐도 다른 사람이 나를 싫어할 수 있음을 인정하자. 모두에게 사랑받을 수 없고 모두에게 사랑받을 필요도 없다. 그리고 안정된 관계를 위해 거리감을 유지하자. 상대에게

---

35) 제이 설리번, 도지영 역, 심플하게 말하기(매일경제신문사, 2017).

너무 가까이 다가가면 상대가 부담 느껴 멀어질 수 있다.

나는 어떤 사람인가라는 평가를 타인에게서 찾지 마라. 타인 평가가 내 인생을 결정짓도록 방관하지 마라. 남이 정한 평가 기준에 맞춰 사느라 발버둥 치지 말고 스스로 결정하고 책임지는 주체적인 삶을 살자.

침묵하며 혼자만의 시간을 갖는다. 중요하고 민감한 상황일수록 적극적으로 혼자가 되자. 사람은 혼자일 때 자신이 사는 이유와 목적을 돌아본다. 다음 나에게 내려진 평가가 옳은지 자문해 보자. 그 평가가 옳고 그름은 자신이 잘 안다. 평가가 옳다고 인정되면 화를 내기보다 잘못을 깨우쳐준 사람에게 고마워해야 한다. 왜곡되고 한쪽으로 치우친 평가라고 생각되면 속으로 '통과'를 외친다. 잘못된 평가를 심각하게 받아들이면 나만 손해다. 그리고 행동에 대한 평가인지 존재 자체에 대한 평가인지를 구분하자. 내 잘못된 행동이나 태도를 비판하면 겸허히 수용해야 한다. 타인의 비판을 수용함이 성장의 지름길이다. 하지만 잘못이 초점이 아니라 사람 자체를 비난하는 경우는 무시하라.

선택

삶 속에는 많은 선택의 순간이 있다. 보통 그때마다 어려운 선택보다는 쉬워 보이는 쪽을 택한다. 쉬운 길을 선택하며 살아오는 동안 알게 되는 것은, 갈림길에서 항상 외면했던 어려운 길이 언젠가는 다시 예전과 똑같은 크기로, 가끔은 더 커진 상태로 돌아온다는 점이다. 힘든 선택을 하는 것은 강한 의지의 표명이다. 당면한 문제를 직시하고 더 적극적으로, 어쩌면 더 치열하게 살아가겠다는 각오를 뜻한다. 우리가 힘든 선택을 해야 하는 이유는 또 있다. 힘든 선택일수록 인생은 더 쉬워지고, 쉬운 선택을 할수록 인생은 더 어려워지기 때문이다. 힘든 선택일

수록 인생의 방향이 큰 위기와 직면한 경우가 많고, 쉬운 선택은 그 위기를 피하기 위한 임시방편인 경우가 많다[36].

사람들이 두려워하는 일은 꼭 해야 하는 일인 경우가 많다. 그리고 꼭 해야 할 행동을 하지 못하게 막는 것은, 알 수 없는 결과에 대한 두려움이다. 그러므로 최악의 상황을 예상해보고 받아들이고 행동을 해야 한다. 그 최악의 상황은 두려움이 만들어낸 허상에 불과할 뿐, 생각보다 큰 문제가 아닐 수도 있다.

오늘의 나는 내가 선택한 결과물이다.

36) 김용진, 퇴사이후 어떻게 살것인가?(미다스북스, 2019).

4

차별화

호기심은 괴로워

내가 다니던 전자회사에는 TQC(Total Quality Control)를 주제로 한 사내 경진대회가 있었다. 불량품을 줄이고 시스템을 개선해서 원가를 절감하여 양질의 제품을 생산하자는 취지다. 조장님과 내가 한 조가 된 팀이 사내에서 우수상을 받았다. '싹수'가 있는 직원으로 인정을 받고 공장확장을 위해 현장으로 파견을 나갔다. 공장을 지으면서 현장 직원의 의견을 적극적으로 반영하라는 의미이다.

현장을 돌다가 한번은 궁금한 일이 생겼다. 당시에 정부에서 대통령을 뽑기 위해 시행한 [통일주체국민회의 대의원 선거일]에 모두 직장을 쉬고 투표에 참가했는데, 이날이 유급인지 무급인지가 궁금했다. 같이 경진대회에 나간 조장님에게 물었지만 본인도 잘 모르겠다고 한다. 그래서 그 위 직급인 반장님에게 여쭈었다. 반장님도 잘 모르겠다고 답하신다.

궁금한 것은 못참는 성격인 나는 고민 끝에 편지를 썼다. '모 전자회사(실명을 밝히지 않음)에 다니는 백병성이라고 합니다. [통일주체국민회의 대의원 선거일]이 유급인지 무급인지 알려주셨으면 합니다.'

한 달이 지나도 회신이 없었다. 그런데 근로자를 담당하는 회사의 노무과가 아닌 화이트칼라의 주관부서인 인사과에서 나를 호출한다. 이상했다. 작업복차림의 소년공을 보시고 그분 왈 "자네 어디에 투서를 했나?" "투서라니요??" 한 30초쯤 지나고 머리에 스치는 것이 있었다. 노동청의 근로감독관은 문의한 내용을 내게 회신을 해주기 전에 내가 다니고 있는 S전자의 인사팀에 내가 질의한 내용을 알려준 것으로 짐작이 되었다. 자초지종을 이야기하고 "윗분들에게 질문을 드렸는데 모른다고 해서 고용노동부에 편지로 문의를 했어요"

윗분들은 말렸지만.. 두 달 뒤 나는 그 회사는 그만두었다. 공부를 해야겠다는 이유로...

지금도 그 근로감독관이 이해가 되지 않는다. 왜 그렇게 했는지??

세상은 넓고 똑똑하면서 치열하게 노력까지 하는 사람이 수도 없이 많다. 유대인은 아이들에게 '남보다 뛰어나라'라고 가르치는 대신 '남과 다른 사람이 되어라'라고 가르친다. 그래서 이들은 아이들의 성적을 비교하지 않고 개성에 주목하며, 그 재능을 키워주기 위해 노력한다.

미래에 적응하기 위해서는 짜인 판에서 경쟁하는 것이 아니라, 자신만의 일거리를 만들고, 자신만의 콘텐츠를 만들어나가는 전략이 필요하다. 남과 다르게 생각하고 독특한 방식으로 실행하여 아무도 대체할 수 없는 전문가로 우뚝 서야 한다.

한 가지 직업이나 직장으로 평생 살아가는 시대는 끝났다. 자신의 장점을 끊임없이 개발하고 브랜딩하며 다양한 길을 개척해 나가야 한다.

오랫동안 평범함을 유지해온 환경일수록 특별해질 수 있는 기회는 더 많이 존재한다. 남들과 다르게 하지 않으면 살아남을 수 없다. 이제 평범한 시대는 완전히 끝났다. 평범함은 예전에 보장해주었던 것들을 더 이상 보장해주지 못한다. 고객들은 더이상 '그저 그런 수준'으로는 만족하지 못한다. 특별히 뛰어나지 않으면 아무것도 아니다[37].

살아남는 것과 번영은 엄연히 다르다. 미래는 미래를 진정으로 믿는 사람들에 의해 만들어지지 않는다. 강한 동기를 가진 사람들 무언가를 간절히 원하거나 믿는 남녀에 의해 만들어진다(존 가드너)[38]

전문성은 유용하지만 혁신을 방해할 수도 있다. 새로운 세상에서 변화를 만드는 리더는 업계의 논리와 과거의 성공에 저항하는 이들이다. 혁

---

37) 윌리엄 테일러, 정지현 역, 차별화의 천재들(토네이도미디어그룹(주), 2017).

38) 존 가드너의 '단호한 낙관주의'는 맥킨지&컴퍼니에서 한 '개인적 쇄신(Personal Renewal)'이라는 제목의 연설에서 나온다.
http://www.pbs.org/johngardner/sections/writions_speech_1.html.

신은 지식이 아니라 방식이 결정한다. 역설적이게도 경험과 지식, 자원이 뛰어난 사람과 조직일수록 새롭고 혁신적인 기회를 보지 못한다. 단호함과 유능함을 함께 갖춰라. 비즈니스 마인드에 철저하고 똑똑하고 신뢰할 수 있어야 한다. 그리고 무한하게 도발적이 되어라, 도전적이고 놀라게 할 줄 알고 안주하지 말고 상상력을 발휘하라. 창의적인 사람은 놀라울 정도로 겸손하고 자부심이 있다. 일터가 특별하지 않으면 시장에서도 특별할 수 없다.

모두가 함께라는 생각을 심어주지 못한다면 과연 사람들이 시장의 가능성을 파고들고 남들이 하지 않는 일을 할 수 있는 방법을 생각하려 하겠는가? 조직 전체에 깊은 사명감을 고무하고 시장에서 가장 큰 파동을 일으키는 기업은 구성원들이 의사결정에 관여하고 가치창조에 기여한 만큼 공정한 몫을 받는 기업이다. 함께 가는 사람이 당신의 미래를 결정한다.

사람마다 각자의 '타이탄의 도구'[39]가 있다. 자신이 가진 선천적인 재주와 지금의 사회적 능력을 잘 버무리고 고민하고 실행한다면 분명 타이탄을 발견할 수 있다. 나만의 생존 도구가 무엇인가 만들기가 될지, 말하기가 될지, 그리기가 될지는 아무도 모른다. 해답은 본인만 알고 있다. 회사가 우리를 폐기하기 전에 '나'라는 상품의 운명을 내가 결정해야 한다. 우리는 2억분의 1의 확률로 태어나 부모의 기대와 사랑을 받고 자랐다.

시장의 논리는 간단하다. 수요를 예측하고 공급하는 것, 위기를 먼저 알려고 노력하고 대응해야 한다. 세상의 수요를 끊임없이 탐구하고, 그

---

39) 팀 페리스(Tim Feffiss)의 저서 〈타이탄의 도구들〉에 등장하는 말 '폭발적인 아이디어, 창조적인 습관이 이테일한 전략, 강력한 실행력'을 가진 사람들을 저자는 '타이탄'으로 보았고 그들의 성공 전략을 가리켜 '타이탄의 도구'라고 말한 바 있다.

곳에 '나'라는 상품을 공급할 수 있는 능력을 갖춰야 한다. 우리는 이미 생각보다 많은 것을 가지고 있다. 단 30분의 독서, 1시간의 외국어공부, 2시간의 자기계발, 어떤 것이라도 좋다. 당장 뭘 해야 할지 막막하다면 올해 나의 성과를 자기소개서 쓰듯이 적어보는 것부터 시작해보자. 회사의 입장에서도 변화를 알고 공부하고 관심을 가지는 사람의 퍼포먼스가 실제로 더 나은 경우가 많다[40].

남보다 잘해야 성공한다는 데, 가수 싸이의 성공에는 남보다 노래를 잘해서가 아니다. 그럼에도 세계적으로 싸이가 대성공을 거둘 수 있었던 데는 그 어디에도 볼 수 없는 독특한 노래와 춤이 있었다. 엽기적으로 보일 만큼 톡톡 튀는 새로움이 세계인들의 관심을 사로잡은 것이다. 경쟁이고 뭐고 싸이의 〈강남스타일〉은 그냥 싸이의 〈강남스타일〉일 뿐이다. 결국 싸이는 경쟁력이 아니라 독특함으로 성공을 거머쥐었다. 그런데 싸이의 독특함은 자신의 음악만큼은 고집스럽게 유지하는 열정이 있었기에 가능했다.

작곡가가 되고 싶다면 베토벤이나 모짜르트가 되려 하지 말고, 자기만의 음악을 만들 줄 알아야 한다. 싸이가 성공했다고 싸이 같은 가수가 되려 한다면 성공은 이미 물 건너갔다.

세상에 휘둘리지 말아야 한다. 세상이 바뀌어야 가능하다고 생각한다면 당신 자신부터 바꾸도록 노력해보자. 당신부터 변화해야 세상도 바뀔 수 있지 않을까?

---

40) M과장, 요즘 직장 생존법(흐름출판, 2020).

기획력

기획력은 어떤 대상에 대한 목표를 설정하고 그것을 이뤄내기 위해 가장 적합하고 효율적인 행동을 설계하는 것을 의미한다. 기획력이 뛰어난 사람은 목표도 더 잘 성취하고, 최소한의 자원만으로도 효과적인 행동이 가능하다. 사람들은 자신의 사업에 '문제'가 있을 때 도움을 청하게 된다. 이때 문제란 애초의 '목표를 달성하지 못하고 표류하는 상태', '목표는 그대로지만 오랫동안 도달하지 못하고 있는 상태, 도달할 줄 알고 갔는데 목표에 명중하지 않은 상태' 등이다. 비즈니스 프로듀서는 바로 여기서 다시 목표와 수단을 재조정하고 최적화된 행동을 설계한다.

문제를 먼저 진단해서 발굴하는 것이 급선무다. 문제가 발견되면 왜 발생했는지 원인을 분석하는 것이다. 무엇 때문에 문제가 되었는가를 알면, 그것을 어떻게 제거할지, 보완할지, 대체할지 아니면 완전히 새로운 원형을 가져올지 고민하는 것이다. 그래서 해결방안을 도출하는 것이 기획력이다. 또는 처음부터 없는 것을 새로 만들 때도 기획력이 요구된다. 그때 새로운 것을 만들어야 할 당위성을 찾고 만들기 위한 자원(인력, 자금, 당위성, 논리 등)을 제시할 수 있어야 한다. 그리고 만들고 나면 과거와 달리 어떤 점이 좋아지는지 또는 편리해지는지 그 효과에 대해서도 제시할 수 있어야 설득력이 있다.

질문

호기심이 있으면 많은 질문을 하게 되고, 질문에 대한 대답이 신통치 않으면 스스로가 찾아서 공부하게 된다. 깊이 있는 공부의 시작은 호기심에서 시작된다.

아리스토텔레스는 호기심이야말로 인간을 인간이기에 하는 특성이라고 주장한다. 아인슈타인은 '나는 천재가 아니다. 다만 호기심이 많을 뿐이다'라고 말했다. 스탕달Stendhal(1783~1843)[41]은 열정이란 지적 호기심에 있다고 보았다.

불치하문(不恥下問), 아랫사람에게 묻는 것을 부끄러워하지 말고, 수치불문(羞恥不問) 묻지 않는 것을 부끄러워 해라는 말이 있다.

다른 사람을 만날 때는 여러분이 모르는 내용이 많이 있다고 생각하고 그러한 내용을 들을 수 있는 데까지 파고드는 자세가 필요하다. 그럴 때 우리는 성장하고 다른 사람에게 도움을 줄 수 있다[42].

질문은 더듬거리기의 일종이다. 질문은 현실의 새로운 틈새를 찾아내고, 관점을 다르게 만들고, 본질적 영역으로 접근할 수 있도록 만들어준다. 질문은 새로운 관점을 자극하는 방법이다. 늘 해오던 행동이라도 여기에 질문을 던지는 순간, 주위가 환기되고 다른 식으로 사고하게 된다. 즉석에서 사진을 인화하는 폴라로이드 사진기 발명자인 에드윈 랜드Edwin Land의 딸이 했던 질문으로부터 탄생했다. "아빠 왜 사진을 금방 볼 수 없죠?"라고 딸이 질문한 순간 랜드에게 순간적인 아이디어가 떠올랐다.

질문은 자연스럽게 핵심과 본질에 다가가서 문제해결을 할 수 있는 기회가 주어진다. 질문은 우선순위를 정하거나 혹은 자신의 감정을 통제하는 데에도 활용될 수 있다.

---

41) 〈적과 흑〉(1830)·〈파름의 수도원〉(1839) 등 심리적·정치적 통찰로 가득한 대표작으로 명성을 얻었다. 그는 많은 필명을 갖고 있었지만, 그중에서도 가장 유명한 이름은 프로이센의 도시 슈텐달에서 따온 스탕달이었다.

42) 제이 설리번, 도지영 역, 심플하게 말하기(매일경제신문사, 2017).

질문을 하는 사람의 유형은 크게 세 가지인데, 먼저 공개된 정보를 확인조차 하지 않고 질문부터 하는 사람, 그리고 알아보고 실행해 봤지만 안 되는 부분을 짚어 질문을 하는 사람, 마지막으로 남들이 시도하지 않아서 매뉴얼이 없는 것 같으니 그것이 가능한지 알아봐달라는 사람이다.

남의 상황을 조금이라도 이해하는 아량, 나는 저러지 말아야지 하는 작은 다짐, 그리고 일할 때의 고급 질문러의 태도 이 세 가지 정도면 중간이상은 한다. 수화기 너머로 상대방이 보이지 않을 때는 내용만큼 어감에 더 신경써야 한다[43].

현재 여러분은 어떤 목표를 갖고 있는가? 그 목표를 달성하기 위해 어떤 노력을 하고 있는가? 스스로에게 질문을 던져보라.

위대한 발명도 관점의 전환에서 비롯된 경우가 많다. 천체를 연구하던 코페르니쿠스는 지구를 멈추고 태양을 아무리 돌려봐도 답이 나오질 않자, 태양을 멈추고 지구를 돌려보았다. 그리고 원하는 답을 얻었다. 좋은 질문 중의 하나는 관점을 전환시킬 수 있는 질문이다. 나만을 위한 질문에서 벗어나 상대가 뭘 원하는지 생각하게 만드는 질문이다[44].

출산의 문제야 말로 미래 시점에서 지금 결정에 대한 질문을 던져야 한다. 환갑이 됐을 때 아이를 낳지 않은 걸 후회하지 않을 수 있을까? 그때도 "맞아 우리가 아이를 낳지 않기로 한 건 탁월한 결정이었어"라고 말할 자신이 있는가? 이렇게 시간의 축을 바꾸는 질문은 미래의 자신이 지금의 결정을 어떻게 판단할 것 같은가? 어려운 결정을 앞둔 사람들에게 유효한 질문이다.

---

43) M과장, 요즘직장 생존법(흐름출판, 2020).
44) 한근태, 고수의 질문법(미래의 창, 2018, 91~92).

문제를 풀기는 쉽다. 문제를 내는 것이 어려운 것이다. 문제제기를 할 수 있다면, 자신의 문제가 무엇인지 정확히 안다면 나머지 문제는 문제도 아니다. 혁신은 통념의 저항에서 나온다. 남들이 당연하게 생각하는 것에 대해 의심을 품고 그에 대한 질문을 할 때 나온다.

내가 아는 것과 더 알고 싶은 것 사이의 간극을 줄이기 위해 나오는 것이 질문이다. 질문은 연결이다. 연결되기 위해서는 그 사람에 대해 물어야 한다. 철문을 여는 최선의 방법은 인사를 하고 말을 건네는 것이다. 그리고 그 사람에 대해 질문하는 것이다. 잡담의 목적은 친숙한 분위기를 만드는 것이다. 본론에 들어가기전 서로에 대해 호감을 심어주고 이야기보따리를 풀어놓을 수 있는 분위기를 만드는 것이다. 잡담을 잘하기 위해서 좋은 질문을 던지고 상대 이야기에 귀를 기울이고 긍정적인 반응을 보이는 것이다. 질문을 한다는 건 '내 생각이 틀릴 수 있다 상대에게 뭔가 배울 게 있다. 저것이 더 알고 싶다'라고 하는 공간이 있을 때 가능한 일이다. 공간이 있어야 질문할 수 있다.

질문의 힘[45)]

시리아내전으로 인한 피해 규모가 엄청났다. 사망자 40만 명, 난민 180만 명, 게다가 화학무기로 민간인까지 공격하는 일이 벌어지자 미국은 시리아 내전에 개입하기로 결정했다. 존 캐리John Kerry 국무장관은 2013년 9월 9일 기자회견을 열고 이와 관련한 여러 질문을 받았다. 언제 공습이 이루어지는지, 규모는 어떻게 되는지, 시리아의 대응은 어떻게 예상하는지 등의 질문이 있은 후 한 여성이 이런 질문을 던졌다.

"시리아가 공습을 피하려면 어떻게 해야 하나요?" 많은 사람들이 의아

---

45) 한근태, 고수의 질문법(미래의 창, 2018, 91~92).

해 했다. 공습을 하기로 한 질문들이 이어졌던 상황인데 엉뚱하게도 그 여성은 미국이 아닌 시리아 입장에서 공습을 막을 방법에 관해 질문을 던진 것이다. 존 캐리는 한동안 생각을 하다 이렇게 답했다 "글쎄요, 살상무기를 피하면 되지 않을까요?"

얼마 후 시리아를 지원하던 러시아 외무장관 세르게이 아브로프는 기자회견을 열어 이런 말을 했다. "우리 러시아는 시리아가 국제기구의 감시하에 살상무기를 단계적으로 포기할 것을 요청합니다" 미국의 개입으로 전쟁의 확대를 피하고 싶었던 러시아로서는 당연한 일이었다. 그러자 시리아외무 장관 왈리드 알무알렘은 기자회견을 통해 러시아의 제안을 긍정적으로 검토하겠다고 발표하고 이틀 후 미국의 시리아 공습을 취소하겠다는 발표를 한다. 기자회견에서 한 여성의 질문이 있은지 이틀만이다. 그 여성은 CBS 유명 앵커이자 기자인 마거릿 브렌넌Margaret Brennan이다. 그의 질문 하나가 시리아 공습을 막고 수많은 생명을 구한 것이다.

리더의 질문법[46)]

1930년대 GM캐딜락의 위기가 닥쳤다. 매출 부진에 따른 경쟁자에 대한 사업부장의 질문에 직원들은 벤츠나 BMW같은 경쟁 차종을 이야기 했다. "우리의 경쟁자는 다른 자동차 회사가 아닙니다, 우리의 경쟁자는 밍크코트와 다이아몬드입니다." 캐딜락의 본질을 사치품으로 정의하고 새로운 시각으로, 이후 자동차를 더 고급스럽고 우아한 차를 만들 수 있을지를 고민하게 된다.

46) 한근태, 고수의 질문법(미래의 창, 2018, 91~92).

사고가 많기로 유명하고 군인들이 타기를 꺼려하는 미군 해군 전함 벤폴드Benfold를 이끈 마이클 에브라소프Michael Abrashoff도 질문으로 혁신을 이루었다. 승무원 300명을 대상으로 15~20분간 개인 면담을 했는데, 세 가지 질문이다 어떤 점이 만족스럽죠?, 불만사항은 무엇인가?, 권한이 주어지면 무엇을 어떻게 고치고 싶나?

하고 싶은 말을, 할 말을 하는 대신 질문을 준비할 것을 권한다. 내가 하고 싶은 말이 내가 아닌 직원들 입에서 나오게 하기 위해서는 어떤 질문을 할 것이지를 고민하고 그 질문을 준비해야 한다. 질문은 내 생각을 이야기하는 것이다. 하고 싶은 말을 질문으로 바꾸기 위해서는 직원들 입장에서 생각해야만 한다.

회사를 순회하던 회사의 대표가 영업부장과 마주쳤다. "이 분야에서 영업한 지 얼마나 되었나?" 영업부장은 한 20년 되었다고 답했다. "그러면 이 분야 영업은 한국 최고겠구먼", "예", "그렇다면 한국뿐 아니라 세계에서도 최고인가?"라는 질문에 그건 아니라고 대답했다. "그럼 세계에서 제일 잘하는 사람이 100점이라면 영업부장은 몇 점 정도는 된다고 생각하나?" 영업부장은 한 70점 정도된다고 대답을 했다. "그렇다면 내년 이맘 때에는 몇 점까지 올릴 생각인가? 그것을 위해 김부장은 할 일이 무엇이라고 생각하나?"라는 질문에 영업부장은 지금까지 생각해보지 않았던 질문을 받고 즉석에서 바로 생각했고, 그것을 목표로 회사대표에게 약속하게 되었다. 누가 시켜서 하는 일이 아니라 제 스스로 생각하고 실행을 하겠다고 선언한 것이 되었다. 여기서 회사 대표는 무엇을 어떻게 하라고 지시한 것은 하나도 없다. 다만 몇 가지 질문만 했을 뿐이다. 이것이 리더의 질문법이다.

렌트한 차를 세차하는 사람은 없다. 남이 만들어준 목표를 받고 신이 나는가? 꼭 이 목표를 달성해 상사를 기쁘게 해주겠다는 생각이 드는가? 쉽지 않다. 같은 목표설정이라도 일방적으로 내려주는 것과 본인이 고민하고 궁리하여 만든 목표는 완전히 다르다. 실행력에서 큰 차이를 보인다.

상대방을 생각하게 만드는 것이 바로 설득인데 그것은 질문을 통해 가능하다. 지시받은 사람은 팔과 다리만을 사용한다. 질문을 받은 사람은 머리를 사용하기 시작한다. 질문을 통해 자발성을 높이고 실행력을 높이면 생산성이 좋아진다.

사람은 질문을 하지 않고 질문을 받아야 할 위치라고 생각할 때 후퇴하게 된다.

그런데 이와 같은 질문도 세 가지 전제 조건이 필요하다. 먼저 겸손해야 한다. 질문을 할 때 알면서 확인차 하는 질문이거나 네가 그걸 알 수 있겠어?하는 맘을 가지고 하는 질문은 안된다. 다음은 사람에 대한 존중이다. 마지막엔 자기 훈련이다. 자기 잘난 맛에 사는 사람, 다듬어지지 않는 사람은 좋은 질문을 하기 어렵다.

부모나 교사 등 권한을 가진 사람은 습관적으로 강요를 하지만 그 결과는 지속적이지 못하다. 강요를 당한 후 생각이나 태도를 바꾸는 사람은 없다. 잔소리를 열심히 했더니 변하더라는 이야기를 들어본 적이 있는가? 누군가에 강요를 하는 이유는 그것이 가장 쉽고 편하고 비용이 들지 않기 때문이다.

창의성

씨앗은
산소, 물, 온도의 조건이 갖춰지면
싹이 난다

생각도 환경을 만들고 자극하면
싹이 나고
꽃도 피고 열매를 맺는다

오승건 시인의 〈생각은 씨앗이다〉[47].

창의성이란 여러 가지 뜻을 담고 있지만 그중 '전통적인 사고방식을 벗어나서 새로운 관계를 창출하거나, 일상적인 아이디어를 산출하는 능력'을 의미한다. 창의성 이라고만 했을 때 '새로운', '존재하지 않은'과 같이 무에서 유를 창조하는 것처럼 보이지만, 기존의 틀에 혹은 전통적인 사고방식을 변형시켜 만들어 내는 것이 창조결과물이 된다. 이것은 공을 들인 만큼 나온다.

다른 사람보다 아이디어가 조금이라도 더 기발하고, 더 위트있는 사람은 남들보다 한 시간이라도 더 고민한 사람이다. 더 이상 갈 데가 없다고 생각할 때 한 발짝 더가는 것, 이제 더 이상 쥐어짤게 없다고 생각될 때 한 번 더 고민하는 것. 그것이 좀 더 낳은 결과, 좀 더 좋은 아이디어를 탄생시키는 비결이다. 창의성에 대한 연구를 많이 한 사람일수록 '창의성'은 '성실성'을 기본으로 발현되는 것이라고 강조한다. 창조적인 아이디어는 어느날 갑자기 떠오르는 것이 아니라, 관련 분야 지식이 풍부하고, 오래 고민을 할 때 떠오른다는 것이다.

---

47) 오승건, 하루 하루 시작(흔들의자, 2020).

사람들이 말이 되지 않는다고 공언한 것에서 공통점을 찾아내고 그것들을 새로운 하나로 연결하는 일 그리고 공통된 것에서 차이점을 찾아낸 후 그것들을 또 하나로 연결하는 일이 평범한 일상이다. 매일 일상에서 하기 때문이다.

삶의 최전선에 서서 앞을 바라보라. 타인의 생각을 늘 탐색하라. 정신의 높이뛰기가 필요하다. 고정관념에서 벗어나, 모든 사물과 사람에게 가능성을 부여하는 데는 인문학적 시선이 필요하다. 정보가 아무리 많아도 그중에 가장 유효한 것을 끌어내려면 항상 촉을 세우고 있어야 한다. '눈의 힘'을 강조한 이어령 박사의 말처럼 우리는 독수리의 눈과 개미의 눈을 동시에 가지고 있어야 한다. 우리가 무심히 쓰는 작은 단어 하나로도 앞으로 우리의 운명이 달라질 수 있기 때문이다.

탁월함을 추구하는 과정에서 갈등은 좋은 것이다. 조직이 지속적으로 발전하려면 서로 다른 견해를 내세울 수 있고, 또 기존 결론을 넘어서는 결론에 도달할 수 있는 사람들이 필요하다는 뜻이다. 4차산업 혁명 시대, 미래는 끊임없이 변하고 있다. 기업에게 필요한 것은 예측 불가능한 환경에서도 끊임없이 아이디어를 생산하며 도전하는 적응성과 탄력성이다. 직급과 분야에 상관없이 자유롭게 의견을 내고 소통하려면 도전이 장려되는 수평적인 문화가 필수적이다.

남보다 독창성이나 창의력이 높은 사람들은 어떤 특성을 가질까? 항상 시각을 크게 갖자. 기회가 닿을 때마다 새로운 문화를 탐구하고 여행을 다니고, 여러 문화를 조금씩 연결하며 문화지능을 키우다 보면 결국 삶의 판도를 바꿀 수 있게 될 것이다. 창의성이 필요할 때는 보고 듣고 느끼는 감각을 자극해 보는 것도 좋다.

반응

실행력과 비슷하면서 전혀 다른 또 다른 능력, '반응력'이다. 어떻게 해서든 행동을 옮겨야 한다는 실행력보다는 주어진 상황에 재빠르게 반응한다는 반응력은 실행에 대한 고민에 또 다른 해답을 줄 수 있다. 실행력이 중요하면서 결정적으로 실행에 어려운 이유는 '마음'이 움직이지 않기 때문이다. '저걸 꼭 해야만 해', '저걸 하고 싶어'라는 마음이 들지 않으면 실행력의 강도도 떨어질 수밖에 없다. 위기감이나 책임감에 떠밀려 일하는 것에 익숙해진 사람은 일을 '하지 않을 수 없는 것' '급하게 해야 하는 것'과 연결 짓기 때문이다. 같은 일을 하는데도 늘 마감이 늦고 시간을 넘기는 사람은 바로 이러한 악순환에 갇혀있다.

이러한 실행력의 문제를 넘어서기 위한 하나의 방법으로 '반응력'을 마음의 태도로 갖도록 해보자. 훨씬 수월함을 느낄 것이다. 반응력은 주어진 상황에 민감하게 대응하고 나에게 주어진 질문에 재빠르게 대답함으로써 책임감을 훌륭하게 완수하는 것을 의미한다. 신속한 반응력을 발휘하면 질문을 한 사람도 속이 시원하고 타인을 만족시켜주는 나 역시 상쾌함을 느낄 수 있다. 이때 형성되는 일에 대한 이미지는 위기감과 무서움, 책임감이 아니라 이보다 훨씬 더 탄력성이 강한 긍정적인 감정들이다.

인재는 다음 세 가지를 만족하는 사람이라고 한다.

첫째, 일 처리가 빠른 사람, 일 처리가 빠르다는 것은 다분히 상대적이다. 보통 주위의 동료나 선후배와 비교할 때 빠르다는 뜻이다. 같은 업무를 처리하더라도 남들보다 더 많은 경우의 수를 생각하고 더 많은 궁리를 하고 누구에게 도움을 요청할지 여부를 판단하는 등 남다른 지혜와 열정이 필요하기 때문이다.

둘째, 생각이 긍정적인 사람, 항상 가능한 방법을 찾으려는 마음 자세를 말한다. 긍정적인 마음을 갖는다는 것이 생각해보면 매우 어렵다는 뜻이다. 누구나 처음 접하는 일, 새로운 일에 대해서는 본능적으로 두려움을 갖게 된다. 이것을 극복하는 것이 용기와 패기인데 요즘은 이런 사람을 찾기가 점점 어려워지고 있다. 긍정적인 마음 자세야말로 자신을 남들과 차별화할 수 있는 무기가 아니겠는가?, 상사와의 대화에서 이런 저런 이유로 안 된다고 말하는 무조건 부정형보다는 '그렇지만 방법을 찾아보겠다'고 '~을 지원해주면 가능할 것 같다'고 말하는 연습을 하자.

셋째, 행동이 도전적인 사람, 과감하게 현장으로 달려가고, 도움을 요청할 사람에게 매달리고, 문제해결을 위해 몸을 아끼지 않고 뛰는 것을 말한다. 조직생활에서 말만 앞세우는 사람보다는 행동으로 실행하는 사람이 필요하다[48].

객관화

공부를 잘하는 학생들이 공통적으로 보여주는 특징 중 하나는 '메타인지'가 있다. 메타인지는 내가 무엇을 아는지 내가 무엇을 모르는지 아는 것이다. 다시 말해 자신을 객관화해서 볼 수 있는 능력이다.

회사생활에서 정확한 나의 현재 상황을 파악하는 것이 무엇보다 중요하다. 그러기 위해서 네 가지를 주의해서 관찰해야 한다.

항상 스스로를 객관화시켜 바라보는 노력을 한다. 실제로 상사들은 자신이 구성원에게 느끼는 것을 그대로 표현하지 못하는 경우가 많다. 그 사람을 기분 나쁘게 하고, 반대로 자신에게 마이너스로 돌아올 수도 있

48) 우경명, 내일도 무사히 출근했습니다(황금 부엉이, 2019).

기 때문이다. 서로 헤어질 때 헤어지더라도 있을 때는 좋게 지내려고 노력하는 경우가 있다. 그것이 사람들에게 착각을 불러일으킬 수 있다.

주도권을 누가 가졌는지 스스로에게 질문해보라. 자신에게 주도권이 있는 경우가 진정한 인재다. 만일 내가 주도권을 가진 인재가 아니라면 나는 언제든지 대체가능하다.

나의 상황을 있는 그대로 이야기해줄 내 편을 최소한 한 명은 만들어라. 다른 사람의 인식은 그대로 받아들이면 된다. 스스로 고치고 대비하면 된다. 흥분하면 그럴 수 있는 기회도 얻을 수 없어진다.

자신에 대해 객관적이고 종합적인 평가를 해보라. 회사에서 구조 조정할 때 대상자를 고르는 기준을 파악해서 그 기준으로 자신을 평가해보자. 자신의 성과, 자신의 전문성, 역량측면에서 발현된 능력, 충성도와 자세 등이다.

많은 직장인이 스스로를 인재라고 생각하지만, 회사의 생각은 다를 수 있다. 결국 인식의 문제다. 내가 아무리 훌륭해도 남이 나를 그렇게 인식하지 않을 수 있다. 그것에 대해서는 항상 현실을 직시해서 주도권이 나에게 있는지 회사에 있는지 명확히 하라.

일하면서 잘못된 판단을 하는 원인 중 하나로 '신변을 우선으로 하는 태도'가 있다. 인간에게는 누구나 자신을 지키려는 본능이 있다. 그 본능이 너무 강하게 나오면 업무상 불상사가 일어나는 등 위기 상황에서 잘못된 판단을 하게 된다. 가령 명백한 실수가 있었음에도 불구하고 고객한테 사죄하기보다 변명하거나 사실을 왜곡해 전한다. 이러한 일이 일어나는 배경에는 신변을 우선으로 하려는 마음이 있기 때문이다. 신변을 우선으로 하는 태도 이외에 질투심과 열등감도 경계해야 한다. 질투심과 열등감도 점점 판단을 흐리게 만든다. 업무상 판단을 할 때는 이런저런 감정은 필요 없다. 공명정대하게 판단하고 실행하는 게 좋다.

알맹이

알맹이를 잘 만드는 과정, 나 또는 작품의 본질적인 가치를 높이는 과정도 유사하다. 알맹이를 키우려면 고독하고 성실한 노력이 필요하다. 다른 사람들이 알든 모르든 혼자서 연습하고 공부하고 노력해야 한다. 노력을 일부러 감출 필요는 없지만, 만약 다른 사람들이 알지 못하는 사이에 묵묵히 노력했다는 사실이 나중에 밝혀지면 추가 점수를 얻기도 한다. 중요한 것은 어떻게 하면 알맹이를 키울 수 있는지를 알아야 한다. 알맹이의 가치는 궁극적으로 인간에게 이로운 절대적 높낮이를 가지는데, 그 '절대성'의 기준이 뭔지를 알아야 한다. 그걸 모르면 헛된 노력이 된다. 그래서 교육이 필요하고 알맹이의 가치는 절대적 방향성이 있기 때문에 그걸 아는 다른 누군가가 가르쳐주는 것이 좋다[49].

문해력

인간은 자신이 느끼고 상상한 만큼 성장할 수 있다. 앞으로의 세상을 더 멋지게 살고 싶다면 단순하게 누군가에게 지식을 배우는 수준에서 벗어나, 자신의 눈으로 보고 머리로 생각한 '자기만의 지식'을 더 많이 가진 사람이 되어야 한다.

문맥 이해력이나 독해력을 단련하려면 실생활에서 다양한 사람과 커뮤니케이션하는게 중요하다. 그것 말고 독서도 도움이 된다. 끊임없이 새로운 아이디어를 발견하는 '습관과 노력'을 가지고 실천하는 사람은 어

49) 모기룡, 평생직장이 사라진 시대에 '나'라는 브랜드로 살아남기(책들의정원, 2019).

떤 일이든 어느 직장이든 능력을 발휘할 수 있다[50].

우리가 배워야 할 것은 '성공하는 법'이나 '남보다 잘사는 노하우'가 아니라 '나만 할 수 있는 하나의 일을 찾아내는 법'이다. 무엇을 배워야 하는지 맥을 제대로 잡지 못하면 아무리 뛰어난 대가들 앞에서 훈련을 해도 평생 제자리걸음만 반복한다.

사람들이 과거의 전통을 고수하는 가장 큰 이유는 '생각'하는 걸 어려워하기 때문이다. 생각 없이 몸에게 익숙한대로 하는 것이 편하기 때문이다. 가장 완벽한 존재로 변화하기 위해서는 생각을 통해서 끊임없이 뭔가를 끄집어내게 하는데, 그게 되지 않으면 아무런 변화도 만들어내지 못한다.

목표로 하는 지점이 있다면, 주변을 의식하지 말고 더 자주 세상이라는 경로를 통해 가능한 모든 것을 흡수하자. 생각의 입을 아주 크게 벌려라. 흡수한 만큼 더 깊어질 수 있으니까.

돈을 많이 버는 것은 좋지만, 많은 사람이 거기에서 행복을 느끼지 못하는 이유는 그 돈을 쓸 시간조차 허락되지 않을 정도로 바쁘게 돌아가기 때문이다. 평생 일만 하면서 살기 위해 태어난 사람은 없다. 자신의 가치를 높이고 여유를 누리면서 당장 스스로 하고 싶은 것들을 미루지 않고 살 수 있는 일상을 구축해야 비로소 삶의 자유를 얻었다고 말할 수 있다.

미움, 분노, 슬픔에서 헤어나지 못하면, 아무리 천재적 능력을 가진 사람도 세상에 아무것도 보여줄 수 없다. 이런 감정이 향하고 있는 곳이 어디인가도 중요하다. 보통 이런 미움과 분노, 슬픔은 타인을 향한다고

---

50) 사이토 다카시, 하진수 역, 데카르트가 21세기의 회사원이었다면?(마인더브, 2020).

생각하겠지만 정작 자신을 향할 때가 많다. 자기 비난, 자책 무너지는 자존감 등이 그 사람의 모든 삶을 망치고 종국에는 타인과 세상을 향해 밖으로 향한다. 이유는 간단하다 이미 내면은 모두 파괴되고 남아 있는 것이 없기 때문이다.

뉴턴은 떨어지는 사과를 관찰해 '만유인력의 법칙'을 발견했다. 갈릴레이는 성당의 흔들리는 샹들리에를 보며 지동설에 대한 확신을 가졌다. 양치기 조지프 글리든Joseph Glidden은 덩굴장미에서 얻은 아이디어로 철조망을 발명하여 갑부가 되었다. 이렇듯 지나치기 쉬운 평범한 현상에서 비범한 아이디어를 찾아내는 이들의 공통점은 무엇일까? 바로 같은 사물과 상황이라도 다르게 보고, 창조적으로 생각하는 능력을 가졌다는 점이다. 언제나 새로운 것은 비상식적인 사고에서 시작한다.

수평적 사고

수평적 사고는 누가 옳으냐? 그르냐? 이겼느냐? 졌느냐를 가리는 것이 아니라 상황에 가장 최적화된 혁신적인 아이디어를 만들어 내는 것이다.

직장에서 자주 접하는 장면은

"그래서 네가 하려는 말이 정확하게 뭐야"
"그게 문제야? 원인이야? 해결책이야?"
"앞으로 그걸 어떤 방식으로 풀어가야 하나?"
"결론이 뭐야? 짧게 압축해서 설명할 수 없나?"

업종이 무엇이든 우리가 직장에서 하는 일은 위에서 나열한 4개의 문장에 대한 답을 끝없이 찾아 제시하는 것이다. 회사 내에서는 각가지 많은 회의와 프레젠테이션이 이루어지고, 그에 맞는 제안서와 기획서를 작성해야 한다. 외부에서는 고객을 만나 소통을 해야 한다. 각종 미팅에서 성과도 내야 한다는 중압감을 느끼며 언제나 이런 생각을 하게 된다. 일의 중심을 발견하지 못한 채 형체가 흐릿해지며 불안한 이유는 앞이 보이지 않기 때문이다. 스스로 미래를 정한 후 시작한 모든 일에는 자신감이 생기게 마련이다. 분명한 자기 언어를 갖고 사는 사람은 다르다[51].

- 무엇을 말하든 자기 생각을 중심에 둔다.
- 명확한 근거를 가지고 주장한다.
- 이야기가 연결되어 있어서 늘 흥미롭다.
- 같은 콘텐츠를 다뤄도 결론이 늘 참신하다.

결국 용기가 필요하다. 세상이 명령한 것을 그대로 받아들인 생각은 우리의 의지를 뺏어 마침내 노예로 전락시킨다. 삶의 주인으로 살게 만드는 근사한 생각을 자주 하려면 일상에서 맞는 아주 사소한 것들에 대해서도 스스로 성찰하고 경탄해야 한다.

시장에서 마케터는 제품을 파는 사람이 아니라, 제품의 가치를 누구보다 가장 철저하게 믿고 사랑하는 사람이다. 생각없이 제품을 파는 사람은 실패하지만, '사랑할 수밖에 없는 강한 믿음'은 세상이 아무리 방해해도 실패하지 않을 것이다. 더 많은 시간을 할애해야 남보다 지금보다 더 나은 결과를 얻을 수 있음을 기억하자. 시간을 투자해서 바라본 만큼, 대상은 우리에게 더 새롭고 깊은 자신의 내면을 허락할 수 있다.

다르게 구체적으로 바라보는 힘을 활용하라.

어떤 지점을 다르게 보거나 구체적으로 볼 줄 아는 능력이 필요하다.

---

51) 김종원, 문해력 공부(㈜ 알에이치코리아, 2020).

내면에 존재하는 감각을 일제히 끌어올려 주변을 감싸듯 담으라는 말이다. 그럼 당신이 존재하는 공간이 조금씩 가치 있는 정보를 흘려줄 것이다. 남들보다 많이 아는 것이 중요한 것이 아니라 다양하게 연결할 줄 아는 사람이 필요하다. 다이아몬드가 빛을 받는 각도에 따라 달리 빛나듯, 정보를 서로 연결할 수 있는 지점은 생각에 따라 얼마든지 다양할 수 있다. 새롭게 창조할 수 있는 가능성이 무한대로 많다는 뜻이다.

일이 많아지고 역할이 커지고 힘이 들면 '내가 이 조직에서 인정받고 있구나'라고 생각해도 좋다. 다양한 직무 경험을 통해 생각의 폭이 넓어지고, 이해가 풍부해지면 이를 토대로 의사결정을 더 잘 할 수 있고, 남에 대한 이해를 통해 팀웍이 좋아지고 결과적으로 탁월한 성과를 발휘할 수 있다.

5
자기계발

마드리드에서 호구가 되다

스페인의 수도 마드리드로 출장갔다. 현지에서 통역을 해주기로 하신 분이 공항에서 숙소까지 택시비가 약 20유로 정도 나올 것이라고 사전에 정보를 줬다. 비행기 도착시간이 밤 10시반이 넘어 숙소를 찾기 위해서는 택시를 탔어야 했다. 도착하자마자 한 남자가 내게 다가와 택시를 탈 것이냐고 물었다. 그렇다고 하니 내 캐리어를 받아들고 자기 차로 안내를 하는데 가보니 택시가 아니고 소형픽업트럭이었다. 순간 당황했지만, 늦은 시간에 안 타겠다고 하기도 그렇고 뭐 별일이 있겠나 싶어 행선지를 말하고 차에 올랐다.

공항을 출발하여 약 10분정도 깜깜한 밤길을 달리는데 멀리 “LG전자” 광고판에서 전자제품 광고를 현란하게 하고 있었다. “저게 우리나라 상품”이라고 자랑을 했다. 운전기사는 그러냐는 듯하지만 별로 감동을 하지는 않는 것 같았다. 그래도 나는 자랑스러웠다. 대한민국의 국민이라는 것이..!

목적지에 도착했다. 당연히 20유로를 지불했는데, 40유로를 줘야 한다고 한다. 왜 40유로냐 난 20유로로 알고 있다고 우겼다. 운전기사 왈 ‘주간에는 20유로지만, 야간 특히 늦은 시간에는 40유로를 줘야 한다’고 한다.

늦은 시각에 그것도 외국에서 서로 의사소통이 쉽지 않은 상황에 하는 수 없이 40유로를 지불하고 다음날 바로 통역을 맡으신 분에게 물었다. 밤에는 따불로 택시요금을 받는냐고..?

그렇지 않고 낮이나 밤이나 택시비는 같다면서 아마도 개인이 운영하는 차를 이용해서 바가지 쓴 것 같다는 말에 첫 마드리드 출장은 썩 즐겁지 않았다.

외국에 나갈 때 반드시 정해진 대중교통을 이용하는 것이 안전함을 인식하는 계기가 되었다. 살면서 바가지 썼다고 생각한 것은 고속버스휴게소에서 고급시계경품(?)에 당첨된 이래 두 번째다.

자기계발은 미래를 위한 준비이자 퇴사를 위한 것이기 때문에 꼭 필요하다. 현재와 미래를 잇고 현재의 삶을 지키며 더 나은 미래를 준비하는 과정이다.

변화

대부분의 사람들은 변화에 대해 부정적이다. 변화하려면 도전해야 하기 때문이다. 변화하려면 기득권을 버리고 아직 가본 적이 없는 길로 나서야 한다. 변화할 세상은 불확실하기 때문에 두렵다. 그래서 우리는 이미 확보해 놓은 재산과 사회적 지위를 가지고 변화에 강력하게 저항한다. 그러나 세상에 존재하는 어떤 안전장치로도 변화의 물결을 막을 수는 없다. 변화를 거부하는 사람이 치러야 할 대가는 크다. 변화를 거부한 조직이나 사람은 망하거나 사회에서 도태될 것이다. 변화하는 방법을 터득한 사람은 도전을 두려워하지 않고 변화를 즐기는 조직은 활력이 있다. 인류 문명을 발전시킨 사람들은 모두 변화를 사랑한 사람들이다[52].

사람이 변화하는 것은 두 가지 경우다. 스스로 변화하고 싶은 욕구가 있거나, 변화하지 않으면 자신에게 손해라고 느낄 때다. 이 두 가지가 아니라면 좀처럼 변화가 일어나기는 힘들다.

회사에서의 무기는 업무능력 뿐만 아니라, 개인의 개성과 장점 등이 남다른 강점으로 드러날 수 있도록 자신만의 브랜드를 만드는 것이다. 한 대기업에서 직장인들을 대상으로 가장 필요한 업무능력을 조사한 결과 인간관계 노하우, 커뮤니케이션 노하우, 시간관리 노하우가 상위권을 차지했다. 단순히 일 잘하는 사람이 되려고 노력할 것이 아니라 이와

52) 김병도, 도전력(해냄출판사, 2018).

같은 요소를 두루 갖춘 '능력 있는 사람'으로 인식되어야 한다[53].

개인적인 분노를 주체하지 못해 언성을 높이거나 심한 경우 욕설을 하고 폭력을 행사하는 이들이 종종 목격된다. 자신의 감정을 적당히 숨기거나 컨트롤 하는 능력도 직장인의 자질 중의 하나다. 안 좋은 모습을 보이는 이들을 반면교사로 삼아 불필요한 감정 표출로 발생할 수 있는 리스크를 최소화해야 한다.

모든 일은 조직 안에서 얽히고 설키며 적절하게 융화되어 결과값이 나온다. 혼자 잘났다고 설치면 주변에서 꺼리는 사람이 된다. 아무리 능력 좋고 일을 잘해도 팀워크를 해치고 개인플레이를 하는 직원은 어디에서도 누구에게도 환영받지 못한다[54].

'알고 있다'는 의미는, 안다, 할 수 있다. 가르칠 수 있다, 새로운 것을 만들 수 있다로 세분할 수 있다. 새로운 것을 만들기 위해서는 완전하게 알아야만 한다. 아마존의 제프 베조스Jeff Bezos의 말처럼 지금은 완성했다고 생각하는 순간 진부화되고 도태하게 되는 시대이다. 많이 아는 것은 중요하다. 진정 중요한 것은 하나를 알아도 제대로 알고 그것을 나의 필살기로 발전시키는 것이다. 내가 제대로 할 줄 아는 것이 무엇인지 정확하게 인식하는 것이 필요하다. 책 한 코너에서 한 개의 필살기를 만들 수 있다면 그것은 분명한 성공이다. 보통 사람들은 한평생 한 개의 필살기도 없이 그렇게 인생을 살아간다. 책을 읽는다고 변화가 생기지는 않는다. 당신이 그것을 바탕으로 행동할 때 비로소 변화는 시작된다.

변화와 혼란이 끊임없이 지속 되는 사회가 바로 현재이고 미래의 모습

53) 장한이, 회사에 들키지 말아야 할 당신의 속마음(이다북스, 2018).
54) 장한이, 회사에 들키지 말아야 할 당신의 속마음(이다북스, 2018).

이다. 앞으로 우리는 어떤 직업을 선택하느냐가 아니라, 그 분야에서 내가 어떤 위치에 있을 수 있느냐에 의해서 좌우될 것이다. 최악의 경우를 대비할 때, 우리는 더욱 강하게 도전할 수 있는 여유와 힘을 가질 수 있다. 우리는 죽을 때까지 끊임없이 배워야 한다. 회사를 장학금을 주면서 일을 가르쳐주는 학교라고 생각하고 항상 배운다는 마음으로 회사 생활에 임해보자. 학교이기 때문에 시간이 지나면 졸업을 해 자기 스스로 미래를 준비해야 한다. 평생교육을 해야 되는 시대가 스트레스일 수도 있지만 생각을 바꾸면 평생 즐겁게 공부할 기회일 수 있다. 심한 파도가 일반인에게는 두려움과 시련이지만 파도타기를 즐기는 서퍼에게는 즐거운 도전의 기회다. 미래의 변화에 대해서 두려워하면서도 또한 거기서 맞서서 계획을 세우고 도전하는 것을 즐기는 많은 사람이 있다. 평생 공부의 시대를 즐겁고 행복하게 받아들이면 새로운 도전과 기회가 된다.

또 하나, 변화를 쉽게 일으킬 수 있는 방법은 무엇일까? 주변에서 변화를 느낀다면 그 순간부터 자신도 변화를 선택하면 된다. 선택하는 순간부터 변화는 만들어진다. 환경에서 중요한 요소가 사람이다. 변화가 필요하다면 함께 어울리는 사람들을 바꾸어 보자. 하버드 대학의 맥클레랜드David C. McClellend는 우리가 습관적으로 어울리는 사람들이 우리 인생의 성패를 95%나 좌우한다고 한다.

기회는 기다려주지 않는다. 좋은 기회의 횟수를 늘리려면 행동력을 넓히는 것이 효과적이다. 기회는 외부에서 찾아오는 것이다. 마음속을 긍정 에너지로 충만하게 만들고, 만나는 사람이나 외출하는 장소는 다양하게 넓히면 그만큼 기회도 많아진다.

무조건 끝까지 하는 사람을 이길 수 있는 건 아무것도 없다. 꾸준히 노력해서 끝까지 한다는 건 생각보다 무척 어렵다. 처음에는 의욕으로 가득 차서 시작한 일이라도 도중에 의욕을 잃거나 이런저런 핑계를 대며 중도에 포기하는 경우가 훨씬 많다.

휴식

계속 달리면 안된다. 번 아웃에 빠질 수 있다. 신체적·정신적으로 모든 에너지가 소모되어 무기력증이나 자기혐오, 직무거부 등에 빠지는 현상을 번 아웃이라고 한다. 탈진 증후군이나 소진 증후군, 연소 증후군이라고도 부른다. 우수하거나 근면 성실한 사람일수록 일을 마다하지 않는 바람에 번아웃 증후군에 빠지기 쉽다. 중간에 쉬면서 어디까지 왔는지, 앞으로 어디로 갈지 지도를 꺼내어 살펴봐야 한다. 직장인은 쉬는 것을 두려워한다. 뒤처지는 것은 아닐까하고 직장 내에서 경쟁자를 이겨야 한다는 두려움은 이해가 간다. 하지만 직업인으로서 길게 내 삶을 생각해보면 중간의 휴식은 어쩌면 당연하다. 쉬고 나서 원래 있던 자리로 돌아갈 수도 있다. 갈아타게 될 수도 있다. 일을 몰입해서 몇 년을 하다보면, 지치고 힘들 때가 있다.

나도 공공기관에서 정신없이 일을 하다 힘에 겨운 때가 있었다. 하필 승진을 앞두고 있는 때였다. 승진을 포기하고 1년을 외국에서 보낸 뒤 충전한 에너지로 다시 뛴 적이 있다. 회사에서 일할 때는 승진이나 연봉이 중요하지만 더 소중한 것이 신체적, 심리적 안정이다.

흐름을 보려면 흐름에서 벗어나야 한다. 쉰다는 것은 세 가지 의미가 있다. 먼저, 지금까지 직장생활은 돈을 버는 것 외에 내 삶에 어떤 의미를 만들어 내고 있는지 돌아보는 기회다. 다음은 나와 거리 두기다. 지금 내가 서 있는 자리가 어디인지, 원하는 방향으로 가고 있는지, 아니면 방향성조차 없이 바쁜 일상을 지내고 있는 것은 아닌지 살펴보는 작업이다. 마지막으로 미래를 미리 보기다. 10년 뒤의 나는 무엇을 하고 있을까. 그때 나는 어떤 상태이길 바라는가. 그때의 시점에서 지금을 바라본다면 무엇이 아쉽고 무엇이 다행일까?

도전

모두가 바라는 삶은 목표한 대로 순탄하게 모든 일이 잘 풀리기만을 바랄 것인데 세상에 그런 일은 없다. 어떤 장애물이든지 반드시 찾아온다. 피할 수 없는 장애물과 맞서 싸워 이겨내는 정신을 우리는 도전정신이라고 한다. 우리의 삶은 도전의 연속이다. 하나 둘씩 이겨내는 습관이 형성되면 어떤 장애물과 부딪쳐도 두려워하지 않고 이겨내기 위한 해결방안을 찾아내게 된다. 도전은 사소하다고 생각되는 것부터 도전해서 이뤄나가는 습관이 중요하다. 뭔가에 도전한다고 다짐을 하면 주변의 소리에 신경을 쓰지 말아야 한다.

도전은 삶의 재미를 안겨주는 최고의 스킬이다. 또 어떠한 교육보다도 도전에서 얻는 경험과 지식은 최고의 가치를 만들고 보상을 받는다. 도전하는 사람은 열정과 에너지가 넘쳐서 항상 생동감이 느껴진다.

니체는 '아모르 파티Amor Fati'라는 개념을 소개했다. 라틴어로 파티는 운명, 아모르는 사랑이라는 뜻이므로 '아모르 파티'는 '운명에 대한 사랑' 정도로 해석할 수 있다. 아모르 파티는 원래 그리스 로마 시대 스토아 학파 지식인들이 처음 쓴 표현이지만, 니체에 의해 대중에게 알려지게 되었다고 한다. 세상에 태어난 이상 운명을 피할 수 없기 때문에 자신의 운명을 받아들여야 하다는 뜻이다.

니체는 자신의 삶이 꼬이게 만든 사람이나 세태를 비난해 봐야 달라질 것은 없다고 한다. 자신의 운명을 피할 수 없다면 운명을 사랑하라고 한다. 니체는 자신의 운명을 적극적으로 사랑함으로써 삶의 주도권을 스스로 완전하게 갖게 된 사람을 초인(짜라투스라)이라고 한다. 인생의 참맛을 알고 싶다면 위험한 일에 끊임없이 도전하라고 한다. '악천후나 폭풍을 겪지 않고는 큰 나무로 자랄 수 없다. 온갖 불행과 역경은 나약한 인간에게는 독이지만 강인한 사람에게는 위대한 인간으로 성장할 수 있는 자양분'이라고 그는 말했다. 우리는 살면서 수많은 선택의 기로에서 대부분 많은 사람들이 편안하고 불확실성이 적은 길을 선택하지만, 그런 삶에서는 큰 의미도 찾기 힘들다.

니체는 운 좋은 사람들의 삶은 무의미하다고 한다. 운으로 뭔가를 이룬 사람은 과업 완수에 따른 성취감을 느낄 수 없고, 동일한 과제가 주어졌을 때 다시 성공한다는 보장도 없다.

운은 통제할 수 없지만, 운명을 어떻게 받아들일지는 내가 선택할 수 있다. 니체는 자신의 운명을 사랑하고 끊임없이 도전하라고 주문한다. 도전은 위험을 수반하기 때문에 두렵다. 하지만 자신에게 닥친 온갖 난관을 극복하고 목표를 성취하여 우리에게 진한 감동과 교훈을 주는 사람들의 삶이야말로 니체가 생각한 초인의 삶이다.

역사학자 아놀드 토인비는 '도전과 응전challenge and response'에서 새로운 문명은 견디기 어려운 일련의 난제에 직면하고 이들 난제를 도전으로 극복하면서 탄생했다고 한다. 지구상에 존재하는 수많은 동물들 중에서 유일하게 인간만이 문명사회를 발전시킨 이유는 바로 인간의 도전정신에 있다고 한다[55]. 지리적 환경은 인간을 포함한 모든 동물에게 동일하게 영향을 미친다. 인간은 다른 동물들에 비해 신체 조건이 뛰어나지

55) 김병도, 도전력(해냄출판사, 2018).

않아도 주어진 어려운 환경에 굴복하지 않고 끊임없는 도전을 통해 이를 극복했기 때문에 문명 사회를 이룩할 수 있었다.

인간 역시 위험한 일을 멀리하고 현실에 안주할 때 가장 편하고 안전하다. 하지만 안전하게 오래도록 삶을 영위하는 것은 인간의 존재 이유가 아니다. 운 좋게 번 돈으로 더 이상 아무 일도 하지 않고 편안하게 늙는 것이 무슨 의미가 있겠는가?

도전은 미래 지향적이다. 도전은 어색하고 생소하다. 도전의 세상은 생경하고 낯설다. 그래서 두렵고 불안하다. 하지만 새로운 일에 도전하는 일이야말로 인간의 존재 이유다. 도전을 통해 자신의 무한한 잠재력을 발견하고 성취감과 기쁨을 느낄 수 있기를 바란다.

지는 것을 못 견뎌내야 한다. 그래야 발전이 있다. 상사는 나보다 여러 가지 일을 하고 있는데 내 일에 있어서만큼은 내가 상사보다 더 나아야 한다. 그것이 정상이다. 항상 회사에서 기대하고 요구하는 수준보다 더 높은 기준을 당신 자신에게 적용하라. 그러면 당신이 상황을 지배하게 된다. 그러면 당신을 내버려 둘 것이다. 당신이 회사가 원하는 그 이상을 하고 있기 때문이다. 결국 시켜서하느냐 아니면 내가 주도적으로 할 수 있느냐의 차이다.

최적의 비용으로 시도하고, 그 시도를 통해서 학습하고 성장해서, 다음 시도의 성공확률을 높여야 한다. 도전할 수 있는 기회를 가지는 것은 행복한 것이다. 그런데 많은 사람들이 도전의 기회를 가지지 못한다. 리더는 내가하고 있는 일이 내 사업이고 함께 일하는 구성원이 내가 책임져야 할 사람이다.

아마존의 제프 베조스Jeff Bezos는 "당신이 실패하지 않았다면 충분히 도전하지 않은 것이다"라고 했다. '회사생활은 남의 돈으로 자신의 사업을 하는 것이다'라고 생각하면 모든 것이 달라진다. 당신이 맡은 일에 대해서 권한과 책임을 분명히 인식해야 한다.

아메리카의 들소인 버팔로는 매서운 태풍이 몰아치면 동굴 같은 곳에 숨는다. 그러다가 들소집단이 굶어 죽는 일이 발생한다. 그러나 모두가 공포에 휩싸여 있을 때, 그중의 한 마리가 뛰쳐나가면 이야기는 달라진다. 그러면 모든 소들이 그 버팔로를 따라서 뛰쳐나간다.

학습/몰입

10년간 회사를 둘러싼 환경은 변했지만, 나는 달라진 게 없다. 변하지 않는다면 회사는 나를 언제까지 사용해줄까? 회사입장에서 나를 보자.

인맥 관리란 결국 인간관계 거름망에 걸러지지 않기 위한 최소한의 조치다. 필요할 때만 연락하는 사람처럼 얄미운 사람이 없다. 한 두번은 답해줄지 몰라도 평상시 관리 없이 매번 필요한 것만 취하려고 한다면 당신은 결국 차단당할지도 모른다.

당신이 상품이라고 하면 유통이 가능한 제조공정을 거치고 숙성되어 출시해야 팔린다. 다양한 직무 경험이라는 자산은 각 최소 3년가량 지속되어야 유통이 가능하다. 그 이하는 유통해도 받아주는 데가 없다. 하는 업무마다 잘 안 맞아서 혹은 가는 부서마다 나를 기피해서 1년도 채우지 못하고 메뚜기처럼 옮겨 다니는 건 오히려 최악의 경력이다. 하나의 직무만 쭉 10년 한 것보다 못하다[56]. 3년간 네, 다섯 곳을 옮겨다닌 사람을 채용할 사람은 많지 않을 것이다.

---

56) M과장, 요즘직장 생존법(흐름출판, 2020).

과거에 머무르거나 미래에 대한 막연한 기대만 가진다고 세상은 달라지지 않는다. 존재하는 것은 언제인가가 아니라 지금 이 순간뿐이다. 바로 지금 이 순간 내가 할 수 있는 일에 집중해야 한다. 막연한 기대나 희망을 가지지 마라. 허상이고 현실은 절대로 그렇게 되지 않는다.

미래를 예측하는 것은 어렵지만 행동하기 위한 미래예측은 의외로 쉬울 수 있다. '격변의 시대가 점점 가속화되고 있기 때문에 나는 평생 공부하겠다'는 것은 시대의 흐름을 정의하고 행동을 결정하는 한 가지 대안이 될 수 있다[57]. 책을 보고, 공부를 하면 안목이 생긴다. 그리고 어떻게 해야 할지 방향이 잡힌다.

일자리의 총량 불변의 법칙은 인간의 욕구가 유한하다는 가정에서 유효하다. 이민화 교수는 '인간의 미충족된 소비 욕구가 있으면 새로운 일자리가 계속 더 만들어질 수 있다'고 한다. 미래는 고정된 것이 아니라 우리가 만드는 것이다. 미래를 예측하는 가장 좋은 방법은 미래를 창조하는 것이다. 미래를 걱정하는 사람이 아니라 결단하고 준비하고 행동하는 사람의 것이다.

21세기의 문맹인은 읽고 쓸 줄 모르는 사람이 아니라 새로운 것을 배울 수 없는 사람이다. 준비된 사람에게 기회가 온다. 앞으로의 시대에도 통하는 진리다. 평생학습을 통해 트랜드를 읽고 기회를 잡기 위해 공부를 계속해야 한다. 평생학습을 다른 차원에서 생각하면 매일을 새롭게 사는 것이다. 미래를 위해서 오늘을 희생하는 것이 아니라 공부하는 이 순간이 행복한 내 인생이 된다. 평생해야 하는 공부라면 즐겁게 도전해보자.

문명사의 흐름을 나누면, 농업의 시대에서 공업의 시대로 그리고 지식

57) 권혁찬, 슬기로운 회사생활(한국경제신문, 2018).

의 시대를 넘어 지금은 개념의 시대Conceptual Age라고 한다. 개념시대에 맞는 인재는 어떤 사람인가? 많은 사람들은 문제를 해결하는 능력과 창의성을 든다. 지금은 과거와 달리 근무하는 시간이 직원의 성과를 대변하지는 않는다. 문제해결능력과 창의성은 생각의 힘에서 나온다. 즉 몰입을 통해 해결할 수 있다. 심리학에서는 무언가에 빠져 심취해 있는 무아지경의 상태를 '몰입'이라고 한다. 몰입을 통해 느끼는 감정은 주의집중, 일에 대한 명확성, 자신감, 걱정이 없이 맑은 상태, 현재에 집중하여 시간가는 줄 모르는 상태, 그리고 내적인 동기부여라고 한다[58]. 몰입은 일에 완전한 집중을 통해 아이디어를 얻고 자신감을 얻으면서 행복하게 일할 수 있는 방법이다. 몰입은 외부 환경에 의해서가 아닌 나의 내면의 조정을 통해 행복을 얻는 방법이다.

몰입에 접근하는 방법은 두 가지가 있다. 먼저, 위기 상황에서 위기감 때문에 몰입하는 경우이다. 선택의 여지가 없는 상황에서 스트레스를 받으면서 몰입으로 들어간다. 중요한 시험을 앞둔 수험생의 경우가 이에 속한다. 다음은 게임을 하듯이 즐겁게 몰입하는 방법이 있다. 일에 대해서 성취동기와 목표가 분명하여 일에서 큰 의미를 갖는 사람은 즐겁게 몰입할 수 있다. 그들은 긍정적이고 즐거운 마음으로 문제를 해결하려는 몰입 활동을 추구한다. 긍정적인 자세를 갖고 몰입하는 것은 행복감을 더 증가시킨다.

독서

독서는 고수의 지식을 훔치는 것이다. 한 권의 책을 정말 정성을 다해 읽어서 작가의 모든 것을 받아들이면 작가의 20년 내공을 얻는 것과

58) 김명희, 지금시대의 자기경영(바이북스, 2021).

같다. 누구의 방해도 받지 않는 곳에서 녹차 한잔의 향기를 맡으면서 책을 읽는 것이다. 상상만 해도 폼이 난다. 독서는 실력이 늘 뿐만 아니라 인사이트가 생기고 눈높이가 달라진다. 자기 성찰은 물론 조직과 이웃을 생각하게 되고 세계관도 바뀐다.

사람들의 수준을 업그레이드하는 최고의 방법은 독서라고 생각한다. 작은 일을 잘하는 사람에게 큰 일이 주어지며, 작은 일을 피하려는 사람에게는 영원히 작은 일만 따라다닌다.

독서는 우리에게 부족함을 깨우쳐주고, 삶을 헤쳐나가는 조타수 역할을 한다. 안주하는 삶보다는 용기 있게 살도록 부추기는 촉매작용을 한다. 실패에 좌절하지 않고 오뚝이처럼 다시 일어나게 하는 회복탄력성을 가르쳐 준다. 독서는 논리적이고 비판적인 사고가 가능하게 하며 참된 진리를 추구하는 능력을 키울 수 있는 길이 독서이다.

효과적으로 실력을 키우는 방법이 바로 책을 읽는 것이다. 좋은 결정을 내리는 의사 결정자는 대체로 다독가이다. 독서는 관심의 영역을 확대하고 사고의 폭을 확장시켜 준다. 생각의 근육도 키워준다. 판단력을 정교하게 만들어준다[59].

독서는 단기간에 만족감과 성취감을 느낄 수 있게 해주는 가장 손쉬운 자기계발 방법이다. 그런데도 마땅한 시간이 없다는 핑계로 한 달에 책 한 권 읽지 않는 이들이 태반이다. 그들은 그렇게 살게 두자.

남들보다 조금이라도 더 나은 회사생활을 꿈꾼다면 욕심을 동반한 명확한 목표가 필요하다. 가장 의미있는 것은 자기에게 현재 무엇이 필요한지를 파악하는 것이다. 새로운 진로를 위해 자격증이 필요한지, 학위가

---

59) 권오현, 초격차. 1(쌤앤파커스, 2018).

필요한지, 이직을 위해 어떤 경력이 필요한지, 팀을 옮기려면 어떤 준비를 해야 되는지, 진급을 위해 영어 공부가 꼭 필요한지, 폭넓은 지식 확장을 위해 독서가 필요한지 먼저 파악해야 그다음 단계로 나아갈 수 있다.

자기계발은 불안정한 미래를 위한 인생 2막을 준비하려는 움직임이기도 하고, 업무역량을 강화하는 한편 회사생활 또는 삶의 만족도를 높이기 위한 수단이기도 하다. 자기계발은 절박함이 뒷받침되었을 때 성과로 이어진다. 무엇보다 절박함으로 미래에 대비해야 한다[60].

독서는 리더의 필수 조건이기도 하다. 빌 게이츠Bill Gates는 '대학 졸업장보다 독서 습관이 더 중요하다, 나를 만든 것은 동네의 작은 도서관이다. 나에게 초능력이 생긴다면 책을 빨리 읽는 능력을 가지고 싶다'했다. 스텐퍼드 최장수 총장을 역임한 존 헤네시John Hennessy는 리더의 필수 조건으로 성장을 꼽았고, 그 최고의 방법은 독서라고 했다. 부자들의 82%는 독서를 하고 가난한 사람은 단지 5%만 독서를 한다. 무조건 많은 책을 읽으면 사업을 하거나 창업하는데 도움이 되는가? 아니다. 물론 통찰이 깊어지기는 하겠지만, 단순히 책만 읽는다면 아는 것과 실행하는 것의 차이가 커지는 지행격차가 생길 수 있다[61].

60) 장한이, 회사에 들키지 말아야 할 당신의 속마음(이다북스, 2018).
61) 김철수, 작고 멋진 발견(더 퀘스트, 2018, 152-210).

6
인간관계

관계

출근길이나 퇴근길에 아는 직원이 앞서가고 내가 뒤따라가는 경우가 있다. 앞서가는 사람이 누군가에 따라 빨리 따라 가서 이야기를 나누고 싶은 직원(상사)가 있는가 하면, 어떤 경우는 좀 더 멀리 떨어져 가기를 바라면서 따라가는 속도를 늦추게 되는 경우가 있다. 전자의 경우 뭔가 내가 말을 할 것이 있거나 또는 그로부터 듣기를 원할 때 그리고 그와 같이 있으면 즐거울 때다. 후자의 경우 만나도 뭐 특별히 나누거나 공유할 이야기가 없거나 마주쳐서 별로 반가울 일이 없는 경우다.

우리 모두 전자가 될 수는 없다.

회사를 퇴직하고도 마찬가지이다. 직장에 있을 때 가깝던 동료는 직장을 떠나서도 가깝게 지내는 경우가 많다. 물론 모두 그런 것은 아니다. 직장에서 데면데면하던 친구라도 사회에서 만났을 때 아주 반갑게 인사하고 또 적극적으로 도와주려고 하는 친구도 있는가 하면, 직장에서의 친분으로 봐서는 안 그럴 것 같은데 오히려 일정한 거리를 두려고 하는 친구도 있다.

퇴직 후 자기 일을 도모하고 추진하기 위해서는 전 직장 동료였던 친구의 도움은 절대적으로 필요하고 중요함을 알자. 세상은 돌고 돌아 모두 만나게 되어 있다. 사람은 언제 어떻게 만나고 엮일지는 모른다. 혹시 맘에 썩 들지 않더라도 맘에 들지 않는 내색을 하지 않는 것이 멀리봐서 유리하다.

직장인 중 가장 불행한 사람은 일복은 많고 상사복이 없는 사람이 아니라, 사회에서 그리고 자신이 속한 조직에서 인간관계가 불안정한 사람이다. 자신보다 훌륭한 사람들을 만나 배우고 발전할 수 있는 기회를 스스로 박탈하고 있기 때문이니까.

사람은 다른 사람의 인정을 바라는 사회적 동물이다. 다른 사람의 시선과 평판은 사회를 제대로 유지하기 위한 제어장치이기도 하다. 다른 사람의 좋은 평가는 내 인생을 잘 풀어가는 데 도움이 된다. 그러나 평가에 너무 연연하면 우리는 자신으로 살기가 어려워진다. 다른 사람의 평가나 비판에 속이 상하지 않을 수는 없지만, 이에 유연하게 대응할 필요가 있다[62].

사과요령

사과는 약자의 언어가 아니다. 사과는 나약함의 상징이 아니라 담대한 힘을 상징한다. 잘못을 인정하고 사과를 하는 것은 정직, 관대, 겸손, 헌신 용기가 필요한 행동이다.

한마디로 사과를 해야 한다면 '죄송합니다'보다는 '제가 잘못했습니다'가 더 맞다. 사과의 핵심은 잘못의 인정이기 때문이다. CNN에서 "완벽한 사과를 하는 법"이라는 가사를 소개하면서 자신이 저지른 잘못이 사소한 것이라도 그것을 '산더미'처럼 만들어 사과하라고 조언한 적이 있는데, 이는 자신의 실수나 잘못을 스스로 축소하면 상대방, 특히 피해자의 분노를 키우게 되기 때문이다. 사과를 루저loser의 언어로 생각하는 것 또한 오해다. 사과를 자신의 실수와 잘못을 인정하지 못하는 심리에는 자신의 권위가 떨어지지나 않을까 하는 두려움이 자리하고 있다. 나는 잘못한 일이 있으면 상대가 지적하기 전에 먼저 내 잘못을 스스로 인정하고 진정한 심정으로 사과하려고 한다. 그럼 어지간한 실수는 쉽게 용서가 된다. 반대로 핑계를 대거나 자신의 잘못을 인정하지 않으려고 하면, 말은 하지 않아도 "뺀질이"로 인식될 것은 뻔하다.

---

62) 김계순, 박순주, 감정노동기술(새로운제안, 2020).

만남/관계

만남은 눈뜸이다. 모든 것은 만남으로부터 나온다. 새로운 기회도 깨달음도 돈을 버는 것도 다 사람을 통해서다. 그렇기 때문에 만남을 소중하게 생각해야 한다. 만나는 시간 자체를 가치 있게 만들어야 한다.

오랫동안 행복하게 장수한 사람들의 특징은 대인관계가 넓고 깊다는 것이다. 다양한 사람들과 오랫동안 친밀한 관계를 유지하는 것은 행복과 장수의 비결 중 하나다.

인간관계에서는 먼저 줘야 한다. 상사를 고객으로 생각하고 구성원들을 케어하며 함께 성공하는 방법을 찾아서 달려야 한다. 상대를 고객으로 존중하고 윈윈win-win 전략을 추구하면 대부분 무난하게 지낼 수 있다. 직장 생활은 돈과 노동을 바꾸는 곳이다. 그렇지만 일을 통해서 보람을 찾고 그 과정에서 함께 성장하고 친구를 사귀고 즐거움과 행복을 찾아도 된다. 그것은 당신의 선택이다.

인관관계에서 문제가 생겼을 때는 싸우지 않는 것을 첫 번째 목표로 삼아야 한다. 그리고 이것이 끝까지 관철되도록 하는 힘 빼기의 태도는 문제를 해결하는 방법 중 하나가 될 수 있다. 독립적인 비즈니스로 살아가겠다는 것은 평생에 걸친 일이다. 잔뜩 긴장된 마음과 각박한 심리 상태에서는 온전한 지속가능성을 가질 수 없다. 감정에 치이면 일이 방해받는다. 언제나 처음 가는 길을 갈 때에는 가벼운 마음으로 가는 것이 좋다.

사람을 만나는 그것이 오로지 '자산의 이윤만을 위한 영악함'인지 아니면 서로가 도움을 주고받으면서 함께 성장하기 위한 '진심이 있는 영리함'인지를 구별해야 한다. 본인의 영악함은 나보다 먼저 상대가 알아차린다.

인간의 심리에 존재하는 '호혜성'에서 기인한다. 끊임없이 뭔가를 주고받아야 상대와 내가 동시에 성장하고 발전하게 된다. 그리고 이 호혜성의 무게 중심이 내가 아닌 상대방에게 주어질 때 관계를 좀 더 빠르게 발전해나갈 수 있다.

관계를 유지하기 위해서는 서로 진정성이 확인되어야 한다. 진정성은 꿈을 향한 자신의 순수한 열정과 자신감을 드러냄과 동시에 또 '나약함'에 대한 솔직한 인정도 필요한 부분이다. 자신의 실수와 약점, 나약함을 솔직하게 인정할 때 지도자와 추종자 간에 훨씬 밀접한 관계가 형성된다. 이런 측면에서 진정성의 리더십은 영웅적 리더십에 비해 훨씬 더 총체적이고 투명하며 인간적인 접근법이다. 자신의 나약함마저 솔직하게 인정하고 진정성 있는 자세를 보여줄 때, 상대방 역시 마음으로 도와주고 싶은 생각이 들게 되는 법이다.

사람들은 누군가를 만나 이야기할 때 자신의 말을 진지하게 들어주며, 맞장구쳐주는 사람을 선호한다. 내게 관심을 갖는 내 편이 한 사람 더 생겼다는 일종의 만족감이다. 또 사람들은 완벽한 사람보다 빈틈 있는 사람을 더 선호한다. 실수나 허점이 오히려 매력을 더 증진시키기 때문이다. 누구나 '저 사람도 나처럼 인간적인 사람이구나'를 느낄 때 상대에게 마음을 열고 조금 더 나간다. 그러므로 완벽함에 집착하지 말고, 동료들이 친밀감을 느낄 수 있도록 경계심을 풀고 마음의 빗장을 열어두는 것이 좋다[63].

법정스님은 "말은 생각을 담는 그릇이다. 생각이 맑고 고요하면 말도 맑고 고요하게 나온다. 생각이 야비하거나 거칠면 말 또한 야비하고 거

63) 장한이, 회사에 들키지 말아야 할 당신의 속마음(이다북스, 2018).

칠기 마련이다. 그가 하는 말로써 그의 인품을 엿볼 수 있다. 그래서 말을 존재의 집이라고 한다." 특히 우리나라 사람들은 인간관계에서 말투에서 호의적이 되기도 하지만 싸움이 시작되는 경우가 많다.

성공이라는 개념을 다양하게 풀이할 수 있지만 나는 이렇게 말하고 싶다. '건강한 사회인으로 성장하여 선한 영향력을 발휘해 사회에 조금이라도 도움이 되는 사람이 되는 것'으로 말이다. 성공은 많은 것을 소유하는 것으로도 볼 수 있지만, 나는 바르게 성장해서 그것이 무엇이 되었든 사회에 보탬이 되는 삶은 성공한 삶이라고 정의하고 싶다.

어울림

자신이 맡은 업무와 관련한 각종 자료나 알차게 만들어진 PPT, 회사 곳곳에 숨어 있는 완벽한 보고서는 회사생활의 교과서라고 할 만큼 배울 점이 많다. 그대로 따라 하다 보면 금세 형식을 익힐 수 있고 데이터 활용법들도 쉽게 이해할 수 있다. 또 선배의 자료들을 수시로 모아 놓으면 향후 활용도 높은 훌륭한 참고서가 되고, 노하우가 쌓이면 자신만의 실력으로 자리 잡는다.

마음만 먹는다고 선배의 도움을 받을 수 있는 것은 아니다. 선배에게 다가설 수 있는 방법은 열정과 의지를 기반으로 한 책임감에서 비롯된다.

자신이 좋아하는 일만 할 수 없는 곳이 직장이고 자신과 맞지 않는 사람들이 넘쳐나는 곳이 회사다. 이런 정글 같은 곳에서 오색 빛깔 군중들과 트러블 없이 지내려면 고지식함을 경계하고 융통성을 발휘해야 한다.

조직에서 갖춰야 할 덕목 중 융통성은 어울림이다. 어울림은 협동심을 배양하고 배려를 만들고, 성과를 창출하는 원동력이 된다. 융통성이 부족한 사람은 편협한 기준에서만 생각하기 때문에 익숙하지 않은 상황에 부딪히거나 예기치 못한 일이 발생했을 때 적응력이 떨어진다[64]. 나중에는 왕따를 당하거나 회사를 그만두어야 하는 상황까지 발생할 수 있다.

팀내에서 뛰어난 직원은 능력이 있을수록 주변에서 질투나 시기를 받기 쉽다. 모두가 보는 앞에서 과하게 칭찬을 하거나 다른 직원과 비교를 하면 질투 시기가 더 심해질 수 있으므로 조심해야 한다. 특히 리더급인 팀장이나 부서장이 되면 이점을 유의해야 한다. 말하는 것도 듣는 것도 조심해서 해야 한다. 아울러 능력 있는 직원에 대한 안 좋은 이야기 역시 적당히 걸러 들을 필요가 있다. 질투 시기에서 비롯된 것일 수 있기 때문이다. 팀장이 귀가 얇아 이 말에 흔들리고 저 말에 왔다 갔다 하면 아무리 능력이 좋은 직원도 역량을 발휘하기 힘들 것이다[65].

인간은 사회적 동물이다. 자신만의 힘만으로는 성공을 거머쥐기 어렵다. 모든 문제를 홀로 해결할 수도 없다. 인간관계가 원활하지 않다면 성공은 언제나 저 너머에 있을 뿐이다. 이는 인맥관리 만을 의미하지 않는다. 사람들에게 호감을 얻으면 절반은 성공한 셈이다. 무슨 일을 하든 협력하는게 필수이고, 상사와 동료, 부하와 함께 성과를 창출해야 한다. 고객을 설득하고 협력업체와 원활한 관계도 맺어야 한다. 그럼 어떻게 호감을 얻을 수 있을까? '남이 해주기를 바라는 그대로 남들에게 베풀라'는 황금률은 진리다[66].

---

64) 장한이, 회사에 들키지 말아야 할 당신의 속마음(이다북스, 2018).
65) 이 찬, 박소영, 센스를 배웠더니 일머리가 돌아갑니다(자몽, 2021).
66) 조철선, 공공은 경쟁하지 않는다(전략시티, 2018).

입버릇

효율적인 개선을 위해서는 행동보다는 먼저 생각을 하고 어떻게 하면 더 쉽고 더 빠르고 더 단순하게 할 수 있을까를 집중할 필요가 있다.

인간의 운명은 평소에 많이 사용하는 단어대로 정해진다는 말이 있다. 입버릇처럼 불행하다고 말하는 사람이 행복해질 수 없고, 나는 안 된다고 말하는 사람이 뭔가를 성취할 수 없을 것이며, 마찬가지 이유로 나는 바쁘다는 말을 입에 달고 사는 사람은 지금 이상의 능력 발휘가 불가능할 것이다. 결국 바쁘다는 말은 자신의 발전을 가로막는 족쇄가 된다. 상사 입장에서도 늘 바쁘다고 말하는 부하보다는 묵묵히 일하는 부하에게 업무를 더 줄 것이고 그렇게 더 많은 업무를 수행하는 부하가 성과를 낼 더 많은 기회를 갖게 되고, 인정도 빨리 받게 될 것이다. 정말 바쁠 때라도 나는 바쁘지 않다는 마음가짐을 가져야 마음의 여유를 통해 새로운 아이디어도 생각할 수 있고, 자신에 대한 객관적인 평가도 가능해진다.

회사를 그만두고 싶다는 말을 달고 살면서도 회사를 그만두지 못하고 오래 다니는 사람이 많다. 반대로 회사 다니는 게 행복하다고 말하며 오래다니는 사람은 극히 드물다. 그들의 불평불만은 습관이 되어 버렸다. 안타깝게도 부정적인 에너지는 결코 회사생활에 도움을 주지 못한다[67].

---

67) 이명혜, 17년째 버티고 있는 중입니다(싱크스마트, 2021).

7
리더십

이게 아닌데...

입사하자마자 중요한 일을 맡았다. 석사급 연구직을 채용하기 위한 시험문제 출제 의뢰를 하는 임무를 부여받았다. 이것은 보안이 무엇보다 중요하다. 누가 무슨 문제를 어떻게 출제했다는 것은 출제자와 담당자만 알고 있어야 하는 일이다.

휴대폰도 없는 때라 사무실 전화를 이용해서 출제를 의뢰해야 했다. 모대학 법학과 교수님과 통화를 했다. 주위에서 잘 들리지 않도록 조용하게... "이번에 석사급 연구원을 채용하는데...영어와 전공을 봅니다. 전공과목을 주관식으로 두 세 문제 출제를 요청드립니다." 며칠 뒤 봉인된 시험문제를 받아와 금고에 보관했다. 드디어 시험당일 아침 7시반 시험위원장이신 부기관장 입회하에 시험문제를 개봉했다. 아뿔사 이게 아닌데....법학시험문제가 영어로 출제되어 있었다.

'영어와 전공을 봅니다'를 출제하신 교수님은 전공문제를 영어로 출제하라는 뜻으로 이해를 하신 것이다. 사실은 영어시험이 별도로 시행되는데.... 소통의 중요성을 체감하는 계기가 되었다. 그 뒤로 조금 답답하게 느낄지 모르지만 의사소통을 분명하게 하기 위해 조금이라도 불분명하면 꼭 확인하는 버릇이 생겼다.

할 수 없이 영어로 출제된 문제로 시험을 치러 최종 2명이 합격을 했다. 지금은 두 분 모두 은퇴를 했다. 한 분은 일찌감치 대학으로, 또 한 분은 정년으로....

고토 신페이(의사출신 정치가, 1857-1929)는 '돈을 남기고 죽는 자는 하수다. 업적을 남기고 죽는 사람은 중수다. 사람을 남기고 죽는 자는 고수다'라고 했다. 사람을 남긴다는 말이 무슨 의미일까? 동료나 부하나 후배들에게 존경을 받는 사람이라는 뜻일 것이다.

멘토의 어원을 아는가. 오디세우스는 트로이 전쟁에서 목마를 구해 전쟁을 승리로 이끈 그리스 신화 영웅이다. 오디세우스는 전쟁에 나가기 전에 아들 테리마커스를 친구에게 맡긴다. 20년 후 전쟁에서 돌아와 테리마커스를 보니 너무나도 훌륭하게 성장해 있었다. 오디세우스가 자기 아들을 맡긴 친구 이름이 바로 '멘토'이다. 오디세우스의 친구 이름을 따서 자신에게 가르침을 주는 사람을 우리는 '멘토'라 부르게 되었다.

한 그룹의 리더가 되기 위해서는 자신을 따르는 사람들이 절대적으로 필요하다. 따르는 사람이 없다면 리더가 될 수 있는 다른 요소들은 그저 리더가 될 수 있는 가능성에 지나지 않는다. 따라서 리더십이란 전부 따르는 사람을 위한 것이다. 그래서 그들과 이어질 수 있는 능력, 따르는 사람들에게 힘을 불어넣고, 이끌 수 있는 능력이 필요하다. 리더의 자리는 자신을 위한 것이 아니다.

리더는 자신을 따르는 사람들을 데리고 여행을 떠나려는 셈이다. 자신의 어떤 점을 보고 사람들이 여행에 참여할 것이라고 생각하는가? 여행에 데려가고 싶은 사람들에게 여행에 대한 설명을 할 때는 두 가지 사항을 고려해야 한다. 먼저 메시지의 내용은 리더가 지닌 가치가 듣는 사람들에게 어떤 영향을 주는지에 대해 이야기해야 한다. 리더 자신에게 미치는 영향이 아니라 듣는 사람에게 미치는 영향이다. 다음은 메시지를 전할 때는 반드시 듣는 사람이 별다른 노력 없이도 이해하기 쉬운 말을 써야 한다[68].

듣는 사람을 중심으로 표현한다고 맘을 먹었으면 이제는 적절한 표현을 선택해야 한다. 리더라면 주변 사람들에게 힘을 불어넣어야 한다. 리더의 과제는 듣는 사람의 의욕을 고취시킬 수 있는 말로 자신의 가치를 표현하는 방법을 찾는 것이다.

---

68) 제이 설리번, 도지영 역, 심플하게 말하기(매일경제신문사, 2017).

늘 뚱해 있는 리더를 따르고 싶어 하는 사람은 없다. 항상 긍정적인 표현을 사용한다. 폭넓은 어휘력으로 사람들에게 깊은 인상을 준다고 해서 그들의 의욕을 불러 이르킬 수 있는 것은 아니다. 사람들은 리더의 메시지를 쉽게 이해할 수 있을 때 그 리더를 따르게 된다.

리더십 기초

회사는 사람이 모인 곳이고, 일의 중심에는 사람이 있다. 협업을 통해 최대의 성과를 이루는 것이 목표이므로, 관리자는 기본적으로 사람에 대한 관심과 이해를 가지고 있어야 한다. 평소에 팀원들이 어떤 생각을 하고 있는지, 업무적인 장단점은 무엇인지 등을 면밀하게 관찰해보자. 주의할 점은 평소 친분과는 관계없이 업무적으로 냉정하게 판단해야 한다. 자신과 친하다고 해서 장점만 보고, 싫어하는 사람이라고 해서 단점만 봐서는 안 된다. 연차가 쌓일수록 노련하게 일을 처리할 수 있는 데이터 역시 쌓인다. 신입 관리자들이 부족한 것이 바로 이 데이터다. 이를 보완하기 위해 팀장을 비롯한 다른 중간 관리자들이 문제가 발생했을 때 어떻게 대처하는지, 업무는 어떻게 할당하고 피드백은 어떤 방식으로 진행하는지를 유심히 살펴보자. 그리고 나라면 어떻게 할지 생각해 보자. 물론 정답은 없다. 그렇더라도 생각하는 과정에서 분명 자신만의 방법을 찾을 수 있을 것이다[69].

리더십에 관한 정동일 교수의 강의 내용을 잠깐 소개한다. 그는 리더는 '긍정적으로 봐라.' 그리고 '젊은이에게 1인칭으로 대하기보다 3인칭으로 대하는 게 어떨까?'라고 제안한다. '젊은이들이 몰입할 수 있는 분위기는 만드는 것으로 먼저, 일자체에 즐거움을 갖도록 하라, 둘째 참여

---

69) 이찬, 박소영, 센스를 배웠더니 일머리가 돌아갑니다(자몽, 2021).

의욕을 고취하라'고 기성세대와 기업의 대표에게 조언한다[70].

MZ세대에게는 성장의 기회를 주어야 한다. 예를 들면, 외부 회의에 참석하게 한 뒤 질문하라. 상황과 맥락에 관한 정보를 제공하라. 그리고 참여와 선택이 중요하다. 고객의 소리, 고객을 비롯한 직원의 의견반영, 참여 등이 그것이다.

성과를 잘 내는 사람은 심리적 안정감이 있는 사람이다. 리더는 일대일 만남의 시간을 활성화한다. 우선순위를 재설정하거나 선별적으로 한다. 번 아웃될 가능성이 있는지를 체크한다. 21세기는 Enable!하는 시대다. 이것은 단점을 최소화하는데 노력하고 긍정적 영향이 자발적 추종을 불러일으키는 능력이다.

리더의 모습

'대리(代理)'로 남지 않는 사람이어야 한다. 즉 부장으로 팀장으로 승진했으면 부하에게 권한을 위임하고 맡겨야 한다.

휴대폰을 보지 않는 사람, 눈치는 주지 않는 사람, 잘했거나 실수가 있을 때 이런 점이 좋았고, 저런 점은 개선할 필요가 있다고 명확하게 피드백해주는 상사, 마지막으로 나에게 관심을 보이는 사람, 단순히 부서원이 아니라 한 사람의 인간으로 바라보고, 나의 목표와 걱정거리에 대해 관심을 보이고 '내가 어떻게 도와주면 좋을까?'라고 물어주는 상사를 기억한다.

리더로서 목표를 명확하게 알려주고, 진행 상황을 정기적으로 확인하면서 진행방식에 대해 부하직원이 주도할 수 있도록 기회를 주는가? 직원

---

70) 정동일 교수(2021.9.28., 리더십 강의).

이 나와 함께 일하면서 그들의 삶이나 커리어가 성장한다고 느끼고 있는가? 나는 삶에서 뚜렷한 목적을 갖고 있는가? 나는 선택과 집중을 위해 어떤 노력을 하고 있는가? 직원들이 움직이지 않는 이유는 무엇인가?

첫째, 상사가 지시하는 내용을 이해하지 못했거나 관련 지식의 부족으로 대략적인 지시내용은 알고 있지만 구체적으로 어떻게 해야 하는지 알지 못해 행동에 옮기지 못하는 경우이다. 일단 상사에게 알겠다고 말하고 그 자리를 모면하지만 처음부터 업무지시 내용을 이해하지 못했기 때문에 진행은 안된다.

둘째, 상사가 지시한 일을 수행했을 때 결과가 잘못되면 책임질 일이 발생할까봐 망설이기 때문이다. 이 경우도 진행 상황은 없다. 한 번의 지시로 상사가 부하에게 충분하게 내용을 전달하고 이해시키거나 한 번의 지시만으로 부하는 상사의 의도를 이해하고 충분히 행동으로 옮길 수 있다면 좋지만 그렇지 못한 것이 현실이다.

결국, 업무지시를 할 때 상사는 부하의 지식, 능력 및 업무처리 속도를 감안하여 세세하게 쓰거나 그리는 등 가능한 모든 방법을 동원해 설명해서 부하의 이해도를 높이고, 부하의 지식수준보다 수준이 높은 업무라면 누구에게 조언을 받거나 어떤 자료를 참고하면 되는지까지 알려주어 문제를 해결해야 한다. 또 나름대로 연구하고 궁리해서 실행했을 때, 비록 결과가 나쁘더라도 결코 책임을 묻지 않겠다는 상사의 의지를 보여줌으로써 두 번째 문제도 해결해주어야 한다.

팀원들은 어떤 문제가 생겼을 때 리더가 내린 결정뿐 아니라 리더의 입장에 대해서도 알고 싶어 한다. 리더가 어떻게 그런 결론을 내리게 되었는지 알게 되면 직원들은 리더가 결정한 사항들을 더 쉽게 받아들이고 더욱 존중한다. 결정을 내리기까지 어떤 감정이 들었는지 드러내는 표현을 하자. “저는 ...로 정했습니다”라고 말하는 것은 꼰대다. 다른 표현을 사용하여 리더의 마음을 나타내자.

“저는 ...라고 믿습니다”. “제 견해로는 ....입니다”, “제가 운이 좋은 것 같습니다”

위에서처럼 “믿는다”라는 강력한 효과가 있는 단어, 절대적인 주장이 아니란 뜻이 담긴 “견해”라는 표현이나 ‘운’이라는 겸손한 표현을 쓴다면 더욱 효과적으로 마음을 전달할 수 있을 것이다.

좋은 상사

운 좋게도 신입사원 시절 좋은 상사를 만났다. 그분은 늘 내게 질문했다.

“이것 어떻게 해야 해?”
판단은 내가 했다. “이렇게 하면 될 것 같은데요?”
“그래? 그럼 그렇게 해봐”
나를 인정해줌으로써 그 일의 주인으로 만들었다. 그리고 한마디 더 물었다.
“꼭 그 방법만 있을까? 어련히 알아서 잘 하겠지만.....”
한 번 더 생각하게 했다[71].

부하인 나는 어떻게 일할까? 더 이상 설명이 필요 없다. 나를 믿어주는 상사를 위해 죽어라고 일할 수밖에 없다. 사람이란 본래 자기 말에 귀 기울여 주고 가치를 인정해주고, 의견을 물어주는 사람에게 보답하기

71) 강원국, 강원국의 글쓰기(주, 메티치미디어, 2020).

마련이다.

안정감 있는 리더

안정감이 중요하다. 마음 놓고 누구의 눈치도 보지 않고 자기 의견을 낼 수 있는 것이 심리적 안정감이다. ① 직원이 말하는 도중 끊지 말아야 한다. ② 직원이 한 말을 요약해서 다시 말해준다. ③ 모르는 것은 모른다고 흔쾌히 인정한다. ④ 참석자 전원에게 발언의 기회를 주어야 한다. ⑤ 곤경에 빠진 팀원에게 좌절감을 털어 놓도록 독려할 수 있어야 한다. ⑥ 개인적인 비판을 중지하고 갈등은 공개적으로 토론을 통해 해소하게 해야 한다.

꼰대

마셜 골드스미스Marshall Goldsmith는 리더가 더 큰 성공을 이루지 못하는 중요한 이유로 후배와의 대화에서 자꾸 충고 등을 하면서 가치를 더하려는 습성을 경고했다. 골드스미스는 조언을 하고 싶어질 때 '내가 하려는 말이 정말 가치가 있는 것일까'라고 다시 생각해 보라고 한다. 선배로서 당신이 지켜야 할 원칙은 지갑은 열고 입은 닫는 것이다. 대화에서 궁금한 것이 있다면 질문을 해서 그들의 세계에 좀 더 다가서도록 하자. 선배로서 후배보다 더 잘할 수 있는 것을 만들어가야 한다. 경험만 있다고 생각하는 힘이 생기는 것은 아니다. 실제 후배보다 생각하는 시간이 많아야 한다. 이를 위해 혼자서 깊이 있는 독서를 하고 자신의 삶과 경험을 돌아보면서 지혜를 축적하는 시간이 반드시 필요하다.

직장이나 사회에는 "나~때"를 자주 말하는 꼰대 말고 찐 꼰대가 있다.

이들을 유형화하면, 지나가다가 인사를 했더니 받아주지 않는 인간, 수시로 지시사항을 번복하는 인간, 말이 너무 많고 다른 사람의 말을 듣지 않는 인간, 자기 잘못을 인정하지 않고 남 탓하는 인간, 험담에 집중하는 인간이 진짜 꼰대다.

조관일[72]은 꼰대가 되는 원인으로 우선 세월을 들었다. 세월이 흐르고 경험이 쌓이면서 그렇게 된다는 것이다. 나이가 들면 자기확신이 강해지고 자기도취에 빠지기 때문으로 진단한다. 또 하나 리더가 되면 사람이 변한다. 젊은 날에는 상사의 못된 기질과 성격을 비판하던 총명했던 사람이 꼰대의 함정에 빠진다는 것이다. 거기에 그가 천재성이 있거나 좋은 스펙을 갖고 있다면 꼰대질은 안하무인의 정점을 향해 달린다. 이것이 '리더의 저주'다.

꼰대소리를 듣지 않기 위해서는 존경받는 상사가 되어야 하는데 이를 위해 먼저, 정직함을 우선으로 든다. 자기의 마음을 다해 일하고 조직원을 대하면 존경을 이끌어내는 최고의 가치이다. 그리고 자신의 이해관계를 생각하지 않고 몸과 마음을 바쳐 헌신하는 것이다. 마지막으로 나이 든 사람다움 품격을 지니는 것이다.

소통/공감

의사소통이 잘못되어 낭패본 적이 있다. 상당히 오래된 이야기이기 때문에 마음 놓고 말할 수 있다. 앞에서 언급한 시험출제 오류의 경우이다. 그 다음부터는 소통시 조금만 불분명하면 다시 확인하곤 하는 습관이 남아있다. 물론 주위에서는 조금 답답하다고 생각할지 모르지만, 일하면서 잘못을 줄이기 위한 장치이다.

---

72) 조관일, 회사는 유치원이 아니다(21세기북스, 2020).

공감능력이 왜 중요한가? 공감능력은 모든 중요한 인간관계의 기반이 되므로 일상생활의 활동에 극히 중요하다. 탁월한 사람들은 대체로 학업성적도 우수하고 동료들과 잘 어울리기 때문에 더 좋은 생활을 영위할 수 있다. 공감은 집단이 더 많은 성과를 올릴 수 있도록 만드는 촉매제가 된다. 공감능력은 경제적으로도 점점 더 중요해지고 있다. 이를테면 공감능력이 높은 채권추심자가 빚을 두 배 정도 더 많이 받아낸다는 연구결과도 있다. 공감능력이 높은 의사들이 환자에 대해 더 많이 알게 되므로 이들의 진단이 더 정확해질 뿐 아니라 의사의 지시를 환자들이 잘 준수할 가능성이 높아진다[73].

공감능력은 다른 사람의 심리나 감정 상태를 잘 읽어낼 수 있는 능력을 의미한다. 다른 사람이 어떤 느낌을 갖고 있는지 알아채는 능력은 인간관계를 잘 유지하기 위한 기본적 자질인데, 이런 공감능력이 이슈화 되고 있다.

상실된 공감능력의 회복이 조직과 개인에게 당면과제이다[74]. 고객이 원하는 것을 어떻게 간파할 것인가에 관한 고객 통찰의 공감이다. 이것은 고객과의 진정성 있는 소통의 기술을 필요로 한다. 다음, 조직 안팎의 이해관계나 의사결정자와의 설득의 공감이다. 그리고 혁신적이고 차별적인 상품을 고객에게 판매할 때 필요한 상품 컨셉의 공감이다. 고객이 기꺼이 비용을 지불하고 상품을 구매해야 할 이유, 즉 상품의 가치를 소비자에게 어필할 수 있어야 한다. 컨셉은 모든 것을 담는 그릇이다.

우리는 굳이 함께 밥을 먹지 않더라도 다양한 사람과 여러 방식을 통해 소통하며 우리가 인식하는 것 이상으로 관계를 맺고 있다. 소통의

73) 이정전, 초연결사회와 보통사람의 시대(여문책, 2019).
74) 김철수, 작고 멋진 발견(더 퀘스트, 2018, 152-210).

질과 관계성에 대한 만족도에 대해서는 개별적인 차이가 있지만 확실한 것은 우리가 충분히 어쩌면 과도하게 연결되어 있다는 사실이다. 혼자 밥을 먹은 것은 과거와 달리 동료들과 생활에 적응하지 못한 결과가 아니다. 따돌림받거나 사회생활의 실패로 혼자 밥을 먹는 것이 아니라, 정말 혼자이고 싶어서 자발적으로 선택한 것이다. 우리는 잠시 함께이지 않아도 괜찮은 유일무이한 존재이다[75].

최근에 우리는 왜 자신에 대해 집착하듯 이야기하게 되었을까? 나에 대해 이야기하는 것이 왜 그토록 중요하게 되었을까?

경청[76]

경청은 기술이고 마음을 보여주는 언어다. 평소에 경청 훈련이 잘되어 있는 사람은 주위 사람의 마음을 한 아름 가지고 있다. 경청의 기술은 여러 가지 있지만, 가장 중요한 것이 적극적 경청active listening이다.

상대방과 가슴과 무릎, 눈을 마주하고 앉아서 대화한다. 서로 바른 자세로 듣는 것은 상대를 존중한다는 마음의 표현이다. 그리고 상대방의 의견에 내 판단을 넣지 않는다. 경청은 상대방이 이야기함으로써 스스로 방향을 찾고 상대의 마음을 얻어가는 과정이다. '아, 그렇군요' 등의 반응을 한다면 상대방은 더욱 마음의 문을 쉽게 열 것이다. 답은 상대방이 알고 있음을 인정한다. 조언도 하지 않는다. 자신이 알지 못하는 영역에서도 스스로 답을 찾게 하는 것이 경청이다.

간단한 질문부터 시작해서 자세한 질문을 한다.

상대방의 감정에 5분의 1정도 공감한다. 개인차가 있겠지만 대체로 남

---

75) 강보라, 나만 잘되게 해주세요(인물과 사상사, 2019).
76) 강환규, 스탠퍼드는 이렇게 창업한다(㈜라온 아시아, 2020, 252).

자는 공감하는 표정과 말투를 연습하고, 여자는 감정을 절제하는 연습을 하면 좋다.

영업의 고수일수록 이야기하는 시간보다 경청하는 시간이 더 많다. 영업은 물건을 파는 것이 아니라 자신의 가치를 파는 것이다.

경청, 누구나 할 수 있지만 아무나 할 수 없는 것이라고 한다. 타인의 이야기를 존중하는 마음으로 듣는 것, 머릿속에 미리 생각하는 것은 실수다. 상대방을 낮게 평가하는 실수, 자기중심적 사고의 실수, 영혼 없는 리액션의 실수, 대화를 산으로 이끄는 실수를 막아야 한다.

누군가 다가와 말을 걸면 하던 일을 멈추는 것이 예의다. 그리고 무엇을 도와드릴까요? 물으며 밝은 표정으로 상대를 바라봐야 한다. 이때 반드시 스스로의 표정을 단속해야 한다. 하던 일이 방해받으면 반사적으로 불편한 표정이 나오기 쉽기 때문이다. 경청하지 않는다는 것은 제대로 보지 않고 두 가지 일을 동시에 처리한다는 뜻이기도 하다. 이미 무수한 실험이 증명했지만 우리 인간의 뇌는 두 가지 이상 일을 동시에 처리하면 생산성과 효율성이 모두 떨어진다[77]. 장사의 신으로 유명한 우노 다카시[78]의 인사법에 의하면, "반드시 손님과 눈을 마주친 상태에서 인사해야 한다. 절대 탁자를 치우거나 설거지하면서 허공에 대고 인사하면 안된다."고 엄하게 충고한다. 손님이 계산하고 돌아갈 때에도 반드시 출입문 바깥까지 나가서 정중하고 밝은 모습으로 눈을 바라보며 감사인사를 전한다.

상대방의 두 눈에 집중하면서 듣다 보면 자연스럽게 할 말이 줄어든다. 그러고는 상대방이 모든 말을 다 했다는 느낌이 들 때가 오면 의견이

---

77) 박중근, 70년대생이 운다(EBS북스, 2020).
78) 우노 다카시, 김영주 역, 장사의 신(쌤앤파커스, 2014).

나 대답을 내놓기 시작한다. 대개의 말이 끝에서 핵심이 나타나기 때문에 모든 말은 끝까지 들어야 한다. 또 대화를 나누기 전에 노트와 펜을 준비하는 것이 좋다. 상대방의 말 특히, 리더가 부하직원의 말을 받아 적는 일은 매우 좋은 신호다. 기억하는 데도 편하지만, 누구의 말도 허투루 듣지 않는다는 의미이니 상대방의 신뢰를 덤으로 얻을 수 있다. 상대방의 말이 끝나면 요약해서 되물으며 확인하는 것도 좋은 습관이다.

단순하게 말하기

대부분의 사람들은 마치 경쟁하듯 대화를 나눈다. 내가 말하고 잠시 멈춘 사이에 상대방이 자신의 생각을 가지고 끼어든다. 상대방이 말을 멈추었을 때 내가 다시 뛰어들어 상대방의 이야기를 넘어서려 하거나 대화의 주도권을 가져온다. 이는 주도권 싸움이다.

이런 대화 대신 상대방의 말이 끝났을 때 "정말 재미있는 의견이네요"라거나 또는 "좀 더 자세히 설명해 주실래요?"라고 말해 보자. 상대의 입장에서는 대화의 본질에 대한 세계관이 바뀌는 경험일 것이다. 서로 더 많이 말하려고 싸울 필요도 없다. 자신의 생각을 말하려고 발언 기회를 찾는 대신 상대방이 더 많이 말하는 상황을 사실 반기는 것이다. 경청은 대화의 순간에 적절한 분위기를 형성하기 위해서도 중요하지만 좋은 평판을 위해서도 중요한 기술이다. 커뮤니케이션 기술에 관한 1,800명을 대상으로 한 설문조사에서 영향력 강한 리더가 갖추어야 할 가장 중요한 커뮤니케이션 기술이 무엇이라고 생각하는지 세 가지를 고를 것을 요청했다. 압도적인 1위에 오른 항목은 바로 '상대방의 이야기를 잘 들어주는 것'이었다. 다시 물었다 "듣기 기술이 중요한 이유는 무엇인가"에 대한 대답은 '신뢰와 존경을 얻기 위해서' 이야기에 귀를 잘 기울이는 사람으로 알려져야 한다고 대답했다. 누구나 이야기를 잘 들어주지 않는 사람을 떠올릴 수 있을 것이다. 사람들은 보통 이런 사람들을 피하려 하며, 자기만의 세계에 빠져 있다고 생각한다[79].

다양성[80]

사회가 다양해지고 이해관계가 복잡해지면서 때로는 선한 의도로 한 일이 다른 이들에게 아픔이나 피해를 줄 수 있는 일도 점점 많아지고 있다. 차이를 인식하고 배려하는 일이 생각처럼 쉬운 일이 아니다. 다름을 배려하지 못하는 무신경도 문제지만 과잉친절도 문제다. 아무리 목적이 좋아도 방법이 좋지 못하면 그 좋은 의도를 이루기 어렵다. 그래서 지혜가 필요하다.

서로 다른 삶의 지향은 현실의 자원과 권리 분배에서 충돌하기 마련이다. 그나마 낫다고 여겨지는 민주주의적 합의를 통해서 문제를 해결하려 하지만 그마저 녹록치 않다. 서로 평등한 어느 누구도 자신이 옳다고 믿는 것을 철회하고 싶지 않기 때문이다.

서로 생각이 다르고 삶의 지향이 다른 사람들이 평화로이 어우러져 살기 위해서 무엇보다 필요한 것은 지식이 아니라 태도이다. 다른 사람에 대한 개방성과 존중은 단순히 아는 것에서 완성되는 것이 아니라 오랜 습관처럼 몸에 배어야 한다. 자신이 당연하다고 생각하는 것을 잠시 내려놓고 상대에게 귀를 기울이기 위해서는 부단한 연습이 필요하며, 끊임없이 자신으로 되돌아가려는 관성을 억제하는 노력이 필요하다.

---

79) 제이 설리번, 도지영 역, 심플하게 말하기(매일경제신문사, 2017).
80) 박승억, 가치전쟁(사월의 책, 2020).

다양성이 중요한 것은 경직되고 획일화된 사회, 일반적으로 말해서 획일화된 시스템은 사소한 외부 충격에도 파국을 맞이할 수 있다. 우리는 그런 사회를 건강한 사회라고 말하지 않는다. 사회발전을 위한 새롭고 창의적인 생각이 나오기 어려울 뿐만 아니라, 개인에 대한 집단의 폭력이 일상화될 위험이 크기 때문이다.

생각과 삶의 방식의 차이를 존중하는 것과 재능과 노력의 결과로 빚어진 차이를 존중하는 것은 '평등'과 '공평'이라는 같은 듯 다른 개념적 차이를 동반한다. 그래서 더 나은 사회를 꿈꾸는 사람들은 이렇게 외치곤 한다. "기회는 평등하게, 과정과 결과는 공정하게!" 이 슬로건은 우리로 하여금 열심히 살게 할 동기를 제공한다. 그런데 아무리 열심히 살아도 내 삶이 달라지는 것이 없다면 어떨까? 둘 중에 하나다. 분노하거나 아니면 포기하거나.

왕따의 혐오는 문화적 다수가 소수에게 행하는 갑질이다. 그런 의미에서 평등의 이념은 사회 전반으로 확장되어야 한다.

연대

본래 연대는 약자들이 강자에 대항하기 위한 구호였다. 달리 말해 피해자들의 구호였다. 그런데 문제는 모두가 자신이 피해자라고 생각하기 시작했다는 것이다. 성소수자들은 당연히 사회적 통념의 피해자로 연대하지만, 그 반대편의 입장에 있는 사람들 역시 자신들도 피해자라며 연대하기 시작한다. 연대는 이제 사회학적이고 윤리적인 의미보다는 정치적 의미를 가진 용어로 전용되기 시작했다. 누구든 자신의 정치적 의사를 관철시키기 위한 방법을 뜻할 뿐이다[81].

81) 박승억, 가치전쟁(사월의 책, 2020).

다변화하고 있는 갈등의 양상에도 불구하고 모두가 모두에 대해 언제든 경쟁자가 될 수 있다고 생각하게 만드는 현실 인식만큼은 누구에게나 공통적이다.

세 가지 어려운 문제

판단하기 쉽지 않은 세 가지 문제가 있는데 그것은 자유와 평등, 개인과 공동체 그리고 현재와 미래에 관한 시각이다.

자유와 평등, 균형의 문제는 그 가치들이 사회적 자원의 분배 문제와 관련이 있기 때문이다. 신자유주의가 비난을 받는 이유는 이미 출발선에서 뒤쳐져 있는 사람들이 자신보다 앞서 있는 사람들과의 격차를 줄이는 일을 사실상 불가능하게 만드는 구조를 갖고 있기 때문이다.

자유가 개인의 욕망과 선택의 문제라면 평등은 다른 사람과의 비교라는 사회적 관계의 문제이다. 따라서 개인의 자유와 평등의 문제는 전체와 부분 사이의 역학적 관계의 문제로 이해한다. 자유가 개인의 욕망과 관련된 '사실'이라면, 평등은 함께 사는 삶을 위한 '규범'이다.

개인과 공동체, 더 많은 사람의 이익을 위해 몇몇 소수를 희생시키는 일의 윤리적 정당성 문제는 공리주의의 한계와 관련하여 끊임없이 회자되는 문제이다. 오늘날 우리 사회의 기본 정서는 아무리 다수를 위한 일이라고 해도 소수의 인권을 함부로 해서는 안 된다는 것이다. 혼밥, 혼술족의 시대는 이런 문제들이 복잡하게 뒤얽혀 있는 사회의 한 단면이다. 개인주의를 당연하게 받아들이면서 성장한 세대에게 공동체적 의무는 개인의 자유를 제약하는 폭력으로 느껴진다. 반대로 개인을 지나치게 강조하면 공동체의 안녕과 질서를 유지하는 일이 어려워져 장기적으로는 개인의 자유와 권리를 지키는 일에까지 나쁜 영향을 미치게 된다. 이를 위해 무엇보다 당사자간 합의가 중요하다.

우리가 개인주의가 지향하는 방향이 옳다고 믿는 것은 개인주의야말로 도덕적인 사회를 만들기 위한 초기 값이기 때문이다. 이러한 개인주의가 현실에서 어떻게 구현되는가 하는 문제는 단순한 이론적 문제를 뛰어 넘는다. 이러한 현실적인 문제가 공동체주의가 서 있는 기반이다. 비록 공동체주의자들의 일반적인 경향이 개인의 자유보다는 공동체적 가치 또는 공동선을 더 우선시하지만, 그렇다고 해서 개인의 자유를 경시하는 것은 결코 아니다. 도리어 현실적인 타협점을 찾고자 하는 것이다.

현재와 미래, 수저 논쟁은 단지 현재 세대에만 해당되는 것이 아니라 미래 세대에 관한 논의를 포함하고 있다. 연금, 지구온난화, 소득세율, 부동산세율을 결정하는 일은 우리 자신만의 문제가 아니라 다음 세대의 문제이기도 하다. 세대 갈등이 촉발되는 이유도 이러한 사정과 무관하지 않다. 미래 세대의 발언은 현재 발언을 할 수 있는 세대가 미래 세대를 대리할 때만 가능하다. 본래 현재 세대가 미래 세대의 이해관계를 적극적으로 반영할 수 있는 생물학적 근거는 가족이다.

겸손

다른 사람의 이야기를 귀담아듣는다. 상대가 자기 자랑을 할 수 있도록 이끌어 낸다. 상대의 말에 적절히 호응하면서 대화가 폭넓게 이어질 수 있게 질문한다. 성공담을 자랑하기보다 실패 경험을 재미있게 이야기한다. 대화를 할 때 상대의 말을 끊고 자신의 의견을 제시하거나 해답을 말하지 않도록 주의해야 한다. 내가 이미 답을 알고 있더라도 끝까지 참고 들어야 한다. 설사 직장 후배나 손아랫사람이라도 상대의 이야기를 다 듣고 나서 '거 참 좋은 생각이군. 정말 잘 됐어'하고 반응해야 한다[82].

서로 경쟁함으로써 자신도 상대도 성장시키는 상대를 라이벌이라고 한다. 라이벌이 있어야 내가 성장한다.

당신이 유능한 리더라면 인재를 발탁할 때 알 수 있다. 서로 격의 없이 친밀하게 지낸 조직은 공과 사를 구분하기 어려워 결코 강한 조직으로 발전하기 힘들다. 리더는 개인적인 감정이 아니라 기업의 목표와 부합하는 적합한 인재를 기용할 수 있어야 한다.

겸허한 마음은 주위 사람들의 지지를 얻는 데 중요한 역할을 한다. 덜 성숙한 사람일수록 겸허함을 과소평가한다. 존경받는 사람은 언제나 겸허함을 명심하고 있다.

인간은 자연의 일부이다. 인류가 탄생한 지 600만 년이고 인류 진화의 최종 단계인 현생인류가 아프리카에서 세계로 널리 퍼진 것이 5만 년 전이라고 한다. 인류가 오늘날과 같은 생활양식을 시작한 지는 수천 년쯤 되었을까? 인간은 예나 지금이나 자연과 함께 살고 있는 자연의 일부이다.

리더는 궂은 일에 솔선수범한다. 청소가 안 되어 있으면 담당 직원을 문책하고 다시 청소를 시키기 전에 자신이 직접 청소하는 모습을 보여야 한다. 직원들에게 성실하게 일하라고 말하기 전에 자신이 먼저 성실하게 일해야 한다.

---

82) 이와따 마쓰오, 김윤경역, 결국 성공하는 사람들의 사소한 차이(비즈니스북스, 2019).

8

상사/부하

상사와 부하 그리고 더 부하

내가 소속된 과(課) 밑에 2개의 대리체제였다. 그런데 내가 속한 대리 말고 옆에 계신 A대리님과 과장님 사이가 좋지 않았다. 지금 생각하면 A대리님은 과장님을 약간 무시하고 과장님의 상사인 실장님과 잘 통했다. A대리님과 실장님은 같은 대학 동문이기도 했다. 그러니 일이 원만하게 진행되는 것이 별로 없었다.

과장님은 퇴근 후 자리에서 우리쪽 직원들에게 A대리님에 관한 험담을 쏟아 내셨다. “사람이 말야, 과장인 나를 무시하고 바로 실장하고 거래를 해!!, 그렇게 하면 지가 잘될 줄 알아..” “싸가지 없는 놈..” 또 그 대리님이 납품업자들과 잘 통하는 것 같다는 말씀까지 하셨다.

이렇게 하소연하는 과장님의 말씀에 우리는 무슨 말을 해야 할지 몰랐다. “맞아요. A대리님이 과장님을 약간 스킵하는 경우가 있어요”라고 과장님 편을 들어야 하나? 아니면 “그렇지 않아요. 우리가 보기에는 과장님께서 약간 오해하신 것 같아요”라고 반기를 들어야 하나? 옆에 앉아있는 우리대리님도 별 말을 못하고 그냥 듣기만 했다.

나는 답답했다. 그런 문제가 있으면, 당사자들끼리 결투를 하든 화해를 하든 해결하면 될 것을.. 애먼 옆에 있는 대리와 직원들에게 하소연을 하나? 오죽했으면, 우리에게까지 이러시나 측은한 맘이 들기도 했다. 이야기를 나누는 시간이 밤 열시 반을 넘기고 있었다.

나는 듣기만 하다가 “막내가 한 말씀드릴께요. 두 분간의 문제를 서로 터놓고 한번 말씀을 나누시는 게 어떨까요?” 3분 뒤 그 모임은 파했다.

Z세대의 등장

한국경제신문에 이런 기사가 실린 적이 있다. 만약 당신이 타임머신을 타고 2019년으로 돌아갈 수 있다면 무엇을 할 것인가? 코로나 팬데믹으로 손소독제나 투명 아크릴 칸막이가 히트상품이 되고, 디지털 트랜스포메이션의 가속화가 이뤄지며, 정보기술IT 기업의 실적과 주가가 높아진 것을 아는 채로 2019년으로 간다면 엄청난 부자가 될 것이다[83].

타임머신을 타고 2007년으로 돌아간다면 어떨까? 그때가 아이폰이 나온 해다. 스마트폰이 바꿀 혁명적인 변화와 비즈니스 기회가 본격화되기 전으로 당신이 돌아간다면 유니콘이 된 스타트업을 세웠을 것이다. 이건 돈뿐만 아니라 사회적, 경제적, 산업적 영향력을 만드는 일이다. 하지만 안타깝게도 당신에게 타임머신은 없다. 그래서 우리가 트렌드에 관심을 갖는 것이다.

메타버스[84]의 기회는 Z세대가 가져간다. Z세대는 1996~2010년에 태어난 이들을 일컫는다. 이 시기는 디지털 제품이 쏟아져 나오기 시작하던 때와 비슷하다. 또한, 인터넷이 전 세계에서 폭넓게, 활발하게 이용되기 시작한 후에 태어난 이들이므로 디지털 원주민Digital Native으로 부르기도 한다. 어렸을 때부터 스마트폰을 이용하며, 온라인 쇼핑을 활용하고, SNS를 통해 인간관계를 맺는 등, Z세대가 자라난 환경은 그 이전의 세대와는 많이 다르다.

스마트폰이 밀레니얼 세대의 힘을 키워준 일등공신이라면, 메타버스가

---

83) 당신이 '애들'이라 부르는 그들이 당신의 미래를 이끈다[김용섭의 트렌드 빅 퀘스천](한국경제신문, 2021.06.08).

84) 가상과 초월을 의미하는 '메타(meta)'와 세계·우주를 뜻하는 '유니버스(universe)'의 합성어로 가상현실보다 한 단계 더 나아가 사회·경제적 활동까지 이뤄지는 온라인 공간이다.

만드는 힘은 Z세대를 키워줄 것이다. 스마트폰이 처음 나왔을 때의 10~20대가 밀레니얼 세대다. 스마트폰을 먼저, 적극적으로 받아들인 그들이 새로운 문화와 미디어, 소비, 비즈니스의 권력으로 부상했고, 이들이 창업한 스타트업들이 막대한 가치를 창출해내며 글로벌기업으로 성장했다. 지금의 10~20대는 Z세대다. 메타버스 시장의 주 소비층은 1020세대다. 메타버스에서 가장 많이 놀고, 그 환경과 문화를 가장 적극적으로 소비하는 이들이 메타버스가 만들 기회를 가장 많이 가져가고, 산업의 주도권을 쥘 수밖에 없다.

코로나 팬데믹이 초래한 산업적 진화의 가장 큰 수혜자를 꼽자면 메타버스산업일 것이다. 사람과 물리적 거리두기가 필요해진 시대에 증강현실AR, 가상현실VR, 혼합현실MR, 확장현실XR 등의 기술 수요가 커졌고, 이를 활용하는 메타버스산업은 성장할 기회를 맞았다. 메타버스를 가장 중요하게 바라보는 기업 중 하나가 페이스북이다. 27억 명의 페이스북 사용자를 메타버스 공간으로 옮겨놓고 싶어한다. 매출에서 광고 비중이 절대적인 페이스북 입장에선 수익 다변화를 위해 메타버스 시장을 노린다. VR·AR 분야 인력만 6000명이 넘고, 오큘러스를 비롯해 비트게임스, 스케이프 테크놀로지, 산자루 게임스, 레디 앳 던 등 인수한 기업도 많다. 페이스북이 꿈꾸는 미래는 메타버스 속에서 우리가 게임과 여가, 취미만 누리는 게 아니라 교육, 업무, 커머스, 미디어 등 무한대로 확장해가는 것이다.

아마존, 마이크로소프트, 구글, 삼성전자 등 빅테크 기업 중 상당수가 AR과 VR에 투자하고, 메타버스 시장을 중요하게 바라본다. 엔비디아는 가상세계를 공유하도록 AI가 통합된 메타버스 솔루션을 개발하기도 했는데, 제조업에서 이를 공장 설계와 계획에 활용할 수 있다. 메타버스는 제조업, 서비스업, 교육업, 패션업, 미디어업 등 거의 모든 산업에 영향을 준다. 그냥 애들이 게임하고 노는 것이 전부가 아니다. 시장조사회사 스트래티지애널리틱스는 메타버스 시장 규모를 2025년 2800억 달러 정도로 추산했다. 컨설팅회사 PwC[85]는 AR·VR 시장이 2025년 4764억달러, 2030년 1조5000억달러 규모로 커질 것으로 추산했다. 그리고 이 엄청난 시장에서 Z세대는 초기에 시장을 활성화하고, 가치를 끌어올리는 아주 중요한 역할을 한다. 이러니 빅테크 기업들이 공들이지 않을 수 있겠는가?

당신이 '애들'이라 부르는 그들이 당신의 미래를 이끈다.

빅테크 기업들이 전개하는 사업, 그들이 미래 먹거리라고 여기는 사업 중 상당수는 아직 만개하려면 멀었다. AR·VR 시장이자 메타버스 시장도 그중 하나다. 블록체인과 핀테크 시장도 마찬가지다. 서비스 로봇, 가정용 로봇을 비롯한 로봇 시장도 마찬가지다. 기성세대에겐 메타버스와 블록체인, 로봇 모두 낯설다. 아날로그 기반에서 살아온 이들에겐 메타버스나 로봇이 신기한 볼거리는 되겠지만, 자신들의 일상이자 문화로 적극적으로 받아들이는 데는 한계가 있다. 하지만 Z세대는 다르다. Z세대를 이을 알파세대도 마찬가지다.

바보들

'난 모르겠는데, 이건 너희가 해.' 아랫사람 무서운 줄 모르는 대표적인 바보 상사다. 물어도 정확히 아는 게 없고 궁금해하지도 않는 태도를 가진 선배나 상사에겐 얻을 것이 없다. 몰라서 하기 싫은 업무를 두려

85) 프라이스워터하우스쿠퍼스(PricewaterhouseCoopers, PwC)는 영국 런던 본사를 둔 매출액 기준 세계 1위의 다국적 회계 감사 기업이다. PwC는 세계 4대 회계법인 중 하나이다.

워하지 마라. 누구에게든 실무를 아는 사람에게 물어보고 배우자.

신입직원은 모나지 않기, 배우려는 자세, 그리고 자발적인 적극성이 필요하다. 회사는 가방끈 보다 짬밥이다[86].

전공과 관련 없는 부서에 배치된 한 후배가 1년 넘게 괴로워하다가 일방적으로 사표를 낸 적이 있다. 상사는 주말에 후배를 불러 많은 대화를 나누었고, 후배는 불이익 없이 전공을 살릴 수 있는 부서로 조용히 이동할 수 있었다. 지금도 후배는 10년 넘게 회사를 잘 다니고 있다. 왜 당시 팀장에게 고민을 이야기해보지도 않고 섣불리 사표부터 냈는지 후회된다고 한다. 어려움을 함께 나눈 상사는 평생의 멘토가 되기도 한다. 혼자 끙끙 앓으면서 옹졸한 결론을 내지 말고, 상사와 함께 고민하며 조언을 듣고 행동하는 것이 현명한 처사이자, 후회하지 않을 회사생활을 위한 방법이다[87].

팀플레이 방식, 내가 맡은 업무가 작아도 깔끔하게 시간에 맞게 그리고 틀을 갖춰서 마무리한다. 내 일을 잘 처리하고 있는 모습을 보인 다음 좀 더 중요도가 높은 업무를 넘겨달라고 하는 것이 순서다. 항상 내 업무보다 팀 업무를 먼저 처리하는 습관을 키운다. 한 배를 탄 팀원들에게 노하우를 아끼지 말자. 무임승차하면 연말 평가에 반영 될 수 있다는 걸 기억해야 한다.

상사/리더의 역할

상사는 명확하게 지시해야 한다. 구성원이 이해하지 못하면 100% 상사의 잘못이다. 당신이 상사의 말을 지속적으로 알아듣지 못하면 상사는

86) M과장, 요즘직장 생존법(흐름출판, 2020).
87) 장한이, 회사에 들키지 말아야 할 당신의 속마음(이다북스, 2018).

당신과 함께 계속 일해야 하는 것을 고민할 수도 있다. 상사를 감동시키는 것을 목표로 삼고 행동한다. 상사가 나에게 요구하는 기대 수준 이상을 목표로 삼고 도전한다. 그럴 수 있도록 나의 역량을 계발한다. 일의 속도를 높인다. 일의 완성도를 높인다.

좋은 팀장은 실무를 맡기기 전에 팀원의 의견을 묻고 더 나은 방향성을 주려고 노력한다. 항상 '공'은 팀원이 한 것이요. '과'는 자신이 한 것이라고 말한다. 유관부서와 협의가 잘 안 될 때 나서서 어려운 부분을 적극적으로 돕는 유형, 늘 업무에 대한 정확한 방향성을 주고 때로는 해결사가 되어 주는 것, 실무를 모르면 아는 체하지 말고 물어보고, 방안을 몇 개 가지고 가면 결정해줘라. 어떤 인물이 팀장으로 오든 당신에게 업무 조언을 구할 정도의 내공을 쌓는 것이 중요하다[88].

똑똑하게 일 시키기

먼저 일을 구조화하기 위해서는 업무를 카테고리로 분류해야 한다. 이는 비슷한 업무끼리 합치고, 중복되지 않도록 나누고, 작은 단위로 쪼개 일을 가장 효율적인 유닛으로 구분하는 과정이다. 이 과정에서 염두에 둬야 할 것은 일의 목표와 전후 관계이다. 다음으로 누가 무엇을 잘하고 못하는 지를 파악한다. 팀원이 무엇을 배워보고 싶은지 파악하는 일도 중요하다. 다른 일을 도전해보고 싶어 하는 팀원을 위해 새로운 기회를 만들어주는 것도 팀장의 몫이다. 이때 필요한 것을 잘하는 일과 도전하는 일을 어떠한 비율로 시킬지 결정하는 것이다. 시간을 다툴 때와 그렇지 않을 때로 나누어 생각한다. 다음은 담당자에게 지시 사항을 최대한 상세하게 설명한다. 그 일의 목적이 무엇이고, 전체 프로젝트에 어떤 영향을 미치는지 등을 자세히 알려준다면, 일을 효율적으로 진행

88) M과장, 요즘직장 생존법(흐름출판, 2020).

할 수 있을 뿐 아니라, 동기 부여에도 도움이 될 것이다. 마지막으로 일의 마감일과 중간 보고 시기를 명확하게 전달해 주자. 마감일이 명확해야 기한 내 업무를 완수할 수 있고, 중간보고가 있어야 엉뚱한 방향으로 일이 진행되는 것을 막을 수 있다. 팀원 역시 맡은 업무 내에서 우선순위에 따라 적절히 시간을 안배하고 페이스를 조절할 수 있는 연습을 할 수 있을 것이다[89].

젊은 애들은 버릇이 없다. 고대 철학자 소크라테스도 '젊은이들이 아무데서나 먹을 것을 씹고 다니며 버릇이 없다'는 말을 남겼다. 이렇듯 세대 갈등은 어제 오늘 이야기가 아니다. 고대인들은 부모나 어른 앞에서 절대적으로 복종했을 거라고 짐작하지만, 지금과 전혀 다르지 않았다. 어쩌면 인간은 근본적으로 기성세대에 도전하는 DNA를 품고 있을지도 모른다는 합리적 의심까지 해본다.

대부분 기성세대가 신세대를 잘 이해하고 맞추는 것이 바람직하다고 말한다. '새 세대를 잘 포용하라', '그들이 쓰는 언어와 사고방식을 먼저 배우라'고 강요한다. 신세대를 잘 이해하지 못하는 기성세대를 대놓고 '꼰대'로 불러가며 웃음거리로 만드는 것이 작금의 상황인 것이다[90].

모두 불리한 게임

직장 분위기는 궁극적으로 어떤 결과를 가져올까? '살아있는 후배교육'을 포기하면 기업에 어떤 영향을 미칠까? 몇 가지 점검해보자. 고참의 경험담은 '라떼'로 평가절하되어 이젠 말해서는 안 될 금기가 되었다. 많은 70년대생 리더들은 이젠 무슨 말이든 입을 열기가 겁난다고 하소연한다. 목구멍까지 잔소리가 올라와도 과연 어떤 반응, 어떤 표정으로

89) 이찬, 박소영, 센스를 배웠더니 일머리가 돌아갑니다(자몽, 2021).
90) 박중근, 70년대생이 운다(EBS북스, 2020).

되돌아올지 두려워 멈춘다고 한다. 물론 여기서 분명한 것 하나 있다. 무용담처럼, 공치사처럼 빈번히 언급되는 '라떼'는 공감대를 형성하지 못하기에 기성세대도 반성할 필요는 있다. 솔직히 후배들에게 경험담을 이야기하다 보면 본의 아니게 드라마를 연출하게 된다.

그렇기에 선배의 '라떼'는 후배의 아까운 시간을 절약해 생산성을 올려줄 수 있는 치트 키인 셈이다. 동일한 시행착오를 하지 않는 것 그리고 효율적인 방법을 전수받는 것은 생산성과 직결된다는 사실을 조직생활을 해본 사람이라면 모두 공감한다.

내가 비슷한 경험이 있는데, 한번 들어보지 않겠냐고 먼저 동의를 구하는 방법이 좋다. 매너를 갖춘 코칭형 멘트에는 누구든 자연스럽게 공감한다. 그리고 '팩트' 위주의 '기름기'를 빼서 이야기를 전달하는 게 바람직하다. 검색과 논리로 무장한 신세대에게 눈물 젖은 감성 '라떼'는 그다지 매력적이지 않다. 90년대생 역시 앞으로 조직을 이끌어갈 미래 리더들이므로 잘 공감하도록 교육시켜야 한다. 서로의 문화와 차이를 수용하는 예의 바르고 성숙한 구성원으로 당당히 성장할 수 있도록 말이다.

70년대생

X세대, 오렌지족, 야타족 같은 단어들은 요즘 90년대생들에게는 생소한 이야기 일 것이다. X세대인 70년대생은 베이비붐 세대의 눈에는 상당히 이상한 세대로 보였는데, 제대로 정의할 용어가 없어서 'X'세대라고 불렸다. 참고로 이말은 캐나다 작가 더글러스 커플랜드Douglas Coupland의 소설 〈Generation X〉에서 비롯됐다. 아마도 90년대 생은 '설마 저희 꼰대 부장이요?'라고 되물을 것이다. 그렇다 기득권 세대로서 항상 조직에

순응하고 예스맨을 자처하는 그들이 바로 20년 전에는 별종, 외계인, 조직 부적응자로 불리던 X세대였다.

X세대인 70년대생이 대학생활을 할 때는 독재, 민주화, 운동권 같은 표현들이 점점 희미해졌다. 대신 취향과 개성을 마음껏 표현하는 문화로 서서히 바뀌어 갔다.

70년대생이 사회에 진출할 무렵 그들이 바뀔 수밖에 없었던 큰 사건이 터진다. '국제통화기금 구제금융'사건이다. 국가부도를 막기 위해 IMF측에서 요구하는 조건을 무조건 받아들이면서 한국의 기업들은 지독한 구조조정의 소용돌이로 빠져들었다. 전대미문의 사건을 맞이하며 조직에 합류한 신세대들은 행동까지 구조조정하기 시작했다. 어설프게 행동하면 조직에서 바로 정리될 수 있겠다는 생각을 하게 되었고, 조직형 인간으로 순응하기 시작했다. X세대로 불리며 사회적 이슈가 되었던 70년대생들은 그렇게 빠르게 기성세대로 변모해 갔던 것이다.

본의 아니게 '꼰대'라는 이름으로 불리게 된 현재의 X세대들 자신의 10~20년 선배들을 이해할 수 없다며 고개를 젓던 때를 한번 돌이켜 보자. 지금 세대가 그다지 별종이 아니라는 걸 알게 될 것이다. 굳이 멀리서 해결책을 찾을 필요가 없다. 상대에게만 변화를 요구할 때 인간관계의 갈등은 커진다. 오해가 동반되어 골이 더욱 깊어지는 것이다.

나는 내 죄를 모른다.

시대가 바뀌어도 유독 사람을 괴롭히는 '악당'상사는 여전히 존재한다. 자기 중심적이어서 자기 말은 무조건 진리라고 믿으며 함부로 직원을 대하는 상사들 말이다. 전에 없던 최강의 신세대 90년대생의 출현으로 이런 현상이 상대적으로 도드라지고 있는 것도 사실이다. 모든 사람들이 문제가 있다고 지적하는 것을 자신은 절대 인정하지 않는다. 모두 힘들다고 해도 결코 행동을 바꾸지 않는 리더가 있다. 이들은 오히려 다른 이들이 나약하고 충성심이 없고 직업정신이 부족하다고 비난한다. 그것은 바로 자신이 성장하며 만들어온 그릇된 신념 때문이다. 제대로 된 점검없이 세월은 흐르고 어느새 자신의 행동과 동기 모두 큰 문제가 없는 것으로 받아들인다. 나아가 업무성과가 좋은 리더의 경우 외부로부터의 부정평가에 철옹성을 쌓게 된다.

다면평가결과가 부정적으로 나오면 자신의 모든 가치관이 흔들리기 시작한다. 갑자기 망치로 얻어맞은 기분이 들고 곧이어 분노가 일어난다. 그래서 기업에 따라서는 다면평가를 끝내 거부하는 임원도 있다. 분노는 직원들에게 알게 모르게 옮아간다. 나에게 '이 따위'평가를 한 사람을 색출하기 시작한다. 조금만 내 의견에 반대해도 저 직원 아닌가? 하는 생각을 지울 길이 없다. 의심은 불신으로 이어진다. 어떻게 복수할까? 의심가는 직원을 괴롭힐 방법은 없을까? 치열하게 연구한다.

일정한 직위에 있는 사람들이 생각할 일

1. 나의 성과나 현재의 지위가 전적으로 나의 역량 때문인 것은 아니다.
2. 내가 성과를 낼 수 있었던 이유는 그것을 가능하게 해준 다른 일들이 있었기 때문이다.
3. 나의 현재 위치에 감사하고 함께해준 그들에게 감사의 마음을 수시로 표현하라.
4. 그들이 어떻게 나의 위치로 끌어올릴 수 있을지 고민하라.
5. 자리를 끝까지 지키려고 몸부림치지 마라. 이 자리는 잠시 임대한 것이다.
6. 퇴사 후에도 멀리서 기꺼이 나를 찾아오는 후배가 얼마나 될까 물

어보면 답이 나온다.

70년대생들의 인터뷰 결과, 90년대생이 다음과 같은 말을 할 때 정말 화가 치솟는다고 한다.

- 저는 못하겠습니다. 제 일이 아닌데요.
- 미리 잡힌 개인사가 있어서 참석할 수 없습니다.
- 회식을 꼭 가야하나요. 한 달 전에 미리 공지해주면 안 되나요?
- 이거 꼭 오늘까지 해야 되나요?
- 부장님이 좀 해주시면 안 돼요?

2019년 직장내 괴롭힘 제보 건수를 살펴보면, 큰 폭으로 늘어나고 있는데, 50% 정도가 '폭언'이라는 점이다. 직원들이 일하는 방식, 태도가 마음에 들지 않을 때 감정을 자제하지 못하고 자신도 모르게 내뱉는 말이 가장 큰 상처를 주고 있다.

갈등을 막기 위한 리더의 역할

① 명확하게 소통한다. 부디 자기가 한 말을 명확하게 기억한다. 들은 말도 마찬가지다. 바로 바로 기록하는 것이다.

② 신뢰하고 신뢰를 얻어라. 조금 부족해 보이는 직원을 어떻게 할까 고민만 하지 말고 계속 위임하라. 또 결정을 느리게 하거나 미루지 마라. 아직 많은 직원들이 상사가 해결책을 가진 사람이라는 신화를 믿는다.

③ 복수하지 마라. 자신을 갉아먹는 복수심에 불타지 마라. 정작 당사자는 기억도 못한다.

④ 진심으로 들어라. 누구나 나의 말을 관심 있게 들어주고 동의해주면

존중받는다는 느낌을 받는다. 경청은 바로 이런 인간의 기본욕구를 충분히 활용하면서 문제를 해결하는 자세인 것이다.

⑤ 성장을 위해 '피드백'하라. 직원들에게 바라고 싶은 점이 있다면 정확히 전달하라. 그리고 피드백은 당신의 성장을 위한 것이지 질책이 아님을 알려줘라.

90년대생은 지금 조직의 리더 자리에 있는 70년대생이 이뤄낸 성과의 결과물만을 보고 있다. 그들이 만든 멋진 공식만을 보고 있는 것이다. 하지만 안타깝게도 젊은 신세대는 그 공식의 도출과정을 정확히 풀어 이해할 역량과 경험이 부족하다.

젊은 직원들을 믿지 못하는 회사는 미래가 없다. 대표나 임원이 주도적으로 이끌던 회사는 우리의 기억에서 하나둘씩 사라져갔다. 살아남았다 해도 그저 숨만 쉬고 있는 형국이다.

인사고과에서 가장 어려운 대상이 누구인지 부서장들에게 물으면 답변은 한결같다. 바로 '자기인식이 결여된 사람'이다.

일과 감정을 분리한다는 것의 의미는 상대방이 하는 말을 일단 받아들인다는 뜻이다. 그리고 자신과 그 상황을 객관화해서 본다. 개인적인 공격으로 받아들이지 않고 내가 개선해야 할 것을 찾는다. 내가 실수하거나 잘못한 것이 있다면 이를 인정한다. 상대방의 입장을 이해하려고 노력한다. 나는 맞고 너는 틀리다라는 생각을 하지 않는다. 회의든 협상이든 너와 나의 의견이 다를 수 있다는 것을 인정해야 한다. 상대방이 하는 말에 대해서는 일단 받아들임이 필요하다.

권한위임

리더가 직원에게 권한을 위임한다는 것은 결과물이 나올 때까지 기다리는 인내심과 어떤 결과가 나오더라도 놀라지 않는 초인적 용기를 가지고 있다는 뜻이다. 일을 위임하는 것은 위임을 받은 상대를 해당 업무의 주인으로 인식한다는 중요한 전제하에 가능하다. 일반적으로 주인은 보고할 의무를 갖지 않는다. 일을 더 잘하기 위해 자발적으로 조언이나 컨설팅을 받을 수는 있다. 이것도 주인의 몫이다. 권한위임은 리더가 생존할 수 있는 중요한 기술 혹은 전술이다. 리더가 직원들을 못 믿어 일을 맡기지 못하면 결국 리더의 짐만 많아진다. 리더가 협업에 매몰될 수밖에 없기 때문이다. 리더는 회사의 미래 먹거리까지 확보해야 하는 역할을 부여받는다. 미래를 고민할 시간을 갖지 못하면 결국 생존하지 못하는 것이다[91].

무엇을 위임할 것인가? 직원들의 역량을 조금 더 높일 수 있는 난이도의 업무, 지속적으로 반복되는 일, 일시적으로 진행되는 프로젝트성 업무들이 좋다.

권한위임 설계에서 중요한 또 하나는 프레임 설정이다. 이는 상사와 협의와 합의를 말한다.

먼저, 일의 중요성을 인식한다. 이 일을 해냈을 때 직원, 우리 팀 더 나아가 우리 회사에 어떤 의미가 있는지를 알아야 한다. 다음 정확한 타임라인이다. 꼼꼼히 설계하고 가급적 합의를 시도해야 한다. 그래야 책임감이 함께 따라온다. 그리고 중간보고에 대한 합의다. 경험이 적은 직원의 경우 실수를 줄이기 위해 중간보고를 받는 것이 좋다. 언제쯤 보고할 수 있겠는지 먼저 물어봐야 한다. 누구든 주도적으로 합의한 것에 대해서는 책임을 느끼고 추진력 또한 강해진다. 마지막으로 기대되는 역량강화이다. 해당 업무를 하면서 리더인 당신이 바라는 역량을 설

91) 박중근, 70년대생이 운다(EBS북스, 2020).

명해주는 것이 좋다. 그것이 자신감인지, 조직에서의 인지도 상승인지, 향후 리더가 되기 위한 리더십 훈련인지를 알려줘야 한다. 그러니 일을 툭 던지며 그냥 '잘 할 수 있지'하고 미소 짓는 일이 없어야 한다.

피드백

올바른 피드백은 상대방의 감정이 상하지 않도록 조심하면서 핵심을 잘 짚어주는 데 있다. 어떻게 피드백 해야 할지 고민이 된다면, 좋던 나쁘던 명확한 포인트를 집어낸다. 비난하지 않는다. 구체적인 방향을 제시한다. 단점을 함부로 고쳐주려고 하지 말고 장점에 집중한다. 예를 들면, 잘하는 부분에 칭찬하고 향후 그 능력을 어떻게 발전시킬 수 있을지를 추가로 조언하는 것이다. 이렇게 하면 후배의 업무 능력이 향상되는 것은 물론, 이를 함께 고민해주는 선배에 대한 고마움도 커질 것이다.

피드백 할 때 먼저, 열린 마음을 가져야 한다. 피드백을 고깝게 받아들이거나 인정하지 않고 계속 반박이나 변명을 한다면, 서로 감정만 상한 채 피드백이 끝나고 말 것이다. 설령 피드백의 내용이 맞지 않는 것 같아도 그 자리에서 바로 반박하기보다는 시간을 가지고 한 번 더 생각해 보는 자세가 필요하다. 또 피드백 받은 내용은 반드시 실행해야 한다. 피드백을 해줬는데 하나도 개선되는 점이 없다면, 앞으로 다시는 피드백을 해주지 않을 것이다. 성장할 수 있는 기회를 놓치지 말고, 피드백을 바탕으로 한층 더 발전하는 사람이 되도록 하자[92].

보통 피드백을 부담스러워할 것이라고 생각하지만, 성장과 성공을 염두에 두고 일하는 직원들은 천금 같은 기회로 여긴다. 인생과 직장에서

---

92) 이 찬, 박소영, 센스를 배웠더니 일머리가 돌아갑니다(자몽, 2021).

성장은 피드백을 얼마나 고맙게 받느냐에 달려 있다[93].

남의 잘못이라서 쉽게 보이는 것들, 물론 잘못을 개선하면 당사자에게 분명 도움이 된다. 하지만 현실에서는 나의 문제에 대해 피드백 해주는 사람이 흔치 않다. 특히 우리 사회와 조직에서 피드백을 쓸데없는 참견이나 '지적질'로 몰아가는 분위기가 있어 더욱 그렇다. 지적의 관점 말고 피드백의 관점으로 가져보면 어떨까. 피드백과 지적은 전혀 다른 차원의 것이다. 전자는 '성장을 위한 조언'이고 후자는 단순히 '야단'이라고 볼 수 있다.

약이 되는 피드백 기술은 다음과 같다. 우선 문제점만 말한다. 행동개선을 원할 때는 반드시 문제가 되는 행동을 구체적으로 언급해야 한다. 사람을 탓하는 표현은 가급적 자제해야 한다. 사람과 행동을 분리해야 감정이 생기지 않는다. 관찰한 행동만 이야기하고 이유를 묻고 듣는다. 어떻게 개선이 가능할지 당신에게 물어라.

짧게 말한다. 길게 이야기하면 잔소리가 되고 사족이 늘게 된다. 미팅이 길어지고 짜증나고 비생산적으로 바뀌는 원인은 팀장이나 부서장이 불필요한 내용을 반복하기 때문이다. 그리고 미루지 않는다. 피드백이 필요하다고 생각되면 최대한 빠르게 피드백을 하는 것이 서로에게 도움이 된다.

재택근무와 피드백

직원이 집에서 일해도 회사가 굴러간다면 굳이 회사 공간에 많은 비용을 들일 필요가 있을까? 공간을 대폭줄이고 이 돈을 제품개발이나 마케팅에 사용하면 더 도움이 되지 않을까? 이렇게 근무시간에 사적인 일을

---

93) 박중근, 70년대생이 운다(EBS북스, 2020).

보면서도 회사가 지장 없이 굴러간다면 직원 수를 줄여도 되지 않을까?

리더라면 일신의 안위와 정치적인 욕심을 내려놓고 지금 바로 조직 전체가 즐겁게 참여하고 생산적인 결과를 낼 수 있도록 업무 프로세스를 강화해라. 성공과 실패 여부를 떠나 끊임없이 논의하고 발전시켜 더욱 투명하고 탄탄하게 만들어라 그리고 가끔은 외부 전문가에게 점검을 맡겨라.

혹시 직원으로부터 영양가 없는 엉뚱한 질문을 받게 돼도 리더는 당황하지 말고 표정관리를 해야 한다. 계속해서 이상한 질문을 던져 더 진지하게 그 심층을 들여다봐야 한다. 그러기 위해서는 "흥미로운 질문이네. 왜 그렇게 생각한 거지?"와 같은 반문이 필요하다. 엉뚱한 사고가 전혀 기대하지 않은 매출을 가져올지 누가 알겠는가. 인류의 큰 발전은 대개 엉뚱한 질문에서 시작됐다. 차마 하지 못한 질문은 뇌 속에서 돌이 된다. 점점 자라서 사고의 혈관을 막게 된다.

상사 다루기

직장생활에서 상사를 잘 만나는 것은 최고의 행운이다. 어떤 조사에 의하면 부하가 떠나는 이유의 60%는 상사에게 있다는 말을 새겨둘 필요가 있다. 어차피 대부분의 직장인이 겪게 되는 나쁜 상사와의 만남이라면 생각의 틀을 바꿔보는 것은 어떨까? 이왕 만난 상사를 잘 활용해보자는 것이다. 상사가 우울해 보이면 먼저 커피라도 권하면서 관심을 가져주고, 상사가 즐거워 보이면 이유를 묻고 함께 즐거워해주면 어떨까?[94].

입장을 바꿔 이 상황에서 '내가 상사라면'이라고 생각할 수 있다면 화내는 상사가 오히려 측은해 보일 것이다. 오죽하면 저렇게 화를 낼까.

94) 우경명, 내일도 무사히 출근했습니다(황금 부엉이, 2019).

나라면 더 할 것 같은데 등의 생각도 들고 참 안쓰럽다. 일이 잘 풀리면 상사의 코치 덕분이라고 말해주고, 개인적인 문제로 고민될 때 상담 요청도 해보고, 상사의 생일날에 작은 선물이라도 건네자, 언젠가 당신이 준 것의 열 배를 되돌려 줄 것이고 당신도 모르는 사이에 코드가 잘 맞는 상사로 변해 있을 것이다.

상사는 자신의 의중을 잘 읽어주는 사람, 자신에게 도움되는 사람, 자신이 해야 할 악역을 대신 맡아주는 사람을 좋아하지만, 무엇보다 자신을 좋아하는 사람을 좋아한다[95].

후배의 문제

온라인 취업포털 사이트에서 직장인들을 대상으로 '직장 내 최악의 후배유형'을 조사한 적이 있다, '무지하고 매너 없는 유형', '상사에게만 잘하는 아부형', '일을 가르쳐도 이해를 잘 못하는 백치형', '능력도 없으면서 말만 앞서는 허세형', '지시대로 안하고 자기 멋대로 처리하는 잘난형', '시키는 것 외에는 결정이나 판단도 못하는 결정장애형' '잦은 지각과 딴짓을 일삼는 태도불량형' 등의 답변이 나왔다.

이때 후배를 만났을 때, '직접 주의를 준다'는 의견이 많고 다음은 '잘 해주면서 속으로 싫어한다'라는 답변이 2위를 차지했다. 소름이 끼치겠지만 웃으면서 속으로 당신을 싫어하는 선배가 옆자리에 앉아 있을지도 모른다.

선배들이 후배들에게 가장 듣기 싫은 말이 '이거 제 일이 아닌데요' '잘 모르겠는데요'. '꼭 해야 되나요?' '저도 지금 바쁜데요' 등이라고 한다. 듣기 싫다는 의미가 무조건 입을 다물라거나 후배니까 모든 것을 감내

95) 강원국, 강원국의 글쓰기(주, 메티치미디어, 2020).

하라는 말이 아니다. 표현 방식에 조금만 신경쓰라는 것이다[96]. 상사는 부하의 감정을 모르지 않는다. 나보다 이미 수년의 힘든 시간을 먼저 회사에서 버텼던 그들이다. 상사는 무수히 많은 윗사람들로부터 우리가 느낀 감정과 스트레스를 겪었다. 상사는 알면서도 티를 내지 않고 눈을 감아주는 것일 수 있다.

후배사원에게 필요한 용기

사원은 이러한 태도를 자신의 습관이 될 때까지 즉시, 행동해야 한다.

먼저, 방법을 찾아 도전하는 용기이다. 성공하는 사람은 방법을 찾고, 실패하는 사람은 변명을 한다. 여기서 중요한 전제가 정직이다. 어려운 상황에 처하면 편법을 찾기 쉽다. 그러나 편법은 결국 대가를 치른다.

그리고 주도적인 용기이다. 모든 것의 시작은 자신이 할 수 있다는 자각으로부터 출발한다. 마지막으로 상사에게 이야기할 수 있는 용기이다. 리더는 귀를 열고 들을 의무가 있고, 구성원은 용기를 내서 이야기할 의무가 있다. 그래야 일이 제대로 된다. 선배들은 씩씩하고 용감한 후배들을 좋아한다.

리더는 구성원 한 사람, 한 사람에게 뜨거운 관심과 사랑과 열정을 가져야 한다. 내가 아닌 다른 리더가 해줄 수 없는 것을 구성원에게 해줄 수 있어야 한다. 구성원에게 해줄 수 있는 가장 큰 것은 일을 시켰으면 반드시 그 사람에게 성과와 보람과 적절한 보상을 해주는 것이다. 그 과정에서 사람을 성장시키는 것이다.[97]

많은 사원이 상사가 자신에게 아무것도 해주지 않는다고 생각하고 불평

96) 장한이, 회사에 들키지 말아야 할 당신의 속마음(이다북스, 2018).
97) 권혁찬, 슬기로운 회사생활(한국경제신문, 2018).

한다. 그러나 상사가 나의 현재 일을 계속할 수 있도록 해주는 것에 대해서 감사할 필요가 있다. 새로운 것을 하기 전에 현재 가진 것을 지키는 것이 우선이다. 현재에 대해 감사하는 마음을 가지면, 더 많은 것을 얻을 수 있는 기회도 생긴다. 구성원에게는 관대하게 대할 필요가 있다. 간혹 자기관리에 엄격하고 철저한 리더가 구성원에게도 같은 기준을 요구하는 경우가 있다. 그것이 구성원을 힘들게 한다. 리더는 항상 마지막에 먹는 사람이 돼야 한다.

누군가를 향한 지나친 기대는 삶을 대하는 태도는 물론 감정선까지 흐트러뜨릴 수 있다. 뿐만 아니라 욕구가 강할수록 상대의 사소한 반응에도 예민해진다. 자신의 바람과 다르게 인정받지 못하는 데에서 오는 불만과 불안이 커지면서 불투명한 미래에 지레 겁을 먹기도 한다. 팀장에게 자신의 성실함과 능력을 인정받고 싶어 했던 한 후배는 야근을 일삼았고, 새벽까지 한 일을 팀장에게 이메일로 보내며 수시로 보고했다. 그러던 어느 날 팀장은 "야근한 것 티내고 싶어서 자꾸 새벽에 이메일 보내는 거야?"라는 말을 던졌다. 결국 후배는 회사를 떠났다. 자신이 원하는 만큼의 욕구가 충족되지 못하면 회사 일에도 지장을 야기할 수 있다[98].

보수적인 상사 다루기

제가 다니는 Z공기업은 소위 철밥통이라 불릴 만큼 잘릴 일도 거의 없다. 이 부분만 보면 요즘 세대에 이보다 더 좋은 회사가 있을까 싶다. 그런데 막상 입사하고 보니 전통적 조직의 단점이 여실히 드러났다. 세상은 혁신을 추구하는 데, 상사들은 이미 꼰대가 되어버려 이로 인한

98) 장한이, 회사에 들키지 말아야 할 당신의 속마음(이다북스, 2018).

문제가 심각하다. 실무에서 손을 뗀지 오래된 상사에게 새로운 제안을 보고하고 이해시키는 일은 고통의 연속이다.

어차피 혁신을 하지 않아도 회사의 매출이나 보수가 나오는데 큰 문제가 없기 때문이다. 그저 하루라도 문제없이 편하게 살고 싶은 상사들만 가득했다. 입사 초기에는 이런 모습에 나 또한 매너리즘에 빠졌다. 퇴사할까 고민도 했다. 하지만 노력도 하지 않고 이대로 끝낸다면 훗날 후회가 남을 것 같았다. 그러면 어떻게 해야 보수적인 상사들과 잘 상생하며 지낼 수 있을지 고민했다. 상황은 다음 세 가지와 같다.

상부의 지시로 인해 혁신적인 기획안을 최소 분기별로 1회 이상 제안해야 하지만 상사들은 이를 하고 싶어 하지 않는다. 상사들은 최근 실무를 잘 모르며 가장 인상적인 선택지를 고르려는 경향이 있다. 그리고 새로운 제안이 통과되면 결국 내가 할 일이 더 많아질 수 있다.

상황을 종합하면 새로운 제안은 결국 최신 실무를 잘 아는 내가 해야 할 일이었다. 물론 내 업무량이 늘겠지만 하지 않는 것보다는 낫다고 판단했다. 그 다음 상사와의 갈등 원인을 좀 더 분석했다.

- 100% 될 것 같은 일이 아니면 안 하는 게 낫다고 생각한다.
- 객관적인 기준이 없는 제안은 신뢰하지 않는다.
- 책임 회피를 하려 한다(실무에 대한 자신감 결여).

상사들은 전반적으로 안정적 선택을 하려는 욕구가 강하다. 그렇기에 철저히 객관적 수치를 통해 설득 방식이 필요하다. 실무에 대한 자신감 결여는 구체적인 실행안을 통해 극복하고자 한다. 마지막으로 앞의 분석을 통해 나만의 객관적 보고 양식을 만들었다.

실행했을 때 예상 성과와 실행하지 않았을 때 예상 손해율에 대해 최대한 객관적 근거를 바탕으로 한 자료 만들기, 기간, 비용 노동력에 관한 세부적인 타임라인 만들기, 객관적 수치화가 어려울 경우 확실한 제안을 먼저하기, 결과예측이 모호한 제안은 억지로 설득시키지 않기 등이다.

이후에도 몇 번의 시행착오는 있었으나 상대가 원하는 객관적 기준에 맞춰 업무를 하니 전보다 훨씬 좋은 성과를 얻을 수 있었다. 자연스럽게 상사와의 관계도 좋아 졌다[99].

청년세대

'청년들은 우리처럼 생각하지 않는다. 청년들이 비교하는 것은 오늘의 현실과 내일의 가능성이다. 오늘의 청년이 불만을 갖지 않는다면 독일의 내일은 없습니다'(독일 총리 빌리 브란트 인터뷰). 세대마다 자신들의 청년기 때 가졌던 자기시간과 자기문제가 따로 있다. 중요한 것은 20대에 어떤 경험을 했는지가 평생 그 세대의 가치관과 행동 방식을 결정한다.

한국사회를 거시적으로 보면 정도의 차이는 분명있다. 어느 시대나 좋은 일자리를 두고 경쟁이 치열했지만, 그렇다해도 독립적인 사회인으로서 경제생활을 할 수 있는 기회 자체가 이렇게 적은 시기는 없었다. 지금 청년세대(90년대생)들은 태어나면서부터 불안을 학습해온 이들이다. 그래서 이들 세대만의 고유한 생존관이 만들어졌다. '믿을 건 나밖에 없다'는 사고방식이다. 취직을 하더라도 불안은 사라지지 않는다. 하늘 같은 상사가 하루아침에 정리해고되는 걸 직접 지켜본다. 심지어 잘 다니던 회사가 망해서 다음날 백수가 되는 경우도 비일비재하다. 이런 시

99) 이 찬, 박소영, 센스를 배웠더니 일머리가 돌아갑니다(자몽, 2021).

대에 승진을 꿈꾸며 회사를 믿고 상사에게 충성하는 건 바보 같은 짓이다. 이들은 '오늘 나의 삶을 더 중요하게 여기자'라는 가치관을 갖고 있다[100].

90년대 생들의 최대 고민은 사랑도 우정도 아닌 취업이다. 이 세대에게 '취업하기 힘들다'는 말은 절대적인 고용의 파이가 줄어들었다는 의미에 더해 '일자리가 일자리답지 않다'는 의미이기도 하다. 이렇게 긴 시간을 들여 준비하는 삶을 살게 되는 이들의 가치관은 오로지 '나 자신'에게 집중할 수밖에 없다. 시간과 돈을 들여서 '내가 한 노력'은 너무나 소중하다. 그래서 '다른 사람의 노력'과 '나의 노력'사이에 엄격하고 공정한 평가가 이루어지길 바란다. 그래서 나보다 '덜 노력한' 누군가가 기회를 갖게 되거나 혜택을 더 받으면 참을 수가 없다.

지금 청년세대 내 지식과 문화 격차는 어느 때 보다 낮다 차이는 거의 없는데 경쟁은 더 치열하다.

20대가 공무원시험에 몰리는 데는, 공무원이 평생직장이라는 이점도 있지만 공무원시험이 공정하기 때문이라는 믿음도 있다. 신입사원을 뽑을 때 이루어지는 심층면접이나 학교장 추천과 같은 채용 방식은 기준이 명확하지 않기 때문에 공정하지 않다고 느낀다.

20대는 무임승차가 발생해서는 안 된다는 가치관이 낳은 행동이고 이들이 요구하는 건 '공정한 기준'에 대한 설명이다. 요즘 청년세대들은 불공정하고 불평등한 사회를 만든 책임이 '정치'에 있다는 것을 알고 있다. 그렇기 때문에 정부에 요구하고 기대하는 수준도 높다. 그만큼 기존 체제를 유지하려는 기득권 세력에 대해 무서울 만큼 냉정하게 평가한다.

---

100) 박원익, 조윤호, 90년대생들이 정말 원하는 것(지와인, 2019).

평등의식이 가장 높은 세대

2018년 통계청 조사에서 가사분담에 대한 견해를 묻는 질문에 '공평하게 분담해야 한다'는 응답이 20대남성 80.0%, 20대여성 83.3%로 나타났다. 20년전 즉 1998년의 조사에서는 20대의 응답에서 남성 44.0%, 여성 61.3%에 불과했었다.

20대가 생각하는 공정함이란 개인들이 열심히 노력해 일정한 기준에 도달하고, 그 기준을 바탕으로 관문을 통과하는 것이다. 그런데 각종 할당제는 이러한 기준을 무너뜨릴 수 있다. 20대들이 여성할당제에 반발하는 이유는 그들 세대는 여성들이 남성들과 경쟁하기에 객관적인 조건에 부족함이 없는데 자꾸 특혜를 준다고 생각해서다. 여성할당제를 주장하는 사람들은 고위직에만 관심이 쏠려있다고 생각한다.

연대책임에 대해 반발하는 것은 청년세대의 공통적인 특징이다. 한국 남성들이 '독박방역의무'에 대해 젊은 여성들이 고마워하지 않는다고 분통 터뜨릴 때, 젊은 여성들 역시 '한국의 징병제는 자신이 선택하거나 만든 것이 아닌데 왜 내가 죄책감을 가져야 하냐'고 대응한다. 사회의 책임은 '약자'인 개개인에게 묻는 것이 아니라 '최종보스'에게 물어야 한다.

직장 갑질

한국 사회에 갑질이 성행하는 이유는 식민지 잔재 탓이라는 주장이 있다. 일제강점기에 일본은 전략적으로 앞잡이 특권층을 만들어 내고, 특권층과 서민 사이의 소통을 단절시켰다. 고도 성장기에 군대문화가 사회 전반에 도입되고, 자연스럽게 기업문화로 정착되었다. 갑질은 권위의 상실에서 온다. 비리와 부정부패로 국가의 권위가 떨어지고, 장기적인 청년실업으로 가정의 권위가 추락했다.

이에 정신과 전문의 이후경 박사의 처방은 '마음을 살피고 시대정신을 읽어라'는 것이다. 먼저, 말을 아끼자. 말이 입안에 있으면 내가 말을 다스리고, 입 밖에 있으면 말이 나를 다스린다. 무심결에 한 말이 부메랑이 되어 나에게 돌아온다. 말을 어눌하게 하고 행동을 민첩하게 하라. 다음은 마음을 살피자. 억울해 하지 말자. 상대가 더 억울하다. 마지막으로 시대정신을 읽자. 시대정신은 끊임없이 변한다. 현대 지식정보시대는 자유주의와 수평조직을 특징으로 한다. 상호존중의 관계이고, 부하가 해답을 가진다. 리더가 되려면 시대정신을 읽어야 한다고 한다[101].

못된 상사

가족보다 직장에서 보내는 시간이 더 많다. 그런데 못된 상사 때문에 직장생활이 지옥이라면, 세상을 사는 데 무슨 의미가 있겠나? 부하들을 들볶는 고약한 상사가 도리어 승승장구한다. 폭군처럼 군림하는 상사가 승진만 잘한다. 최근 통계에 의하면 직장인이 퇴사하는 이유 1위로 드는 것이 힘든 인간관계다.

역시 이후경 박사의 처방을 보면[102] '상사는 바뀌지 않는다'. 따라서 절대 폭발해서는 안 된다. 폭발하면 나만 손해다. 상사와의 어떤 전쟁도 이길 확률은 아주 낮다. 상사의 상사도 상사편이다. 1분을 참으면 10년 더 길 수 있다. 그리고 어떻게든 살아남아야 한다. 어렵게 들어온 직장을 상사 때문에 그만둔다면 어리석은 짓이다. 상사도 부하하기 나름이다. 최대한 현명하게 탈출해 보자. 반면교사로 삼자. 나쁜 면에도

---

101) 이후경, 한국인의 정신건강(학지사, 2022).
102) 이후경, 한국인의 정신건강(학지사, 2022).

깨달음과 교훈은 있다. 아무리 못된 상사라도 배울 건 있다. 있는 동안 최대한 배움의 기회로 삼아야 한다. 세상에 100% 나쁜 놈은 없다. 모든 게 상사 문제가 아닐 수도 있다. 내 문제일 수 있다.

밉상 부하

매사에 부정적인 부하는 밉상이다. 위 아래 없이 건방진 부하, 능력도 배울 의지도 없는 부하, 거짓말과 변명으로 책임을 회피하는 부하, 변화 전문가 브라이언 트레이시는 '개인의 잠재능력 = (타고난 특성 + 후천적 특성) * 태도'라고 한다. 성공은 삶에 대해 얼마나 긍정적인 태도를 가지느냐에 따라 결정된다.

원망과 불평은 항상 대상이 있다. 누구 때문이라는 허상의 벽을 만든다. 책임을 회피할 때 일어나고, 누군가에게 기대고 싶을 때 일어난다. 이에 이후경박사[103]는 '기대, 미움 자세를 자제하고, 감정, 의도 파악에 주력'하라고 한다. 즉, 업무에 초점을 두자. 미움을 자제하고 이렇게 피드백한다. 모든 판단을 중지한다. 팩트를 재차 확인한다. 진정한 감정과 의도를 전달한다. 관계보다는 성과에 주목하자. 다음, 적당한 거리를 두자. 미움의 원인은 기대에서 온다고 한다. 그러니 기대를 버리자. 미움이 올라오면 이렇게 가라앉히자. 모든 판단을 중지한다. 상대의 감정을 느껴본다. 상대의 의도를 파악한다. 팩트를 재차 확인한다. 마지막으로 나를 돌아보자. 미움의 원인은 내게도 있다. 마음으로 해결못하는 갈등은 밖으로 투사된다. 불교에 갈애(渴愛)라는 말이 있다. 목말라 물을 찾듯이, 사랑에 매달린다는 뜻이다. 미움은 사랑의 갈구에서 온다. 상대를 이해하면 사랑하지 않더라도 미움은 사라진다.

103) 이후경, 한국인의 정신건강(학지사, 2022).

9
습관

화나면 안보여

소싯적 시골우체국에서 일한 적이 있다. 밤에는 숙직실에서 숙직자와 함께 잠을 자고 낮에는 전보를 배달하는 일을 했다. 워낙 시골이라 서울과 통화를 하기 위해서 우체국의 교환원에게 전화신청을 하고 보통 한 시간을 기다려야 전화연결이 되던 때이다. 면소재지 우체국의 교환원과 군소재지의 교환원이 전화선을 연결하고 이는 다시 서울의 고객전화와 연결해야 하는 완전수동연결방식의 시스템이었다.

한번은 면소재지에서 약 10km 거리에 있는 항구에서 꽃게 사업을 하시는 사장님이 서울에 통화를 위해 밤 9시에 신청했는데, 2시간이 지나도록 연결이 되지 않아 화가 난 상태로 우리 우체국 교환원에게 항의를 하다가 욕이 나왔다. 이에 질세라 우리 교환원 누나도 맞짱을 떴다. "뭐?? 씨발년!! 그래~ 이 새끼야 나이를 처먹었으면 나이 값을 해라!!" 교환실에서 싸우는 소리가 당직실까지 들릴 정도였다.

한동안 잠잠해서 잘 해결되었구나 하고 막 잠자리에 들려고 하던 그때(시골의 칠흑같이 어두운 야밤에), 그 사장님은 오토바이를 타고 '이년을 죽인다'고 우체국으로 쳐들어 왔다.

다행히 빈손이었다. 표정과 호흡 정도로 봐서는 보통 화가 난 것이 아니었다. 그도 그럴 것이, 자신의 딸 또래 나이에 교환원으로부터 "이 새끼야" 소리를 들었으니, 이해가 된다.

우선, 우체국 창구 안쪽으로 안내하고 당직하시는 분이 담배를 권하고(당시 실내흡연은 아주 자연스러웠다), 시원한 음료도 내오고 화가 나신 경위를 말씀하게 하셨다. 말씀하신 내용에 대해 전적으로 공감하고 저희가 잘못했음을 사과드렸다. 한 20분쯤 지나 그 사장님은 "심야에 소란을 피워 죄송하게 되었다"고 꾸벅이며 일어서셨다.

화가 난 사람끼리 부딪치게 두면 진짜 무슨 일이 일어날 수도 있다.

좋은 습관이 몸에 배면 좋은 인성을 갖출 기틀이 마련된다. 막연히 인성 좋은 사람이 되려고 하는 것보다 좋은 습관으로 자신을 가득 채우고 덕분에 좋은 행동을 하는 것이 더욱 구체적이다. 좋은 습관으로 가득 찬 사람이 되면 인생을 더욱 긍정적으로 살 수 있다[104].

습관이 인생을 만든다. 습관리스트를 작성해라. 사람을 대할 때, 일을 할 때, 혼자서 공부할 때 등 다양한 상황에서 일어나는 습관적인 행동 리스트를 작성한다. 이렇게 하면 잠버릇, 술버릇, 말버릇, 등등 이전에 생각지도 않던 습관적인 행동들을 찾을 수 있다. 각각의 습관에서 얻을 수 있는 이득을 찾아라. 습관의 문제점을 찾아 이득과 비교하라. 습관을 바꾸었을 때 얻을 수 있는 이득과 손실을 나열하라. 해로운 습관을 자제했을 때 스스로 보상하라[105].

습관은 '특정한 방식으로 행동하려는 기질, 어떤 행위를 오랫동안 되풀이하는 과정에서 저절로 익혀진 행동 방식'을 뜻한다. 습관은 후천적으로 만들어진다. 그래서 사람마다 제각각의 습관을 갖고 이에 무의식적으로 반응하며 살아간다.

프로와 아마추어의 차이는 습관에서 나뉜다. 프로는 아리송한 단어가 나오면 사전을 찾아보고, 새로운 생각이 나거나 좋은 문장을 만나면 메모를 하고, 사람이나 사물을 볼 때는 유심히 관찰을 한다. 반면 아마추어에게는 이런 습관이 없다.

뇌과학자들의 연구에 의하면, 새로운 것을 습관화되려면 평균 21일이 걸린다고 한다. 의식하지 않아도 습관이 완전히 몸에 배어 익숙해지는 데는 약 63일에서 100일이 소요된다. 평균 두 세달 정도 꾸준히 노력하

---

104) 홍익희, 김정환, 이민영, 코리안 탈무드(행복한 북클럽, 2021).
105) 김주형, 20대가 준비해야 할 것들(미래문화사, 2017).

면 특정 습관을 만들 수 있다. 모든 성공과 실패의 95%는 습관이 결정한다고 한다. 좋은 습관은 어렵게 형성되지만 성공으로 이끌고, 나쁜 습관은 쉽게 형성되지만 실패로 이끈다.

회사에서는 제일 늦게 나타나 가장 먼저 사라지는 직원을 별로 좋아하지 않는다. 출퇴근 시간만 지키면 된다고 생각할지 모르지만, 대부분의 직장인들이 착각하는 부분이 있다. 바로 출퇴근 시간에 대한 기준이다. 8시 출근이란 8시에 일을 시작하는 시간이지 8시까지 회사에 도착하는 시간이 아니다. 퇴근시간도 마찬가지다. 6시 퇴근이란 6시까지 순수하게 일을 끝내는 시간이지 6시에 짐을 싸고 자리를 정리해 놓고 나가는 시간이 아니다. 습관적으로 아침 시간을 허투루 보내면 업무능률이 떨어지는 것은 물론 시간이 지남에 따라 오전 시간을 설렁설렁 보내는 것에 익숙해진다. 사소한 습관이 업무 효율성을 떨어뜨리고, 이런 시간이 쌓일수록 업무관리, 경력관리에도 마이너스 일 수밖에 없다[106].

시간관리

삶은 시간이 지배한다. 시간은 우리가 부여하는 만큼의 가치만을 부여한다. 세상의 흐름을 자신의 시각으로 읽어내라. 자기만의 기술이 있어야 하며 이런 기술의 발판을 40대까지 만들지 못하면 직장을 떠나서 기반을 마련하기 쉽지 않다. 나와 보완관계에 있는 전문가와 협업할 수 있는 방법이 있는지 찾아본다. 지금 세태는 아버지 어머니보다 자녀들이 더 힘들게 사는 세상이기도 하지만, 기술의 빠른 변화와 발전으로 부모 세대보다 젊은 세대가 더 똑똑한 세상이기도 한다.

젊었을 때부터 재빨리 일을 처리하는 습관을 길러 둘 필요가 있다. 한

106) 장한이, 회사에 들키지 말아야 할 당신의 속마음(이다북스, 2018).

마디로 엉덩이가 가벼워야 한다. 그런 습관은 평생 좋은 토대가 된다. 누군가가 업무 요청을 하거나 부탁을 받으면 바로 움직여라. 생각이 났을 때 시작하라. 젊은 시절에는 그래야 한다. 그런 사람도 나이가 들면 둔해진다.

작은 성취를 연습한 후에 조금씩 큰 목표를 정해 실천해도 늦지 않다. 목표의식이 분명한 결단은 의지를 더욱 확고하게 해주고 빠른 실전에 시동을 걸어준다. 목표 달성을 위해 포기해야 할 것들을 정리하면, 마음의 여유가 생기기 때문에 고민만 하면서 낭비하는 시간을 줄일 수 있다. 자연스럽게 목표한 일에 집중할 수 있는 시간을 확보할 수 있다. 준비가 되었으면 앞뒤 재지 말고 '시작'해야 시간도 짜임새 있게 관리할 수 있다. 어떤 일이든 마음먹었을 때 돌진해야 성공 가능성이 높아진다.

하루에 단 30분이라도 꼭 하고 싶거나 해야만 하는 일에 투자하는 습관을 들이자. 짧은 시간일지라도 게임 대신 TED강좌를 시청하고, 지하철이나 버스에서 인터넷뉴스나 SNS의 페이지만 넘기지 말고 책장을 넘기자, 업무시간에 딴짓을 줄여 야근을 피하고, 주말에 늦잠보다는 뇌에 활력을 불어넣는 운동을 시작하자.

시간이 남아돌면 나태해지기 마련이다. 시간이 많고 적음이 문제가 아니라 결국 의지가 문제다. 바빠서 못 한다는 변명만큼 자신을 초라하게 하는 것도 없다. 정말 바쁘지만 그 시간을 쪼개 목표를 향해 한 걸음 더 나아갈 때 회사생활의 빠듯함과 치열함에서 느끼지 못했던 진정한 희열을 맛볼 수 있다[107].

107) 장한이, 회사에 들키지 말아야 할 당신의 속마음(이다북스, 2018).

시간관리는 간결함에도 나타난다. 간결함은 어떻게 해야 얻을 수 있나? 전문성에서 나온다. 전체와 부분을 다 이해해야 된다. 시장도 이해하고 조직도 자신도 이해해야 한다. 그럼 통찰력이 생기고 할 말이 확실해진다. 간결하지 못한 이유는 본질을 파악하지 못했기 때문이다. 간결함이란 본질을 확실하게 파악한 후 얻을 수 있는 결과물이다. 간결함은 독서의 양과 비례한다. 책을 많이 읽으면 문해력이 높아지고 어휘력이 풍부해지면서 자기도 모르게 생각이 정리된다. 당신은 어떤 삶을 원하는가? 난 완전연소가 되는 인생을 원한다. 후회없이 아쉬움이 없는 삶을 살다 가고 싶다. 내가 좋아하는 일을 하면서 살다 깨끗하게 가고 싶다. 가지고 있는 에너지는 모두 쓰고 죽고 싶다. 실패는 가장 좋은 교재다. 그렇기 때문에 실패를 공유하고 학습해야 한다.

당신은 어제 몇 시간 동안 일을 했는가? 오고간 시간 빼고 진짜 일한 시간 말이다. 내가 몰입해서 일한 시간을 3일만 기록해 보자. 집중해서 일한 시간이 많지 않음을 발견하고 놀랄 것이다. 시간을 정복한 남자로 불리는 구소련의 '류비세프'라는 과학자는 70편 이상의 단행본을 냈고, 다양한 분야의 전문가로 알려져 있는데, 그는 가장 열심히 일했던 달은 하루 평균 7시간씩 일했고, 보통은 5시간을 넘지 않았다고 한다[108]. 그에 비하면 아마도 우리는 집중해서 일하는 시간은 3시간이하라고 생각된다. 시간관리를 잘해야 할 이유이다.

말습관

내가 자주 하는 말이 나의 행동을 결정짓는다는 것을 믿나요? 행복은 미래에 얻어지는 게 아니다. 행복은 누구에게나 바로 지금 생생하게 실

108) 김용무, 손병기, 언택트 시대, 프로 일잘러의 업무공식 S.T.A.R(팜파스, 2020).

존한다[109].

자신감있는 태도와 말은 주변 사람들부터 신뢰를 얻는다. 이는 다시 자신감을 키우는 원동력이 된다.

칭찬을 통해 상대방에게 호감을 줄 수 있고, 오래 기억된다. 자신에게 관심을 갖고 칭찬을 표현한다면 마음의 경계를 풀기 마련이고 칭찬을 해준 상대를 특별한 사람으로 기억한다. 칭찬할 때는 구체적으로 칭찬한다. 타이밍에 맞게 칭찬한다. 먼저, 진심으로 아부하지 않고 칭찬을 한다.

긍정적인 말을 자주 함으로써 면역 체계를 강화해 몸을 회복시키고 질환을 예방, 치유하는 데 도움을 줄 수 있다. 칭찬은 마라토너가 달리는 중간에 마시는 음료수와 같다. 자신에게 관심을 갖고 있는 누군가가 나를 지켜보고 있다고 느끼면 긍정적으로 행동을 바꾸거나 일의 생산성이 높아진다.

다른 사람과 관계를 맺고 그들을 이해하며 상대방에게 나의 메시지를 명확하게 전달하는 능력을 키우고 싶다면 가장 쉽고 효과적인 방법은 자신에게 맞추어진 초점을 줄이고 다른 사람에게 더 많은 관심을 가지는 것이다.

메모

스티브 잡스는 매일 아이디어를 메모했고, 그것은 종종 애플의 혁신적인 제품 플랫폼으로 탄생했다. 크라이스러와 코카콜라, GE 등 미국의 주요 기업에서 최고경영자를 역임한 로버트 나넬리 역시 배운 것을 기

---

109) 오수향, 긍정의 말습관(북클라우드, 2018).

억하고 활용하지 않으면 아무런 가치도 없다며, 새로 배운 아이디어나 조언을 그때그때 핸드폰이나 메모로 기록하라고 강조했다.

직장에서도 메모하는 습관은 중요하다. 메모는 실수를 줄이고 상사에게 좋은 이미지를 줄 수 있는 훌륭한 수단이 된다. 상사는 회의시간에 멍하니 앉아 있는 부하 직원보다는 열심히 받아 적는 직원에게 후한 점수를 준다.

회의시간 혹은 팀장이 지나치듯 언급했던 일도 반드시 메모하고 구두보고라도 하는 습관을 들이는 것이 좋다. 흘리듯 말했다고 해서 한 귀로 듣고 다른 귀를 활짝 열어 두면 안 된다. 상사들은 생각보다 많은 것을 기억하고 주시하고 있다. 그렇기 때문에 중요한 내용이라고 생각되지 않는 일도 항상 메모하고, 기억하고 보고하는 습관을 들여야 한다[110].

참석중인 미팅의 내용에 집중하는 방법은 기록하는 것이다. 필기를 하고 있으면 상대방도 자신의 메시지가 듣는 사람에게 전해지고 있음을 확인할 수 있다. 청중은 이야기를 들은 후 여러분이 해야 할 일을 잘 해낼 가능성이 높다고 생각하게 된다.

고객이나 동료가 이야기를 하고 있을 때, 내용을 받아 적는 모습은 듣는 사람으로서 대화에 충분히 참여하고 있다는 인상을 준다. 말하는 사람이 무슨 이야기를 하는지 매우 주의 깊게 듣고 중요한 정보의 핵심을 파악하는 수준에서 몇 문장에 몇 단어 정도를 적어 두면 충분하다. 필기를 해두면 미팅에서 어떤 이야기가 있었는지 나중에 기억해 낼 때에도 도움이 된다. 누구나 30분짜리 미팅에서 나온 서너 가지의 핵심 포인트를 기억할 수 있다. 하지만 미팅이 끝났을 때 핵심 내용이 머릿속에 남아 있지만 전화나 이메일 메시지를 확인하는 순간 미팅에서 들

110) 장한이, 회사에 들키지 말아야 할 당신의 속마음(이다북스, 2018).

었던 모든 내용은 머릿속 우선순위에서 밀려나 중요성이 한 단계 떨어진다. 게다가 전화나 이메일 속 메시지 가운데 급하게 처리해야 할 내용이 있으면 이제 미팅 내용은 머릿속에서 멀리 사라지고 만다.

미팅 후 짧은 기록 :

- 현재 상대방에게 비어 있는 부분 또는 부족한 것은 무엇인가?
- 나의 인프라나 능력을 통해 상대방의 부족한 부분을 어떻게 채워야 하나?
- 그것을 채워주었을 때 서로 어떤 가치 있는 결과를 만들 수 있나?

디지털 중독

출근해서 컴퓨터를 켰다가 포털 사이트 뉴스에 꽂혀 상당한 시간을 보낸 경험이 있을 것이다. 일을 하면서도 무심코 카카오톡이나 인스타그램 같은 SNS를 확인하고 시도 때도 없이 오는 문자나 이메일을 클릭한다. 출퇴근 때는 스마트폰으로 영상을 보거나 온라인 게임을 하곤 한다. 덕분에 우리는 하루 종일 산만하고 피곤하다. 특별히 한 일도 없는데 하루하루가 훌쩍 지나간다. 항상 세상과 연결되어 편리한 현대 사회는 역설적으로 늘 연결되어 있어서 피곤한 디지털 공해 사회이기도 하다.

디지털 중독은 인류의 미래를 위협할지도 모른다. 이 문제를 가장 기민하게 파악한 이들은 역설적으로 디지털 세계에서 가장 중심에 있는 사람들이다. 넷플릭스의 다큐멘터리 〈소셜 딜레마〉는 구글, 페이스북 등에서 일했던 개발자들이 회사를 그만두고 소셜 미디어의 중독성을 경고하는 데 앞장서는 모습을 보여준다. 테드TED강연에서 소셜 미디어를 끊어야 하는 이유로 폭발적인 반응을 받았던 조지타운대학교 칼 뉴포트 교수는 〈디지털 미니멀리즘〉이라는 책에서 '디지털 미니멀리즘digital minimalism'이라는 개념을 제안했다. 이는 본업에 필요한 만큼만 디지털 기기를 사용하자는 것이다. 더 중요한 것에 시간을 쓰기 위해 기술에 이용당하지 말고, 우리의 목표와 가치관을 위해 기술을 주체적으로 이용하자는 기술 활용 철학이다. 미니멀리즘은 60년 전 예술의 한 장르를 뜻하는 말이었지만, 지금은 '단순하고 정돈된 삶'을 지향하는 라이프스타일이 포괄한다. 마찬가지로 '디지털 미니멀리즘'은 완고한 원칙을 지니고 최적화된 디지털 기기를 최소로 사용하자는 것이다.

도파민 단식[111)]처럼 뇌가 원하는 자극, 특히 몰입을 가장 방해하는 디지털 자극을 의식적으로 차단하는 것이 좋다. 평소에 몰입을 방해하는 요소가 무엇인지 파악하는 것이 중요하다. 주의를 끄는 것이 무엇인지 파악했다면 일정 시간 동안 방해요소를 제거해버리는 것이 좋다. 중요한 일에만 집중하고 몰입해야 원하는 것을 이룰 수 있음을 잊지 말자.

마감시간

몰입을 위해 마감시간과 신호를 설정하는 방법이다. 무슨 일이든 스스로 마감 시간을 정해 일해보자. 마감 시간이 가까워지면 우리의 잠재력은 초능력을 발휘한다. 원고, 보고서, 제안서, 신고, 납부 등등 일을 하다보면 많은 것이 마감일이 있다. 신고나 납부는 마감일을 넘기면 과태료나 추가비용으로 금전부담을 약간 지면 되지만, 원고나 보고서 등은 그렇지 못하다. 원고나 보고서를 취합하는 쪽에서 보자, 마감일에 모두 받아도 처리하기가 바쁜데 날짜를 넘기고 거기다 독촉까지 해야 한다면, 다음부턴 그 사람과 이런 거래를 하고 싶지 않은 것은 뻔하다. 그리고 독촉을 받아가면서 하는 일이 제대로 될 것은 요원하다. 미리 미

111) 단 음식, 쇼핑, 유튜브, SNS, 웹툰, 음악 등 평소에 아무 생각 없이 즐겁게 하지만, 하고 나면 후회가 남는 것들을 끊는 것이다.

리 준비하고 마감일 전에 납품을 마치자.

관찰

더 가까이 관찰하고 새로움을 통찰하라[112].

특정한 부분에 주의를 집중할 때 주변의 예상치 못한 변화를 알아차리지 못하는 현상을 무주의 맹시Inattentional Blindness라고 한다. 무주의 맹시는 보이지 않는 고릴라는 어느 한 가지에 집중하다 보면 나머지를 잘 인지하지 못하는 심리 효과를 의미한다. 즉 아는 만큼만 보이고 관심 있는 것만 보인다는 뜻이다. 미국의 심리학자 크리스토퍼 차브리스와 대니얼 사이먼스가 인간의 주의력과 관련해 실행한 '보이지 않는 고릴라 실험'에서 유래했다. 이 실험은 흰 셔츠와 검은 셔츠를 나눠 입은 학생들이 농구공을 주고받는 영상을 보면서 흰 셔츠를 입은 학생들의 패스 횟수를 세도록 하는데, 사실 이 실험의 목적은 영상의 중간에 고릴라 분장을 한 사람을 보았는지의 여부다.

실험이 끝나면 "화면 속에서 고릴라를 보았느냐"는 질문에 실험 참가자는 50%가 "보지 못했다"고 답한다. 참가자들은 '흰 셔츠 학생의 패스 횟수'를 세는 데 정신을 집중하는 바람에 화면 속에서 어슬렁거리는 고릴라를 놀랍게도 인식하지 못한다. 흔히 인간은 동시에 여러 일을 처리할 수 있다고 착각하지만 우리의 뇌는 멀티태스킹을 할 수 없다는 것이 이 실험의 결론이다. 이는 '무주의 맹시'라고도 한다.

그런데 이 실험에서 더 의미 있는 결과는, 고릴라를 보지 못한 사람들 중에 자신이 보지 못했다는 사실을 쉽게 받아들이지 못하는 경우가 많다는 것이다. 사람들은 스스로 인지능력을 과신하는 경향이 있다. 자신

112) 김철수, 작고 멋진 발견(더 퀘스트, 2018).

에 익숙하거나 비교적 초기에 인지된 정보를 신뢰하고 그것과 배치되는 정보는 외면하는 경향이 크다.

일상의 작은 혁신, 스몰 이노베이션은 스스로 수많은 기회를 놓치고 있다는 사실 자체를 받아들이는 순간부터 시작된다. 세상에 우연한 발견은 없다. 익숙함 속에서 새로운 것을 발견하려는 관찰자의 열정과 호기심을 유지하자. 그리고 일상속에서 관찰을 습관화해 보자. 아무 것도 보이지 않던 일상의 풍경과 사람들 속에서 희미했던 기회의 점선이 실선으로 바뀌는 경험이 펼쳐질 것이다. 이런 관찰 시력을 높이기 위한 조건을 보자.

관찰시력의 향상 조건

순간집중력 + 엉뚱한 호기심 + 관찰방법 = 관찰시력

첫째, 순간 집중력이다. 오픈-선택-집중의 과정을 반복하는 것이다. 관찰 시 눈에 들어오는 특별한 행동이나 사물에 대해서는 순간집중력을 발휘할 필요가 있다. 매우 디테일한 부분까지 줌인Zoom in해야 한다.

둘째, 엉뚱한 호기심이다. 당연한 것에 의심을 품고 새로운 눈으로 바라보는 것은 말처럼 쉬운 일은 아니다. 엉뚱한 호기심은 열정 있는 이노베이터들이 가진 대표적 DNA다. 그런 의미에서 호기심은 열정의 다른 이름이다. 그리고 답을 찾기 위해 생각을 행동으로 옮겨보자.

셋째, 관찰 방법이다.

관찰방법1, 비밀의 경계선invisible secret line[113]을 과감하게 넘어야 한다. 이는 물리적으로 그들의 공상 속으로 들어가는 것이다. 그곳까지 다가

113) 고객의 삶의 맥락속에서 암묵적으로 표시한 자신만의 심리적 담장을 의미한다.

서야 새로움을 통찰할 가능성이 높아진다. 다음 현상 속에서 고객이 진짜 원하는 것을 간파할 수 있는 공감의 눈을 갖게 된다. 아무도 보지 못한 것을 발견하거나 늘 보던 것에서 새로운 것을 발견하는 것은 이 비밀의 경계선을 넘어설 때 가능한 일이다.

관찰방법2, 좀 더 가까이 좀 더 깊게 본다. 관찰의 목적과 의도를 분명히 한다. 관찰 공간이나 사람을 관찰할 때는 근시법a closer look을 활용한다. 사물을 먼 곳부터 좁혀가면서 관찰하는 것이다. 물론 관찰 대상의 자연스러운 행동을 방해하지 않도록 주의해야 한다. 다음은 현상의 이면에 숨은 의미를 보다 깊이 들여다 보는 심층 투사법a deeper look이다. 깊이 있는 고객 통찰을 발견하기 위해서는 표현-동기-관점 등 세 가지 렌즈로 고객의 행동이나 사물 등을 관찰한다.

AEIOU 관찰법[114)]

- **행동(Activity)** : 관찰 대상은 어떤 행동을 하는가, 사소한 행동까지 관찰한다.
- **환경(Environment)** : 주변의 물리적 환경은 어떤 특성을 가지는가, 매장, 천장, 주차장 유동인구 등
- **상호작용(Interaction)** : 어떤 상호작용을 하는가, 사람간의 상호작용, 사람과 사물의 상호작용
- **사물(Object)** : 사물이나 사람들이 사용하는 도구는 무엇인가, 원래의 목적이나 기능과 다르게 이용되는 사물이 없는지 확인한다.
- **고객(User)** : 관찰 공간에서 활동하고 있는 사람들은 누구인가, 대상자뿐 아니라 모든 이해관계를 관찰 대상으로 포함시킨다.

114) 미국 이노베이션 컨설팅 기업 도블린(Doblin)에서 처음 소개함.

관찰방법3, 익숙해진 불편함을 발견한다. 사람들에게 이미 익숙해진 불편함을 찾아내는 것이다. 사람들은 오랫동안 습관적으로 해 온 행동을 당연한 것으로 받아들이기 때문에 그것의 불편함을 느끼지 못하는 경우가 많다. 이것은 관찰자가 날카로운 통찰의 눈으로 찾아내야 한다.

중요한 것은 고객들이 말하지 못하는 욕구를 해결해 주려는 공급자의 진정성이다. 아파트를 짓고 이윤을 남겨야 하는 기업의 입장에서 1.5층의 높이와 주차공간 10센티미터의 너비는 포기하기 어려운 것이다. 고객의 문제를 해결하려는 진성성이 없다면 아무리 멋진 아이디어가 세상 밖으로 나와도 성공하기 힘들다.

관찰방법4, 상품을 고용하는 이유를 찾는다. 고객들이 제품이나 서비스를 고용하는 이유를 발견할 수 있을까? 그것은 우리에게 익숙한 판매 데이터를 읽는 것보다는 현장에서 고객의 행동을 세밀하게 관찰하고 고객과의 공감력 있는 대화에서 발견할 가능성이 크다.

관찰방법5, 반복적이고 공통적인 패턴을 읽는다. 사람들의 공통적 행동 패턴 속에서 해당 집단의 문화적 코드나 감성적 가치를 뽑아내는 것이다. 식당카운터 주위에 있는 다양한 사진, 물건, 그림 등에 관심을 갖는다.

관찰방법6, 독특한 단서를 찾는다. 이노베이터가 찾아야 하는 미래 기회의 단서는 현재 시점의 트랜드적 현상이 아니다. 오히려 누가 먼저 차별적인 가치를 발견하고 선점할 것인가에 방점이 찍혀 있다. 이런 차별적이고 독창적인 가치는 일반인들보다 극단적 사용자나 헤비 사용자를 만날 때 발견할 가능성이 높다. 상업적 활동과 관련한 사람들의 행동과 쇼핑패턴으로부터 힌트를 얻고 싶다면, 일반인보다는 소비 활동이 왕성한 소비자를 만나는 것이 좋다.

10
글쓰기/보고서/발표/말하기

글쓰기

직장 4년 차에 부서가 바뀌고 교육계획서를 올렸는데, 이게 무슨 말이냐고 과장님이 물었다. 그건 이런 말이라고 부연설명을 해드려야 했다. 공중파방송국의 아나운서 경력을 가지신 과장님은 주어를 보태거나 조사나 서술어를 약간씩 수정하는 게 아닌가? 그러면서 '글 쓰는게 너무 어려워' 본인은 글 쓰는 것을 포기했다고 너스레를 떤다. 한쪽 반짜리 계획서에 아홉 곳이나 수정을 했다. 자존심도 상했고 부끄럽기도 했다. '지금까지 내 글이 이 정도였나?'

글쓰기가 쉽지 않았다. 중고등학교를 건너뛰고 대학에 들어갔으니 기초실력이 부족했다. 대학원에 들어가서 체계적인 글쓰기 공부를 했다. 먼저 단어의 정확한 뜻을 이해하고 '그 문장에는 그 단어만이 쓰일 수밖에 없다는 점을 알아야 한다' '~대해', 와 '~관해'가 다르다는 것도 그때 배웠다. 고인이 되신 지도교수님의 말씀이 지금도 생생하다. '언론기사처럼 논리의 비약이 있으면 절대 좋은 글이 안된다'는 말씀도 잊지 않고 있다.

이제는 논문도 보고서도 저서도 여러 편을 썼다. 논문공모전에서 상도 받았다. 사업계획서를 작성하는 컨설팅을 하면 대부분 통과되는 것을 확인한다. 글쓰기는 철저히 훈련에 의존한다. 글쓰기를 처음 시작할 때는 남이 써놓은 잘된 글을 무작정 따라 쓰는 것도 방법이다.

그때 과장님은 지금도 나의 멘토이시다.

글은 생각의 최종결과물이며, 글쓰기는 자신이 겪은 일을 구조화하고 전달하고자 하는 내용을 설득력 있게 표현하는 기술이다. 좋은 글을 쓰려면 지식이나 기술만으로는 부족하다. 글을 쓰는 과정에서 생각이 정리되며, 새로운 아이디어가 생겨난다. 수많은 정보속에서 써야 할 것과 아닌 것을 구분하고 또 배열하며 자신의 사고가 확장되고 융합되기 때문이다. 그렇게 글을 쓰는 과정에서 자기만의 언어가 생겨난다. 퓰리처[115]는 글쓰기에 대해 이런 말을 남겼다[116].

- 짧게 써라. 그러면 읽힐 것이다.
- 명료하게 써라. 그러면 이해할 것이다.
- 그림같이 써라 그러면 기억 속에 머물 것이다.
- 무엇보다 정확하게 써라. 독자를 올바른 길로 인도할 것이다.

보고서

서두에 명확하고 간결하게 보고서나 기안서를 작성하게 된 배경이나 목적을 기술한다. 다음에는 주장하고 싶은 내용 또는 결론을 대략 세 가지 정도로 간략하게 기록하고, 왜 그런 결론에 도달했는지를 요약해서 기술한다. 가급적 자세한 근거자료나 시도한 방법, 결론에 도달하게 된 기술적 시도 등은 첨부 문서나 뒷부분에 두어서 읽는 사람, 즉 결재자의 선택에 의해 필요시 확인유무를 결정하게 한다[117].

특히 많은 비용이 지출되는 시설이나 기계, 장비 투자 관련 기안서라면 해당 시설이나 기계가 왜 필요한지에 대한 생산능력 증대, 원가절감, 구입이후 투자비용 회수기간 등이 포함된 구입 사유서와 해당 물품의

115) 조지프 퓰리처(Joseph Pulitzer)는 미국의 언론인이자 신문 경영자이다. 1864년 미국으로 이주, 남북 전쟁 때 북군의 기병대에 참가하였고 1867년 미국에 귀화하였다. 그는 현대신문의 정형을 확립하는 데 공헌했으며, 당대에 미국에서 가장 유력한 언론인 가운데 한 사람이었다.

116) 홍익희, 김정환, 이민영, 코리안 탈무드(행복한 북클럽, 2021).

117) 우경명, 내일도 무사히 출근했습니다(황금 부엉이, 2019).

용도에 대한 자세한 설명이 포함된 용도 설명서를 10P 이상의 큰 글씨로 작성하여 첨부하면 된다. 결재자의 지위가 높을수록 현장의 시설이나 기계에 대한 이해도가 낮으므로 사진 등을 첨부하면 좋다.

보고서나 기안서는 고위층에게 자신의 역량과 업무를 효과적으로 홍보할 수 있는 수단이기 때문에 비록 문서 하나라도 당신의 이미지에 중요하게 작용한다.

보고기한

10일 이내 보고하라고 하면 많은 경우가 10일째 되는 날 오후에 상사의 책상 위나 전자결재로 올리는 경우가 많다. 과연 그렇게 해도 될까? 상사와 입장을 바꿔서 생각해보자. 만료일까지 그 보고서의 내용이 몇 %가 상사의 마음을 만족시킬까? 수정하려면 어느 정도 시간이 필요하고 대폭 수정해야 하면 상사가 보고서를 새로 작성해야 할까? 왜냐하면 상사는 그 상사에게 보고서를 올려야 하고, 보고서의 내용은 상사뿐 아니라 그 상사의 상사 또는 임원이나 최고경영자의 마음에도 들어야 하기 때문이다.

그렇기 때문에 몇 번의 수정을 거쳐서 최종 확정된 보고서가 상사의 손에 들어갈 수 있거나 최악의 경우 상사가 내용을 완전히 고쳐서 재작성하는 필요한 시간까지 감안하면 보고 시한의 3~4일 전에는 상사에게 보고되어야 한다. 그래서 보고서 내용에 자신이 없을수록 지시 후 2~3일 지났을 때, 보고서 초안을 가지고 상사와 면담을 하여 상사와 보고서의 내용이 일치하는지 점검받는 것이 좋다. 중간에 상사를 찾아가서 진행상황을 보고하고 상사의 의견을 물어보았을 때 싫어하는 상사는 없다.

보고서 작성[118)]

보고서를 작성할 때 문장을 짧게 해야 한다. 보고서작성에 고수가 되기 위해서는 많은 보고서를 읽고, 많은 보고서를 작성해보고, 보고서에 대해 많이 생각해봐야 한다. 보고서작성에 콘텐츠를 가공하고 편집해서 정확한 정보로 만들 수 있는 스킬은 비교적 단기간에 향상시킬 수 있다. 그러나 이 보고서를 누가 보는지, 무엇을 어떻게 전달할 것인지에 대해서는 하루 아침에 배울 수 없는 영역이다. 그럼 보고서 작성 단계별로 구체적으로 살펴보자.

제목, 기록의 정체성을 알 수 있는 핵심 정보가 담겨야 한다. 외형적으로 잘 보여야 한다. 제목만 읽어봐도 어떤 내용인지 파악할 수 있다면 최고의 제목이다. 데이터가 포함된 제목은 보고서의 객관성과 신뢰성을 높인다. 이는 실제를 명확하게 전달하기 때문이다. 특별한 수사적 효과를 도모하는 반복은 좋지만, 중복은 글을 지루하고 늘어지게 한다. 보고서는 기본적으로 이성적 느낌의 제목을 사용하는 것이 원칙이다. 그러나 상황에 따라 감성을 자극할 수 있는 제목을 사용해 강한 인상을 남기는 방법도 가능하다. 중요하지만 평소 너무 익숙해서 주의 깊게 생각하지 않는 내용을 전달할 때, 잘 안다고 생각하지만 정작 잘못 알려진 내용을 바로잡고 싶을 때에는 의문형 제목을 사용하여 호기심을 불러 일으키는 것도 좋다. 다만, 의문형이나, 가정법 등의 형태의 제목을 지나치게 많이 사용할 경우 보고서의 신뢰성과 품격을 떨어뜨릴 수 있으니 주의해야 한다.

보고서형 문장, 고객이 누구인지 고객의 니즈에 맞게 작성해야 한다. 보고서를 읽는 대부분의 고객은 시간이 없고 친절하지도 않다. 보고서

118) 홍장표, 보고서 작성 실무 강의(한빛미디어, 2019).

에 적합한 문장을 사용해야 한다. 읽는 보고서를 넘어 읽히는 보고서용 문장을 쓸 줄 알아야 한다. 보고서용 문체가 있는데 중요한 키워드 중심의 단문으로 요약해서 정리하는 방식이 보고서용 문체로 적합하다. 보고서는 간결하되 핵심이 포함되어야 한다. 그래서 핵심이 되는 키워드를 명확히 제시하는 것이 중요하다. 핵심키워드 기준으로 문단을 나누면 가독성이 좋아진다.

보고서의 통일성, 일관성 또한 가독성에 중요한 요소이다. 키워드 속성을 맞추는 것은 동일한 기준으로 키워드 수준을 맞춘다는 의미인데 이는 통일성과 일관성의 시작이다. 기호를 적재적소에 활용한다. 기호는 함축적인 의미를 담고 있기 때문에 많은 정보를 함축적으로 표현할 수 있다. 설명형 문장의 접속사나 조사를 줄이고 시간적 또는 단계적 절차에 대한 표현도 가능하다.

개조식 정리방법, 문단을 나누고 단문으로 정리한다. 문단 구조를 파악해 제목을 부여한다. 이는 단계별로 이루어지는 것이 아니고 거의 동시에 통합적으로 이루어진다. 이러한 작업은 학습으로 되는 것이 아니고 연습이 필요하다.

논리적인 보고서

논리적인 보고서를 만들기 위해 먼저 필요한 자료를 수집하고, 그 자료를 보고서작성 목적에 맞도록 정리하고 편집해서 보고서로 만드는 것이다. 잘 짜인 틀에 적합한 콘텐츠를 가공하고 편집해 배치하는 것이다. 이를 위해 먼저 잘 짜인 틀인 목차가 있어야 하는데 목차는 보고서의 설계도이다. 글의 방향을 설정하고 보고서의 분량을 안배하고, 누락을 방지하고 중복을 피할 수 있으며 전체적인 통일성과 일관성을 유지하는

데 꼭 필요한 역할을 한다. 보고서작성에서 하수와 고수의 차이는 '목차 작성'의 역량이라고 볼 수 있다. 보고서작성의 고수는 목차를 먼저 고민한다. 목차구성은 크게 도입why → 전개what/how → 마무리so what 3단으로 구성된다.

구성	단계별 질문
도입	왜 이보고서를 작성하는가? 무엇을 말하고자 하는가?
전개	무엇을 했는가? 어떻게 했는가?
마무리	그래서 무엇이 달라졌는가? 결과는 무엇인가? 앞으로 어떻게 할 것인가?

3단 구성을 기본으로 하되, 축소해서 1~2단 구성을 갖출 수도, 확장해서 4~5단 구성을 갖출 수도 있다.

보고서의 구조 : 병렬구조, 전달하고자 하는 상호 독립적이며 구분 기준이 명확한 내용을 전개할 때 사용한다. 연결구조는 분석 → 결과 등 인과가 명확한 목차를 전개할 때 사용한다. 시간, 절차적 흐름을 설명할 때도 사용하고 논리적 연결이 중요할 때 사용한다. 혼합구조는 보고서 상황에 따라 대목차는 연결구조, 중목차는 병렬구조 형식으로 구성하는 것도 방법이다.

다음은 '적합한 콘텐츠 배치'인데 이는 내용 구성을 말한다. 같은 내용이라도 어떻게 배열하고 배치하느냐에 따라 가독성에 큰 영향을 미치고 배열과 배치 구성은 논리 구조에도 직접적인 영향을 준다. 목차구성 다음에 정확한 내용을 보고서에 담아야 하는데 이것은 가공과 편집과정이다. 왜 보고서를 작성하는가?라는 질문을 중심으로 보고서 내용을 끊임없이 가다듬어야 한다.

논리구성을 위해 흐름, 비교, 유형 패턴을 사용할 수 있다. 흐름은 시간적 흐름, 절차적 흐름, 인과적 흐름으로 분류할 수 있다. 또 우리는 본능적으로 비교 프레임을 사용해 세상을 해석하는 데 익숙해져 있다. 적합한 비교기준을 설정해 비교결과를 보여준다는 것은 보고서 읽는 사람을 설득하는 데 매우 효과적인 방법이다. 유형패턴은 보고서 목차(구성)를 키워드, 주제별로 범주화하여 정리한다. 나열식보다는 개념적인 범주화(2~4개 묶음)를 통해 가독성을 높인다. 또 매트릭스 유형화는 많은 양의 데이터를 논리적이고 정교하게 설명할 때 사용한다.

보고서를 작성하기 위해 분석소스, 예시소스, 정의소스가 요구된다. 예를 들면, 개선방안을 제시해야 한다면 무엇이 문제인지를 정의하고 분석을 통해 무엇이 문제인지를 제시할 수 있어야 한다. '개선방안'의 설득력은 명확한 분석의 논리적 근거에서 나온다. 분석은 주장하는 바의 근거가 되므로 객관적이고 정확해야 한다.

다음은 예시이다. 예시는 현장감을 높여주고, 구체적인 부연설명이 가능하고, 실증의 역할도 한다. 이런 것을 다양하게 활용할 수 있는 예시는 보고서의 신뢰성, 객관성 및 현장감을 높여준다.

다음은 정의이다. 용어나 개념을 명확히 하는 것을 말한다. 보고서를 읽는 사람이 잘 모를 만한 새로운 용어나 어려운 개념이 등장할 때, 주장하는 바를 명확히 하고자 할 때, 누구나 알고 있을 거라 생각하지만 세부적인 해석에서 혼선이 있을 때 등 다양한 상황에서 사용할 수 있다.

다음은 교육프로그램을 제안한 내용 중 교육프로그램이 필요한 이유이다.

지역사회 청소년 대상 교육프로그램운영의 필요성

○ 지역의 특징

화성 ○○ 지역은 최근 5년 이내 주거환경과 상업(연구)시설 등이 형성된 신도시로 거주자 평균연령이 매우 낮아 30대가 주를 이룸. 모두 외부에서 유입된 인구가 대부분이기 때문에 지역에 대한 애향심이나 이웃과의 유대, 세대 간의 교류가 부재한 지역적 특색을 지님. 특히 화성시의 다른 지역과 비교하여 ○○은 19세 이하 인구가 상당히 많이 있지만[119] 입시교육 위주의 기관과 업종이 대부분인 상황으로 청소년들이 건전한 문화를 영위하기 어려운 환경임.

○ 문제 상황

1. 우리 지역 내 대부분의 청소년들은 전학으로 인한 문화적 충격(익숙한 또래 집단에서의 강제 이탈, 어색한 환경으로 편입 등)을 경험함.
2. 지역 내 초중고교가 평균적으로 5년 이내 개교하여 학교 내 전통이 형성되지 못했고 이에 따라 학교에 대한 자부심 역시 갖기 어려우므로 또래 집단에 대한 유대의식도 상대적으로 희박함.
3. 지역에 대한 자연/향토/문화/역사 등에 관한 인식이 형성될 기간도 부족할 뿐 아니라 최근 코로나 사태로 인해 학창시절에 당연히 경험해야 할 소풍 및 수학여행 뿐만 아니라 건전한 놀이활동도 부재한 상황임.[120]

---

119) 경기도 화성시 통계에 따르면 2020년 8월 현재 동탄의 19세 이하 인구는 27.1%로 동탄지역을 제외한 화성시 거주 19세 이하 인구인 20.3%와 비교하여 큰 차이를 나타냄.

120) 위와 같은 사안을 교육청 위탁 특별교육과 가정법원 위탁 수강명령 등 본원에서 진행하는 교육프로그램에 참여한 학생들을 통해 확인할 수 있었음.

○ 청소년의 요구/기대

1. 지역 청소년 4명의 청소년과 함께 기획회의를 진행, 결과를 바탕으로 청소년의 요구를 찾아냄.

> "저희는 동네에서 다양한 문화를 경험하고 싶은데 무엇이 있는지, 또 어떻게 이용해야 하는지 아무것도 몰라서 다시 스마트폰을 하거나 PC방으로 가게 되요. 하지만 진짜 다양한 경험을 하고 싶어요."
>
> - ○○중학교 1학년, 조○○군 -

2. 본 기관이 위치한 ○○ ○○는 여전히 개발이 진행되고 있는 지역으로 지역 내 상업시설 및 주거시설 외에 여타 문화시설이 부재함. 특히 놀이문화에 대한 다양한 정보가 청소년들에게 부족한 실정임. 이에 따라 본 프로그램을 통해 지역 내 청소년이 누릴 수 있는 문화를 발굴하여 청소년들이 다양한 문화를 체험하고 건강한 정서를 함양할 수 있도록 돕고자 함.
3. 청소년 문화를 형성함에 있어 청소년들이 가장 많이 이용하는 동영상 공유 플랫폼을 이용하는 것이 가장 효율적으로 판단됨. 또한 청소년들이 동영상 촬영/제작에 높은 흥미도를 보임.

교육이 필요한 이유를 지역적 특징을 배경으로 문제 상황과 연결하고 더불어 고객의 기대 요구사항을 서술함으로써 동 교육프로그램의 필요성을 제시하고 있다.

발표

청중들이 수월하게 정보를 얻을 수 있어야 한다.

단상에서 발표자가 어떤 행동을 함으로써 청중들이 발표 콘텐츠 외에 다른 데 신경을 쓰게 된다면 그게 바로 주의를 산만하게 만드는 일이다. 그렇게 되면 청중들은 발표에 집중하기 어려워진다. 청중의 주의 분산을 최소화하기 위해 발표자는 발표장에서의 움직임에 신경 쓰고 슬라이드에 등장하는 나의 소리를 조절해야 하며 입에서 나오는 말과 청중들이 보고 있는 자료 화면의 내용을 연결하는 방법을 생각해야 한다.

발표에 3P를 의식해야 한다[121]. 즉, 사람people, 장소place 그리고 목적purpose이다.

먼저, 사람은 키맨을 파악하는 것이 핵심이다. 키맨의 성향을 정확히 파악하여 대응한다. 대상을 꼭 확인한다. 인원, 직급, 성별, 직업, 나이 등에 대한 철저한 분석과 사전 준비는 필수다. 다음은 장소에 따른 영향이 크다. 다른 의미로 분위기다. 익숙하고 편안한 분위기에서는 말하는 게 자연스럽고 두렵지 않다.

결론부터 말한다.

현대인은 바쁘다. 만약 청중이 심사위원이라면 더 바쁘다. 바쁜 시간을 쪼개어 많은 양의 발표 자료를 다 읽는 걸 대신해서 핵심만 듣고 싶어 한다. 발표시에 주장을 먼저 말하는 연역적 화법이 더 집중되는 효과를 가져온다.

고객을 궁금하게 한다. 질문을 던지는 방법인데 질문 자체가 궁금하게 만든다. PT의 특성상 발표자가 질문을 던졌을 때 답변을 기대할 수는 없다. 질문과 유머를 연결하여 제안 내용과 관련성을 갖도록 만드는 것이 좋다. 공감하게 하는 방법이다. 심사위원도 겪었을 만한 경험을 곁들여 공감을 불러일으키는 방법이다.

---

121) 박서윤, 최홍석, 누가 저 대신 프레젠테이션 좀 해주세요(씽크스마트, 2017).

스토리텔링 발표의 8가지 액션 아이디어

① **감성 스토리텔링** : 사람들은 결정을 내릴 때 논리와 이성으로 판단하지 않는다. 오히려 굉장히 감정적인 요소로 결정하는 편이다. 사람들의 이야기가 핵심이다. 실제 자신의 이야기와 경험이 사람들의 마음을 잘 움직인다.

② **자신의 사례로 진정성 있게** : 자신의 이야기, 평범한 보통 사람들의 이야기면 충분하다. 위인이나 성공한 사람들의 사례는 오히려 거부감이 들 수도 있다.

③ **문제 해결책을 제시하는 스토리텔링** : 문제를 공감하고 해결책을 제시하는 부분을 보여주는 방식이다.

④ **가상현실을 경험하게 하는 스토리텔링** : 게임 등

⑤ **약속하는 스토리텔링** : 아무리 좋은 제안이라도 현실적이지 않으면 빛 좋은 개살구일 뿐, 열 마디 달콤한 말보다 하나의 진실한 예시가 더 강력한 힘을 발휘한다.

⑥ **숫자로 말하기** : 정확한 수치를 제시하면 설득력이 높아진다.

⑦ **장면을 상상하게 하는 스토리텔링** : 현장감 있는 묘사를 한다.

⑧ **직접 시연하는 스토리텔링** : 시연하는 것은 확실히 효과가 있다. 다만 주의할 점이 있는데 시연의 힘이 강력한 만큼 완벽하게 진행되어야 한다. 갑자기 연결이 안 된다거나 맥이 끊기거나 작동이 안 되는 상황이 발생하지 않도록 시뮬레이션을 여러 번 해야 한다.

말하기

10분을 발표한다고 했을 때, 상황에 따라 다르긴 하지만 서론과 결론을 1분 내외로 구성한다. 서론에서는 간단한 인사말과 발표자 소개를 하고, 앞으로 전개할 내용을 암시해서 흥미를 유발한다. 본론에서는 논리적인 핵심 메시지를 3가지 정도 말한다. 마지막 결론은 요약과 강조, 결정을 내릴 수 있는 크로징으로 맺는다.

서론은 간단한 인사말과 발표자를 소개한다. 흥미 유발 오프닝을 하고, 핵심내용을 사전 제시한다. 체크포인트는 관심을 끄는 오프닝인가?, 고객이 내 말을 들을 이유가 있나? 핵심 주제나 방향을 말했나? 라포형성 Rapport Building했나?

시간이 가장 많이 배분되는 본론은 '하나의 핵심 메시지'를 전달하는 것이 목적이다. 체크포인트는 하나의 핵심 메시지가 명료한가?, 주장에 대한 근거와 자료가 충분한가? 발표 내용이 해당 업체에 유익한가?

결론은 다시 한번 간단 명료하게 요약하고, 감성을 자극하는 클로징이다. 발표자는 핵심 한 가지를 분명하게 제시하도록 한다. 앞서 이야기한 큰 그림을 보여주는 것으로 마무리 한다. 체크포인트는 청중이 꼭 기억해야 할 것을 정리했는가?, 청중이 결정 내려야 할 부분을 말해주었나? 꼭 선택해야 하는 이유를 제시했나?를 살핀다.

남의 이야기가 아닌, 나의 이야기를 하라.

질의응답에서는 직원이나 담당자처럼 내용을 잘 아는 프레젠터이어야 한다는 요구가 있다. 왜냐하면 노련해서 질문에 적절하게 대답하기 때문이다. 최소한 내용을 완전히 파악하여 간단한 질문에 막힘없이 술술 대답할 수 있도록 충분히 준비한다. 내용을 잘 숙지하면 질의응답에 대한 두려움을 덜어낼 수 있다. 대답은 핵심만 간결하고 짧게 해야 한다.

잘못된 부분을 지적하는 질문이 나와도 우기거나 싸우려고 하면 절대 안된다. 끝까지 주장을 굽히지 않는 태도는 옳지 않다. 지적하는 질문일 경우 "저희 미처 생각하지 못했습니다" "이 부분을 보완하여 제안하겠습니다"라고 겸손히 말한다. 발표용 또는 답변용 자료를 준비한다. 예상 질문 리스트에 따라 "이 부분에 대해서는 준비한 자료를 보면서 말씀드리겠습니다"라고 말하면서 자연스럽게 도표나 자료를 화면에 띄운다. 말로만 대답하지 않고 정확한 증빙 자료와 객관적인 도표를 보여주면 신뢰감이 '확!' 올라간다. 발표자는 PPT자료보다 훨씬 상세한 제안서를 충실히 공부하고 가야 한다. 제안서와 자료로 공부하고 가야 추가적인 질문에 답변을 잘 해낼 수 있다.

파워포인트의 기능을 활용하면 전체 그림이 한눈에 보이기 때문에 흐름을 파악하기 좋다. 그럼 내용이 빨리 숙지된다. PPT화면에서 '아까 보았던 5p에서 상세한 답변 내용이 있습니다'하면서 페이지를 보여주면 좋다. 이때 숫자 5와 함께 ENTER를 치면 된다.

노련한 프레젠터는 여유로운 자세를 보인다. 시작전 청중과 나누는 눈인사 등이 중요하다. 첫인사에 조금이라도 반응하거나 얼굴을 들고 쳐다본 심사심위원(청중)을 집중적으로 공략하는 것도 좋은 방법이다. 한 사람이라도 내 편이 있으면 말하기가 더 쉬워지지 않겠는가?

중간에 자꾸 끊을 때

질문을 많이 던지면서 PT의 흐름을 끊는 사람이 있다. "질문은 이따 발표 끝내고 받겠습니다"라고 딱딱하게 말하지 않는다. 딴지를 걸면서 질문을 던지는 사람들이 의외로 많다. 유연한 대처가 필요하다. "아! 질문주신 부분이 다음 페이지에 나오는데 그때 말씀드려도 되겠습니까?" 혹은 "뒷부분에 질문주신 내용이 나오는데 그때 다시 상세히 질문해주시면 어떻겠습니까?"라고 정중히 말한다.

실패한 프레젠테이션 10가지

① 고객의 니즈를 파악하지 못한 제안, 명확한 솔루션을 제공하지 못했거나 원하는 요구 조건을 만족시키지 못하는 내용이다. 고객의 만족을 어떻게 이끌어낼 지 구체적인 방안이 필요하다.

② 판매자(업체)를 부각하는 제안서는 실패할 확률이 높다. 고객이 지닌 문제를 분명 해결할 수 있다는 점을 강조한다. 자신의 해결책이나 제안 내용만 강조하는 것이 아니라 고객사의 이슈를 놓고 제안한다.

③ 핵심 포인트가 불명확한 제안, 경쟁사와의 차별점이 분명하게 드러나야 한다. 가치 제안이란 구매를 통해 고객이 갖게 되는 가치를 계량화해서 보여주는 전문기법이다. 여기에는 가치가 실현되는 기간, 시간, 방법이나 도구 등을 함께 담아야 한다.

④ 구조화되지 않은 제안서, 구조화는 청중이 일목요연하게 이해할 수 있게끔 만드는 능력이다. 큰 제목과 하위 제목의 목차 소개가 중요하다. 한 챕터가 지날 때마다 간단히 정리하고 다음 챕터로 넘어가도록 한다. 고객의 머릿속에 전체 그림이 그려질 수 있도록 정리한다.

⑤ 과거의 실적과 이번 프로젝트의 연계성이 없는 제안서, 과거의 성공 경험은 분명 결정의 중요한 요소가 된다. 하지만 사업 내용과 연계되는 실적이어야만 한다. 과거의 실적이나 경험을 설명할 때, 도표,

그래프, 기사 인용 등으로 신뢰감을 준다.

⑥ 뻔한 내용, 뻔한 이미지로 채운 제안서, 정작 중요한 차별화된 특징이나 솔루션을 소홀하게 다룬다.

⑦ 초보자 수준의 그래픽은 NO 지나치게 많은 개념도나 도표 등을 사용하면 더 복잡해 보일 뿐이다. 그림만 반복적으로 나오면 그림에 대한 이해도가 떨어지기 때문에 메시지 전달력이 낮다.

⑧ 설명력이 떨어지는 비주얼, 눈에 띄는 효과나 경쟁사와의 차별성 등을 드러내기 위해서는 현저한 차이를 보여줄 수 있는 그래프로 가시적인 측면을 강조한다.

⑨ 긴 주제문의 사용, 주제문으로 솔루션의 강점, 고객의 효용을 분명하게 보여주어야 한다.

⑩ 멋지고 예쁜 최신 디자인의 제안서가 오히려 독!, 특별한 기능이 자주 들어가 눈을 혼란스럽게 만드는 제안서는 좋지 않다. 색상을 전체적으로 제한하여 무채색 두 세 가지로 결정한 다음 강조색 한 두 가지를 쓰도록 한다. 눈이 피곤해지지 않도록 차분한 색상을 쓴다.

언제나 떨리는 프레젠테이션 잘하는 방법, 일도 말도 중간 이상을 하는 사람이 되어보자. 언제나 자신감이 중요하다. 내 평판은 내가 만든다.

"내가 해봐서 아는데 그거 안 돼"는 꼰대의 언어이고, "내가 해봤으니 이해한다"는 유능한 직원의 언어다[122].

122) M과장, 요즘직장 생존법(흐름출판, 2020).

메시지

프로의 세계에서는 두 가지 목표 중 하나를 이루기 위해 의사소통을 한다. 상대방에게 특정한 의견을 전하거나 아니면 공감대를 형성하기 위해서이다. 어느 쪽이든 원하는 바를 이루기 위해서는 상대방의 필요에 주목할 필요가 있다. 발표의 내용이 영향력을 가지려면 대부분의 경우 발표를 들은 사람이 핵심 메시지를 다른 이에게 전할 수 있어야 한다[123].

동료나 고객과 이야기할 때 명확한 메시지를 준비한다. 명확한 메시지란, 심플한 메시지, 쉬운말로 이루어진 메시지, 듣는 사람의 필요에 초점을 맞춘 메시지가 그것이다. 미팅에서 20분간 이야기해도 듣는 사람이 기억하는 것은 고작 몇 가지 중요한 말뿐이다. 따라서 메시지는 듣는 사람이 빠르고 효율적으로 받아들일 수 있어야 한다.

단순한 어휘를 사용해야 한다. 화려한 수사에 감동하는 사람은 없다. 사람을 감동시키는 것은 뛰어난 아이디어이다. 전문용어 사용을 피하라. 사람들은 같은 일을 하는 동료들과 대부분의 시간을 보낸다. 그 결과 사내에서 대화할 때, 동료들이 직관적으로 의미를 이해하는 말을 외부 사람들도 이해할 것으로 생각하게 된다. 그래서 쓰고 있는 말 중에 업계 전문용어가 얼마나 들어있는지 잊고 있다. 전문용어는 동료들과 일할 때는 효율성을 높여주지만. 그 단어가 업계 전문용어라는 사실을 잊고 적절하지 않은 상황에서 사용하면 문제가 된다. 자신을 확인하라. 먼저, 자신이 업계 전문용어를 사용하고 있는지 항상 점검하고, 업계 전문용어가 입 밖으로 나오지 않도록 한다.

---

123) 제이 설리번, 도지영 역, 심플하게 말하기(매일경제신문사, 2017).

여러분은 자신이 고객에게 제공하고 있는 상품이나 서비스를 자랑스럽게 여겨야 한다. 그것은 여러분만이 제공할 수 있는 독특한 내용이고, 여러분의 지성과 경험 그리고 여러분의 뒤를 받치고 있는 소속회사 이름의 무게 등에 바탕을 두고 있다.

발표자의 노력하는 모습과 존재감을 드러내도록 하는 세 가지는, 눈 맞춤eye contact, 목소리tone, 그리고 신체언어bady language이다.

① 눈 맞춤

우리는 본능적으로 주변 사람들과 눈을 맞춘다. 인간이 주변 사람들과 관계를 맺는 방법이다. 사람들 앞에서 이야기할 때 청중을 바라보는 일이 중요한 것을 알고, 많은 사람들은 청중을 전체적으로 훑어보고 가능한 많은 사람들과 눈을 맞추자라는 의미로 해석한다. 그래서는 별로 효과가 없다. 청중을 전체적으로 훑어보면 너무 많은 정보가 뇌 속으로 흘러들어간다. 많은 사람을 한번에 보면, 여러분은 패닉 상태에 빠지게 된다. 스스로 숨을 헐떡이는 것이 느껴지고, 심장이 너무 세게 뛰어 맨 앞줄에 앉은 사람은 내 셔츠가 움직이는 것을 볼 수 있을 것만 같다. 손발에 피가 몰리고 손은 땀이 나면서 떨리기 시작하고 발은 어쩔줄 모른 채 앞 뒤로 왔다 갔다 한다. 청중들 앞에서 강한 존재감을 드러내기에 적합한 모습은 아니다.

한 문장을 마칠 때까지 한 번에 한 명씩 바라본다. 한 문장의 생각을 마칠 때마다 5~7초 동안 누군가를 바라보게 되면 여러 가지 장점이 있다. 먼저 긴장이 풀어진다. 대부분의 사람들은 한 명을 상대로 이야기 하는 일은 어렵다고 느끼지 않는다. 여러분 앞에 몇 명의 사람들이 앉아 있든 단 한 명만 바라보며 이야기 하면 자동적으로 마음이 차분해진다. 다른 199명의 사람들도 그자리에 앉아 있지만 나는 그 한 사람만을 대상으로 강연을 한다. 다음 문장을 말할 때, 내가 바라보게 되는 사람도 마찬가지로 나의 관심을 집중적으로 받을 것이다. 다음은 문장의 생각을 마칠 때까지 한 사람만 바라보고 있으면 산만해지는 일을 막을 수 있다. 그리고 이를 통해 여러분은 청중들과 친밀한 관계를 형성할 수 있다. 여러분이 청중을 전체적으로 훑어보고 모든 사람을 대상으로 이야기를 하면 누군가 한 사람과 이야기하는 것이 아니다. 한 사람에게 집중해서 이야기를 할 때 발표자는 더욱 차분해보이고 목소리는 더욱 자신감에 차며, 스스로 편안함을 느끼고 청중들과 관계를 맺을 수 있다. 메시지를 그 사람에게 전하고 발표가 끝날 때까지 여러 명에게 반복하면서 여러분이 몰입하는 모습은 발표장 전체에 전해진다.

상대를 보지 않는 상태에서 이야기하면 내용을 얼버무리는 것처럼 보이거나 자신이 없어 보인다. 대체로 눈 맞춤은 줄이지 말고 늘여야 한다.

② 목소리

목소리는 강력한 커뮤니케이션 도구다. 말하는 속도, 목소리의 크기, 말투, 억양을 다양하게 활용함으로써 커뮤니케이션의 영향력을 강화시킬 수 있다. 기억해야 할 핵심요소는 다양성이다.

속도, 사람들은 보통 긴장하면 너무 빨리 이야기한다. 여러 사람들을 너무 빨리 쳐다보면 자동적으로 말하는 속도도 빨라진다. 한 번 생각을 마칠 때까지 한 사람만 바라보고 있으면 말하는 속도도 느려진다. 메시지를 효과적으로 전달하기 위해서는 반드시 문장 사이에 멈추는 시간을 두어야 한다. 문장의 끝에 멈추는 시간을 두는 일은 청중들에게 방금 들은 정보를 소화할 수 있는 기회를 주는 것이다. 청중은 얻은 정보를 분류하고 정리 및 보존할 시간이 필요하다. 만일 전혀 멈추지 않고 발표를 계속하면 듣는 사람은 금방 질리게 되고 더이상 정보를 받아들이지 못한다.

목소리, 좋은 목소리를 결정하는 기본적인 요소는 목소리의 크기다. 대규모 청중은 마이크로 조절할 수 있기 때문에 문제가 되지 않는다. 목소리 크기가 문제되는 경우는 미팅이나 전화회의에서 발표할 때이다. 목소리의 크기는 언제나 최소한 발표자에게서 가장 멀리 떨어진 사람에게까지 닿을 수 있어야 한다. 시선이 가장 가까이 앉아 있는 사람에게 머물러 있을 때도 그렇다. 목소리를 높이려면 성대에 더 많은 공기가 들어가야 한다. 심호흡을 하고 입을 크게 벌리면 목소리를 높이는 데 도움이 된다. 목소리의 크기도 다양성이 필요하다. 목소리를 크게 하면 핵심포인트에 긴급한 느낌을 더할 수 있고, 목소리를 낮추면 사람들의 관심을 끄는 동시에 '이것은 중요한 내용입니다'라는 의사를 전달할 수 있다.

억양측면에서 핵심메시지인지 아니면 단순한 데이터만 공유하고자 하는 것인지에 따라 구분해야 한다. 목소리는 전달하려는 중요한 아이디어를 강조해야 한다.

③ 신체 언어

어떤 동작을 취하는지를 보면 그 사람이 자신을 어떻게 느끼고 있는지를 알 수 있다. 몸짓을 사용하는 목적은 청중들이 느낄 오해의 소지를 최소화하는 것이다. 발표자는 청중이 발표자의 몸짓을 해석하려고 애쓰느라 주의가 분산되지 않고 발표 내용에 집중하기를 원한다. 개방적인 몸짓이나 자세를 유지하면서 손짓과 표정도 열려 있으면 좀 더 대화하기 쉬운 사람으로 보이고 덕분에 청중은 편안함을 느끼면서 미팅에서 발표자의 '진정한 모습'을 보았다는 생각을 굳힌다.

손짓의 목적은 말하고 있는 주제에 에너지와 열정을 불어넣기 위해서이다. 손짓을 이용해서 크기, 모양, 움직임, 감정 등을 표현할 수 있다. 만일 부서의 주요 전략 제안 사항에 대해 이야기하고 있다면 손짓은 크고 널찍해야 한다. "저에게 큰 그림이 있습니다"라고 말하면서 손에는 깍지를 끼고 있다면 하고 있는 말과 전달하는 이미지 사이에 단절이 생긴다. 시각은 청각보다 강하다. 그래서 듣는 사람은 여러분의 말보다는 행동을 믿을 가능성이 높다. 그래서 손짓이 여러분이 하는 말에 반하지 않고 내용을 강조해 주고 있는지 신경써야 한다.

표정, 표정은 발표자가 논의 주제에 대해 어떻게 느끼는지 전달하는 강력한 도구이다. 메시지를 전달할 때 업무에 신경을 쓰는 것처럼 보여야 한다. 그것은 표정이 큰 역할을 한다.

자세, 자신감에 차 있는 모습을 보이려면 견고하되 중립적인 느낌의 자세를 취해야 한다. 두 발은 엉덩이의 폭을 벗어나지 않아야 한다. 두 발을 너무 가까이 붙이면 자신감이 없거나 불안정해 보이며 반대로 어깨 넓이 정도로 넓게 벌리면 너무 가볍거나 지나치게 공격적이라는 인상을 줄 수 있다. 양다리에 동일하게 몸무게를 싣는다. 대부분의 사람들은 어느 한쪽 다리에 몸무게를 치중하는 것을 좋아한다. 하지만 그럴 경우 10초만 지나면 반대편 다리로 무게 중심을 옮기게 된다. 그러다 보면 곧 청중들 앞에서 몸의 무게 중심을 오른쪽, 왼쪽으로 옮기며 몸이 휘청거리는 모습을 보이게 된다. 안정된 느낌과는 정반대의 자세이다.

브레인스토밍

여러분과 여러분의 팀원들이 아이디어를 내야 하는 미팅도 있다. 어떤 종류의 비즈니스이건 효과적인 브레인스토밍 방법과 그렇지 못한 방법이 있기 때문이다.

우리의 뇌는 두 가지 부분, 창의적인 우뇌와 체계적인 좌뇌가 있다. 하지만 브레인스토밍을 할 때는 양쪽 뇌가 모두 필요하다. 브레인스토밍의 첫 단계는 골치 아픈 실행상의 제약이나 타당성 또는 논리와 상관없이 그냥 가능한 많은 아이디어를 생각해 내는 일이다. 두 번째 단계는 첫 단계에서 생각해 낸 긴 아이디어 목록을 평가하여 팀의 목표를 달성하는데 도움이 되고 실제로 효과가 있는 아이디어를 고르는 것이다.

브레인스토밍 회의의 리더라면, 아래와 같은 임무를 맡아야 한다[124].

1. 토론을 진행하고, 회의 내용을 받아 적을 서기를 정한다.
2. 문제를 명확히 제시한다.
3. 아이디어의 개수를 센다.
4. 비판을 막는다.
5. 벽 공간을 활용한다.
6. 회의 시간은 한 시간으로 제한한다.
7. 회의에서 나온 아이디어를 기록하고 빨리 팀원들에게 나누어 준다.

브레인스토밍 회의에서 리더인 진행자의 일은 회의 과정을 관리하는 것이다.

① 서기의 선정

회의 진행자는 아이디어를 받아 적을 서기를 지명해야 한다. 회의를 진행하면서 동시에 회의 내용을 직접 받아 적으려면 토론에 전적으로 집중할 수 없다.

---

124) 제이 설리번, 도지영 역, 심플하게 말하기(매일경제신문사, 2017).

브레인스토밍 회의에서 서기는 막강한 힘을 가진다. 어느 참석자가 아이디어를 내면 서기는 그 아이디어를 '수정'할지 '꾸밀지' 아니면 '명확하게' 만들지 결정한다. 사실상 다른 누군가의 아이디어를 듣고 서기가 생각할 때, 더 낫다는 생각이 드는 아이디어로 바꾸는 일을 하는 것이다. 그렇기 때문에 서기가 자신의 노트에 필기를 하는 것보다 참석자들이 모두 볼 수 있도록 화이트보드나 플립 차트에 필기를 하는 편이 좋다. 진행자는 서기에게 아이디를 정확하게 기재할 책임이 있음을 알려야 하며, 회의에 참석한 모든 사람들이 자신의 의견이 반영되고 스스로 존중받고 있다고 느낄 수 있도록 해야 한다.

자신의 아이디어를 명확하게 전하지 못하는 사람들이 있다. 회의에 참석한 팀원 가운데 누군가 아이디어를 이야기하는데 무언가 어색하고 진행자가 생각하기에는 그 아이디어에 다른 뜻이 있을 것 같다면 그 사람의 말을 그대로 옮기지 말고 그가 말한 내용을 '진행자의 표현'으로 바꿔 이렇게 생각해도 괜찮은지 물어본다. 상대방이 진행자의 표현에 동의했다면 그가 아이디어를 잘 표현할 수 있도록 도와준 셈이다. 하지만 상대방이 선뜻 동의하기를 주저한다면 진행자의 표현을 버리고 서기에게 원래 발표자가 했던말 그대로 아이디어를 적도록 부탁한다.

② 문제를 명확하게 제시한다.

진행자는 반드시 문제를 명확하게 제시해야 한다. 해결해야 할 문제가 무엇인지 알 수 없다면 해결책을 찾을 수도 없다.

③ 아이디어의 개수를 센다.

서기는 참석자들이 낸 아이디어에 번호를 매겨야 한다. 수를 세기 시작하면 사람들은 더 많은 아이디어를 낸다. 또 어떤 아이디어에 대한 이야기를 하는지 나중에 식별하기도 쉽다.

④ 비판을 막는다.

진행자의 또 다른 역할은 참석자들이 브레인스토밍의 정신을 잘 따르도록 만드는 것이다. 브레인스토밍 회의를 이끌 때에는 설득력이 없거나, 과장되거나 또는 멍청하기만 한 아이디어란 없다는 분위기를 조성해야 한다. 비록 위의 세 가지 특징을 모두 갖춘 아이디어가 나오더라도 말이다. 아이디어를 어떻게 적용할지에 대해 구애받지 않고 좀 더 폭넓게 생각하기 시작하며 여러 아이디어들이 나올 수 있으며, 이를 나중에 현실에 맞게 조정하면 된다. 진행자는 참석자들의 아이디어를 귀 기울여 듣고 아래와 같이 창조성을 저해하는 발언들을 막아야 한다.

이와 비슷한 발언들은 참석자들이 아이디어를 내지 못하도록 막으며, 창의적인 과정에 반대되는 모습이다.

- 이미 전에 해 본 적이 있다.
- 충분한 도움을 얻을 수 없다.
- 이 조직은 아직 그런 일을 할 준비가 되어 있지 않다.
- 절대 투자한 돈을 회수할 수 없다.
- 윗선에서 마음에 들어하지 않는다.
- 서류상으로는 좋아 보인다.
- 예산이 없다.
- 그러려면 추가조사가 있어야 한다.

⑤ 벽 공간을 활용한다.

지금까지 나온 아이디어가 전부 눈에 보이면 참석자들은 이미 나온 아이디어가 무엇이며, 어떤 아이디어를 기반으로 삼아야 할지 확인할 수 있다.

⑥ 회의 기간은 한 시간으로 제한한다.

진행자는 회의 시간을 한 시간으로 제한해야 한다. 참석자들이 피곤해지면 아이디어의 질이 떨어진다.

⑦ 나온 아이디어를 기록하고 빨리 팀원들에게 나누어 준다.

회의 내용을 공유할 수 있을 경우, 진행자는 회의 때 사용했던 화이트보드의 아이디어 목록을 기록하고 참석자들에게 나누어주어야 한다. 또 참석자들의 의견을 전부 반영할 수 있도록 노력하여 누군가 한 사람의 의견에 회의가 지배되지 않도록 한다.

실행가능성 고려하기

일단 참석자들의 아이디어를 전부 모았다면 중구난방으로 모인 아이디어들을 정리해야 한다. 먼저, 각 아이디어를 분류하는 일부터 시작한다. 일부 아이디어들은 동일한 이야기를 변형하여 표현한 내용일 수 있다. 각 아이디어들의 핵심을 잡아야 한다. 그러다 보면 또다시 아이디어가 떠오를 수 있다.

아이디어들을 전부 몇 가지 범주로 분류했다면 각 범주별로 아이디어의 실행 가능성을 평가하고 어떤 아이디어가 가장 좋은 아이디어인지 정해야 한다. 실행 가능성과 가장 좋은 아이디어란 문제 상황 그리고 속한 조직에 따라 달라진다.

11
각자의 생각

같이 일하기

과(課)마다 타자수가 있던 때다. 주로 나이 젊은 여성분이 이 일을 맡아서 했다. 담당자가 문서의 초안을 써주면 그것을 타자기로(후에는 하나한글로)쳐서 깔끔하게 문서를 만드는 일을 하는 분이다. 지금은 상상이 안되지만 그땐 그랬다. 어느 직원의 소개로 일을 쌈박하게 잘하는 타자수가 3개월짜리 알바로 들어왔다.

문서를 작성해서 타자수에게 넘겨주면 담당자는 작업한 내용을 검토해서 결재를 올리는 시스템인데, 하루는 내가 받은 문서를 보니 수정해야 할 것 같아 수정해달라고 그 분에게 요청을 했는데 볼멘소리로 '처음부터 잘해서 주셔야죠!!'하는 게 아닌가.

순간 당황했다. 문서초안을 완벽하게 작성해서 다시 수정하지 않도록 하라는 말이다. 물론 맞는 말이기도 했다. 그런데 처음부터 완전한 것이 어디 있던가? 일도 글도 공부도 하다못해 운전도 초보(초안)는 모두가 거칠거나 서툴다. 그래서 다듬고 고치고 기름칠하는 것이다. 그리고 자신의 본분을 잊고 있었다. 그분의 일은 타자수의 역할을 충실히 해야 하는데, 초안을 수정하고 재수정하는 것이 그의 일인 것을.... 그것에 불평하고 있었다.

그분은 일을 깔끔하게 그리고 빠르게 잘했지만, 3개월 뒤에는 볼 수 없었다.

일을 시킨 사람은 잘 기억한다. 이유는 일을 시킨 사람은 자기의 필요에 의해 한 것인데, 업무지시를 받은 사람은 자기의 필요와 직결되지 않을 수 있다. 그만큼 절박하지 않을 수 있으니 잊어버릴 수 있다. 일을 시킨 사람은 자기가 필요하고 궁금하기 때문에 빨리 하기를 기대한다. 하지만 일을 받은 사람은 절박함을 모를 수 있다. 그래서 제일 중요한 것이 메모를 하는 것이다. 지시받은 일을 잊는 것은 치명적이다.

주인의식

주인처럼 일하되 주인 행세는 하지 말라는 말이 있다.

주인의식은 직장을 우리집, 업무를 나의 일이라고 생각한다. 그러고 나면 내가 하는 모든 일들은 내 일이 된다. 거래처 임직원이 당신에게 굽실거리는 것은 내가 아니라, 나의 배경인 회사 때문이라는 사실을 잊지 말자. 그분들에게 항상 친절하고 겸손하게 대해야 한다. 앞으로 10년 후에도 그분들은 사장님일 가능성이 크지만, 당신은 어떻게 될지 아무도 모른다. 당신이 혹시 회사에서 퇴출되더라도 을과의 관계가 공명정대했었다면 그분들 중 누군가가 당신에게 함께 일하자고 손을 내밀지도 모른다[125].

투자의 귀재 워렌 버핏Warren Buffett은 이렇게 말했다.

> "내가 사장이라 생각하면서 일하는 사람들, 주인으로서의 책임감을 갖고 최선을 다하는 것, 직장인이라면 자신의 돈으로 투자하고 판매하는 것처럼 절박하게 고민하고 행동해야 성공할 수 있다. 단순히 대리인이라는 생각으로 적당히 행동해서는 결코 치열한 경쟁에서 이길 수 없다. 오너처럼 행동해야 실력도 쌓이고 궁극적으로 CEO도 되고 오너도 될 수 있다."

회사는 주인의식을 강조하고 이를 요구한다. 하지만 주인이 아니면서 주인의식을 갖기는 매우 어렵다. 다만, 주인의 관점에서 조금 더 생각해 보고, 주인처럼 행동해 보시라. 그런 직장인이 주인의 자리에 오를

125) 우경명, 내일도 무사히 출근했습니다(황금 부엉이, 2019).

수 있다. 이런 말이 있다. 요일에 따라 일을 하면 종업원, 일에 따라 요일을 정하면 주인!!.

당신에게 주어진 권한은 양날의 칼이다. 주인의식을 가지고 사용하면 당신과 회사 모두에게 이익이 되지만 당신의 이익을 위해 남용하면 틀림없이 당신을 다치게 할 것이다. 협력업체나 부하를 상대할 때는 항상 회사의 대리인이라는 의식을 가지고 행동하고, 마치 내 일을 할 때처럼 열심히 일하되 절대로 주인 행세는 하지 말자.

새벽에 일어나서 운동도 하고 공부를 하고 사람들을 사귀면서 최대한으로 노력하고 있는데도 인생에서 좋은 일이 전혀 일어나지 않는다고 말하는 사람을 나는 여태껏 본 적이 없다.

적어도 리더라면 회사를 떠난 직원을 수년 뒤에 우연히 만났을 때, 그들이 나를 외면하지 않고 반갑게 달려와서 인사할 정도는 되어야 한다.

조직에서 피해자 또는 가해자가 되지 않고 서로에게 상처를 주지 않기 위해 사장과 직원은 저마다 해야 할 일이 있다. 먼저, 사장은 직원이 성장할 수 있는 환경을 만들어주어야 한다. 직원이 도움이 될 뿐 아니라 더 나아가 조직을 떠나서라도 스스로 생존할 수 있도록 성장할 수 있게 하는 것이 조직의 대표가 해야 하는 일이다. 그리고 직원은 스스로 능력을 신장시켜야 한다. 변화를 감지하고 그에 맞게 성장해 회사에 도움이 되도록 그리고 회사를 벗어나서도 살아남을 수 있도록 능력을 갖추어야 한다.

아침에 일어났을 때 얼굴을 마주할 수 있는 가족이 있다는 것, 회사에 출근했을 때 반갑게 인사하는 동료들이 있고, 점심시간에 같이 차 한 잔 마실 수 있는 상사가 있으면 나의 개인적인 대화를 들어주고 수긍

해주는 CEO가 있다는 것이 얼마나 감사한 일인가? 일상 속 작은 호의에 만족하고 감사할 줄 아는 능력, 그것이 우리를 온전히 풍족하게 만들어주는 것 아닐까?

상사와 회사의 목적

실제 수많은 산업이 사양의 길로 접어들어 저물어가는 추세다. 2035년부터 휘발유나 경유를 사용하는 내연기관과 자동차를 탈 수 없게 된다. 우리나라 일류 기업인 현대자동차는 더 이상 변화를 피할 수 없는 상황이다. 신흥 전기자동차의 강자인 테슬라는 이미 현대를 앞질렀다. 변화하지 않으면 도태된다. 이것이 생태계의 논리다. 변화하려 해도 변화할 수 없는 경우도 많다. 수많은 저항에 부딪힐 것이기 때문이다. 세계 필름 시장의 90%를 장악하던 코닥이 망한 이유도 노조의 반발과 지역사회의 정치가의 저항으로 적시에 변화하지 못했기 때문이다. 변화하기 어려운 조직은 칼을 빼들 것이다. 아마도 그칼의 이름은 '구조조정', '정리해고', '명예퇴직' 등으로 불릴 것이다.

상사의 목적은 회사의 이윤 창출이 아니다. 자신의 지위 보전이다. 그렇기 때문에 상사는 자신의 입맛에 맞는 직원들을 선호하게 된다. 부하직원들의 성과가 목적이 아닌 철저히 자신의 자리보전이 목적이기 때문이다. 결국 상사의 압박으로 부하직원들은 수동적으로 움직이게 된다. 부하직원들은 긍정적인 비판을 하고 싶어도 못한다. 상사의 지시만 따르는 로봇처럼 전락해버린다[126].

꼰대 문화, 수직적 문화에서는 무임승차자 문제가 발생할 가능성이 크다. 수직적 조직문화에서는 비판적 토론이 상사들이 만든 암묵적인 룰

126) 신 군, 사장이 원하는 회사/직원이 바라는 회사(㈜라온아시아, 2021).

에 의해 금지되기 때문에 조직 구성원들의 억눌린 욕구에서 불만이 터져 나올 수밖에 없다. 사장에게 직언을 올리지 않는 직원들이 나타나고 문제의 상사는 지능적으로 정보를 통제하고 자신에게 유리한 생태계를 조성한다. 이들은 뛰어난 직원은 내보내고, 자신과 성향이 비슷한 직원들로 무리를 규합한다. 그래서 조직에서는 이런 말이 있다. 조직에서 나가면 안되는 사람은 결국 나가고 꼭 나가야 할 사람은 안나가고 버틴다고, 즉 악화가 양화를 구축(驅逐)하는 것이다.

뛰어난 조직의 수장이라면 기생 관계를 공생관계로 전환해야 한다. 직원을 비용적인 관점으로 대하면 직원은 기생충에 지나지 않을 것이다. 그러나 직원을 투자적인 관점에서 생각하면 양자는 비로소 공생관계로 승화될 수 있을 것이다. 결국 상리공생(相利共生 다른 종류의 생물들이 서로 이익을 주고 받으면서 살아가는 관계)의 관계가 될 수 있느냐의 여부는 전적으로 조직과 직원의 인식에 달려 있다. 조직은 직원들이 환경 변화에 대응하고 성과를 내도록 투자적인 관점에서 생각해야 할 것이고 직원은 자신이 조직에 누가 되지 않도록 스스로를 개발해야 한다.

몰입의 위험성

몰입의 심화에 빠질 수 있다. 이는 내가 하는 일이 잘못 됐을 때에도 그것을 끝까지 고수하는 경향을 말한다. 사업을 하는 사람들이 이런 경향이 심하다. 그들은 사업이 잘못되고 있음에도 불구하고 계속해서 사업에 제 돈을 쏟아붓는다. 나중에 집안을 말아먹고 나서야 잘못됐다는 것을 뒤늦게 깨닫는다. 이런 이유는 우리가 작은 터널 속에 갇히기 쉬운 특성을 지니고 있기 때문이다. 사람들은 상황을 객관적으로 지각하기보다는 주관적으로 판단한다. 이는 자신이 맞다고 생각하는 것에 확신을 주는 정보만 취하는 방향으로 발전한다. 이른바 '선택적 지각'이라고 불리는 현상이 우리의 머릿속을 움켜쥐고 있는 것이다. 선택적 지각은 우리의 유연한 사고를 저해하고 오로지 한 점을 향해서 달려 나가도록 지시한다. 성공의 역설 중 하나는 당신을 그곳까지 오게 해준 방법들이 당신을 계속 그곳에 머물러 있지 못하게 한다는 것이다. 미래 성공의 최대 적은 오늘의 성공이라는 말이 있다. 찰스 핸디Charles Handy[127]는 '어떤 성공을 거두더라도 현실에 안주하지 마라. 잠시 성공을 즐기고 위대한 성장을 위해 다음 발걸음을 내딛어라'고 했다.

조직은 개인과 개인이 연결된 집단이다. 집단은 소속감이 강해지고 오래될수록 집단 최면에 빠지기 쉽다. 즉 집단적 몰입의 심화가 발현되는 것이다. 몰입의 심화는 폭주하듯 전력 질주한다.

도요타 리콜 사태를 통해 이러한 것을 확인할 수 있다. 2020년 1월 21일 도요타는 전 세계에 유통된 자사의 가속페달 결함 차량 230만 대를 리콜했다. 이 당시 오구다 히로이와 와다나베 가쓰아키 등의 경영진은 시장을 지배하겠다는 일념으로 무리하게 생산능력을 확대했는데, 품질이 따라가지 못해서 대규모 리콜 사태가 벌어진 것이다. 경영진 가운데 누군가는 문제가 벌어질 것을 알고 있었을 것이다. 그러나 아무도 제동을 걸지 못했고, 천문학적 손해를 입게 된다.

가스라이팅

미국의 스릴러 영화〈가스등Gaslight〉에서 유래된 말이다. 영화에서 남자 주인공은 계속 여자 주인공을 주눅 들게 만드는 말을 한다. 형편없는

127) 찰스 핸디(Charles Handy, 1932년~)는 조직 행동과 경영을 전공한 아일랜드의 작가이자 철학자이다. 핸디가 발전시킨 아이디어 중에는 포토폴리오 워커(portfolio worker)와 샴록 조직(Shamrock Organization)이 있다.

사람으로 만들어 자존감을 산산조각 내는 것이다. 자존감이란 자신의 고유한 특성과 신념에 따라 생각하고 행동하는 것이고 남들이 규정해 놓은 기준에 자신을 비겁하게 여기지 않는 것이다. 인간을 최면에 빠뜨리는 방법은 바로 자존감을 박살내는 것이다. 자존감이 바닥난 사람에게는 새로운 소프트웨어를 입력하기 쉬워진다. 가스라이팅 앞에서는 철인도 버틸 수 없다. 인간은 다른 사람의 인정을 받고 사는 존재다. 자존감에 상처를 내며 무시와 압박을 통해 가스라이팅을 하는 행위는 인격적 살인과 같다. 가스라이팅은 어떻게 이루어지나?

첫째, **과잉 정보입력**

사람들에게 무의미한 일 들을 여러 개 맡기게 되면 쓸데없는 결정을 많이 하게 되어 피로가 급격히 증가한다. 아무리 의지가 강한 사람이라도 지나치게 많은 정보와 자극을 준다면 어느 순간 탈진 상태에 도달해 의지력과 현실적 판단력이 무너져버리고 만다. 처음에는 강한 반발과 항의를 표현하지만, 나중에는 너무 피곤해져서 판단 능력을 잃고 수동적으로 받아들일 수밖에 없어진다. 이러한 것은 오카다 다카시의 저서 〈심리조작의 비밀〉에서 나온 방법인데, 중국의 강제수용소에서 실제로 사상 개조를 위해 많이 이용되었다고 한다.

둘째, **자존감 박탈**

영화 〈가스등〉에서 남편은 아내를 가스라이팅 한다. 그는 아내에게 '물건을 자주 잃어버린다'며 핀잔을 주고 걸핏하면 '이게 다 당신 때문이야'라고 꾸짖는다. 인간은 해야 할 일이 너무 많을 때, 판단력이 저하된다. 그렇기 때문에 자주 실수할 수밖에 없다. 자존감은 상실하게 된다.

셋째, **고립**

다음 방법은 바로 상대를 '고립'시키는 것이다. 주위에 지지해주는 사람이 있을 때는 쉽게 가스라이팅을 당하지 않는다. 고립되어 의지할 대상이 없어지면 가스라이팅을 당하기 쉬워진다. 사회적 동물인 인간이 심리적 안전지대만 있으면 부당한 괴롭힘이라도 이겨낼 수 있다. 고립은 일을 못하는 직원끼리 가둬두는 방식으로 나타나기도 한다. 즉 왕따들을 한 군데 몰아넣는 것이다. A회사에서 일을 못하는 직원들을 어느 한 부서에 몰아넣고 지속적으로 윤리 교육을 시키며 자존감을 박탈한다. 고립이 얼마나 파괴적 효과를 지녔는지를 보여주는 사례가 바로 1953년 짐 존스Jim Jones가 만든 종교인 인민사원이다. 미국 하원의원 리오 라이언이 신도 학대 등의 보고를 받고 조사하기 위해 가이아나의 존스타운을 방문했다. 진실이 드러날 것을 두려워한 짐 존스는 신도들에게 리오 라이언을 죽이라고 지시했고, 리오 라이언 하원의원과 세 명의 기자, 그리고 신도 한 명이 그 자리에서 사살되었다. 짐 존스는 이 사실을 은폐하기 위해 신도들에게 집단 자살을 명했다. 마침내 914명의 집단 자살로 짐 존스의 제국은 막을 내렸다. 이 사례는 집단 고립이 얼마나 무시무시한 결과를 불러올 수 있는지를 보여준다.

사장이 미쳤다.

미국에서 직원 100여 명을 둔 신용카드 결제대행사가 있었다. 2004년 탄생한 이 회사의 CEO는 갑자기 미친 선언을 한다. '우리 회사의 최저 임금을 7만 달러로 상향시키겠다. 그리고 이를 맞추기 위해 내 연봉 100만 달러를 7만 달러로 삭감하겠다. 이러한 조치는 직원들이 재정적으로 어려움을 겪지 않도록 최소한의 금액을 보장하기 위해서다'

순간 회사는 아수라장이 되었다. 중견 직원들은 CEO의 결정이 미친 짓이라면서 떠났고, 공동창업자는 자신이 이익에 반한다는 이유로 소송을 걸었다. 그리고 미국 뉴스채널 폭스 비즈니스는 그 CEO를 '미치광이 중의 미치광이'라고 조롱했고, 보수적인 정치평론가인 러시 림보Rush Limbaugh는 '이 회사는 사회주의가 어떻게 망하는지에 대한 MBA 프로그램 사례가 될 것이다'라고 폄하했다. 결과는 어떻게 되었을까?

이 회사의 직원 수는 5년 만에 약 200여 명으로 두 배 증가했다. 업계 고용유지율이 평균 약 68%인 점을 감안하면 압도적인 수치다. 그뿐만 아니라 카드 결제 처리액은 무려 세 배 가까이 늘었고, 고용 유지율은 91%로 큰 폭 증가했다.

그러나 승승장구하던 회사는 코로나19 사태로 인해 매출액이 55% 하락하면서 경영 위기를 겪게 된다. CEO에게 놓인 선택권은 단 두 가지였다. 직원을 절반가량 해고하거나 파산 신청을 하는 것이었다. 만일 직원을 해고하지 않으면 6개월 이내에 파산할 수밖에 없는 상황이었다. 아마 보통의 CEO라면 직원을 해고하는 선택을 했을 것이다. 그런데 미친 CEO는 역시나 폭시 비즈니스의 표현대로 미치광이 중의 미치광이와 같은 선택을 했다. 제3의 대안을 가져온 것이다. 그는 이전의 어떤 CEO도 하지 않았던 바틈업Bottom-up 방식으로 소통을 시도했다. 그는 모든 직원을 불러서 진실을 토로하며 의논했다. '회사가 현 상태로 유지되면 어쩔 수 없이 4~6개월 이내 파산할 수도 있다'며 회의 중 가장 중대한 결정을 직원들과 함께 내리고자 한 것이다.

CEO는 약 40시간 동안 근심 어린 분위기 속에서 직원들과 토론을 했다. 모든 직원은 심각했고, CEO도 몇 번이나 좌절할 것만 같은 기분을 느꼈다. 그런데 한 직원이 말했다. '저의 임금을 자발적으로 반납하도록 하겠습니다'

그렇게 수십 명의 직원이 임금을 스스로 반납하거나 자진 삭감했다.

CEO는 직원들이 회사를 자신의 것처럼 생각하는 모습에 감명을 받았다. 그들은 회사를 단순히 경제적 이윤을 버는 집단으로 생각하지 않는 것 같았다. 서로의 삶의 터전이라고 여기고 있었고, 그러한 곳이 위협받자 함께 극복해내려고 했다.

회사의 주인은 CEO의 것도, 공동창업자의 것도 아니었다. 모두의 것이었다. 공동의 목적이 일치하자 그들은 임금 자진 반납 및 삭감을 통해서 함께 추운 겨울을 이겨냈다. 결국 CEO는 누구도 해고하지 않았고, 파산절차도 밟지 않았다. 그리고 추운 겨울이 끝나고 회사는 다시 정상궤도에 올랐고, 자진해서 임금을 받지 않았던 직원들은 임금을 다시 받을 수 있었다.

직원들이 고객 서비스를 즐기도록 만들어줘야 한다. 스스로 즐겁지 않거나 매일 자부심을 느끼지 못한다면 실천하지 않을테니 말이다.

그레이존(Gray Zone)[128]

한 공기업의 직원은 "내가 이 나이에 아직 이 일을 하고 있는데, 이 짓을 몇 살까지 해야 할지 모르겠다"며 따분한 일상 업무와 나이가 들어도 같은 일을 하는 것에 대한 불만을 토로한다.

모 기업의 차장은 "제가 이 일에 얼마나 더 있을 수 있겠어요. 이 일을 언제까지 하라고 시켜 줄지 모릅니다."라고 한다. 그는 사오정을 갓 넘긴 나이지만 기업에서 자리(직장)에 대한 불안감을 표시하고 있다.

위와 같이 공기업은 분업 분장을 더 맡고 싶어 하고, 사기업은 하고 싶어도 원하는 기간까지 못하는 현실을 걱정한다. 그래서 공기업이나 공

128) 박해룡, 직장생활, 나는 잘 하고 있을까?(플랜비디자인, 2018).

무원 조직과 달리 사기업 특히, 잘 된다는 기업에서 나타나는 특징은 바로 애매한 업무 영역gray zone에 대해 서로 업무를 담당하려고 한다. 다시 말해 업무분장이 애매할 때 서로 하고자 하는 사람이 많은 조직은 건전하게 발전하지만, 업무분장이 애매한 일에 대해 서로 눈치를 보며 하고 싶어 하지 않는 사람이 많은 조직은 발전하기 어려운 조직이다.

한 사례를 보자. 그레이존 업무가 신경 쓸 일이 많은 데 비해 성과가 눈에 보이지도 않고, 책임은 많은 '계륵'같은 일이 있었다. 솔직히 두 부서가 내심 맡기 싫은 것이었다. 이것에 대해 부서 장선에서도 임원선에서도 합의점을 못 찾자 결국, 오너 CEO께 보고를 하게 되었다. 업무분장 이슈를 다 들어 본 주인의 한마디는? "둘 다 그만 두라 하세요"

그것이 업무분장의 이슈로 싸울 사안이 아니고 오히려 서로 나서서 맡겠다고 해야 하는 데, 그렇지 못한 두 임원의 태도를 용서하지 않은 것이다. 두 임원은 당해 연말과 다음해 나누어 모두 퇴임하게 되었다.

업무분장에 대해 합리적인 조정을 하는 것은 필요하다. 하지만, 내가 좀 더 편하기 위해, 내가 좀 더 빛이 나는 성과를 위해 내 욕심을 보이는 순간, 직장인의 수명은 단명한다.

12

품격

이게 왜 거기서..

첫 발령지가 총무과였다. 인사업무 보조도 하고 서무일을 했다. 보안업무를 담당했는데 당시 직원들 대상으로 보안교육을 연 1~2회를 하도록 하고 있었다. 즉 퇴근할 때는 화재, 잠금장치확인, 컴퓨터연결선 분리 .. 등등 뭐 그런 내용을 교육했다. 아침시간에 지각하는 사람을 체크해서 보고하기도 하고 때로는 직원들이 퇴근 뒤 이런 사항들이 잘 지켜지고 있나 확인도 하고, 그렇지 못한 직원에게는 벌 당직을 서게 하는 일들이었다.

보안교육은 여러 가지 형태가 있는데 그중 하나는 슬라이드 환등기를 이용해서 잘못된 사례의 현장사진을 보여주는 것도 있었다. 하루는 같은 부처 다른 산하기관 서무담당직원으로부터 연락이 왔다. 보안교육을 위해 필요하니 슬라이드 환등기를 1주만 빌려달라고, 같은 부처의 산하조직에서 같은 일을 하는 사람간에 그 정도 편의는 제공하는 것은 당연했다.

서너 달 뒤 보안교육을 하려고 보니 아니~? 환등기가 그때까지 반환이 되지 않고 있었다. 화가나서 전화로 우리도 교육을 해야 하니 환등기를 빨리 반환해 달라고 독촉했다. 그쪽에서 "돌려준 것 같은데... 한번 찾아보겠다"고 하면서 전화를 끊었다.

하는 수 없이 대신 보안규정을 설명하는 것으로 교육을 끝내고 또 두어 달 시간이 지나기까지 소식이 없어 다시 독촉을 했다. "미안한데.. 우리가 잃어 버린 것 같아요. 한 40만 원 정도면 살텐데.. 변상할께요" 그리고 7개월이 지났다. 환등기도 못 받고...

그런데 내가 사용하는 서류함 밑에 있는 철재 서랍 안에 그 환등기가 고이 놓여 있는게 아닌가? 기어들어가는 목소리로 전화를 했다. "내가 받아 놓고 받은 것을 잊은 것 같다고........"

바보들의 공통점, 결심만 한다. 남의 탓으로 돌린다. 문제점만 지적한다. 말만 많고 행동은 하지 않는다. 우리는 복잡성으로 거듭나야, 진정한 직장인이 될 수 있다.

회사에는 여러 사람이 있다. 모두가 정상적일 수 없다. 엉뚱한 사람, 이상한 사람, 괴팍한 사람도 있다. 위기상황에서 정상적인 사람이 비상식적이 되고, 엉뚱한 사람이 상식적이 될 수 있다. 현대 사회는 창의성을 요구한다. 창의성은 이상하고 괴팍한 사람에게서 나올 수도 있다. 성공하는 사람이 모두 정상적인 사람이지는 않다. 지금은 다양성이 존중받아야 할 사회다.

매력/매너

매력은 단지 아름다운 외모뿐 아니라 자기표현의 기술, 그리고 사회적인 스킬을 의미한다. 친절함, 배려심, 시간 약속을 잘 지키는 태도 등등, 상대방은 쾌도난마(快刀亂麻)의 엄청난 솔루션을 원하는 것이 아니다. 함께 고민을 들어주고 해결을 위해서 내 일처럼 진심을 다하는 태도, 이것만으로도 충분히 매력적인 사람으로 변신할 수 있다.

호감을 부르는 매너를 위해 얼굴을 활짝 펴자, 가슴을 활짝 열자, 상대와 눈을 마주하자. 말을 아끼자. 적게 말하고 듣는 습관은 어느 순간에도 긍정적인 효과를 낳는다.

호감을 높이는 대화법으로는 상대방이 자신에 대해 이야기하도록 유도하라. 조언을 구하라. 질문법을 활용하라[129]고 한다.

---

129) 장한이, 회사에 들키지 말아야 할 당신의 속마음(이다북스, 2018).

매너는 암묵적인 사회적 합의이다. 상대방에 대한 배려이다. 선진국일수록 여성, 노약자, 장애인이 사회적으로 배려받는다. 사회적 합의는 교통질서와 같아서 서로 지킬 때는 눈에 띄지 않지만 지켜지지 않을 때는 바로 눈에 띈다.

첫째, 매너는 인사다. 정중하게 상황에 따라 밝은 표정으로 얼굴을 보며 인사를 나누는 것이다. 무조건 내가 먼저 인사를 하는 것이 조직생활이다. 손님을 맞을 때 일어나서 맞이하고, 눈을 맞추고 인사를 나누어야 한다. 보고와 미팅 때도 서로 눈을 보면서 대화하는 것이 좋다. 회의 시작 전에 일어났다가 앉거나 끝나면 자리를 정리하는 배려도 필요하다. 화상회의를 할 때 화상으로 참석하는 분들을 배려해 종이 서류를 넘기는 것도 주의한다.

때에 따라 넥타이를 어떤 것으로 할지 고민해 보고, 중요한 보고가 있으면 이발도 하고, 고객과의 만남이 있으면 양복 속에 입고 있던 가디건/조끼도 벗어 보는 노력이 필요하다. 회사의 배지badge가 있으면 반드시 착용한다. 배지가 기울어져 있거나 뒤집혀 있지나 않은지 수시로 확인한다. 특히 공식행사와 외부 활동에선 반드시 회사 배지를 달고 다닌다[130].

인사하기 애매한 경우도 종종 있다. 인사를 할까 말까 애매할 때는 무조건 먼저 인사한다. 밝고 경쾌한 목소리로 인사를 나눈다. 화장실에서 같이 볼일을 보면서 만나면 가볍게 목례를 하는 것이 자연스럽고, 연단에서는 천천히 걸어 올라가 똑바로 섰다가 허리를 40도 정도 굽히면 멋져 보인다. 고개를 숙이는 것이 아니라 허리를 굽히는 것이다. 머리와 목과 허리를 일자로 하여 40도 내외로 적당히 굽히는 자세가 멋져

130) 장한이, 회사에 들키지 말아야 할 당신의 속마음(이다북스, 2018).

보인다.

인사는 습관이다. 습관이 되어 있지 않으면 위기 상황에서 인사를 하지 않거나 못할 수 있다. 또 인사 자세나 표정도 평소에 챙겨봐야 한다. 인사를 하면서 표정이 없는 사람이 있는가 하면 항상 웃는 사람도 있다.

나눔

나눔이 품격이다. 재능을 나누어도 좋고 마음을 나눌 수 있는 일이면 더 좋다. 새로운 비전과 열정으로 살아가자. 가슴이 뜨거워진다. 퇴직으로 인한 경제적 문제, 아이들의 미래에 대한 걱정, 건강문제, 노후대책 등 산적한 일들이 우리의 어깨를 짓누르지만, 우리 중년에게는 열정과 지혜가 있기에 견뎌낼 수 있음을 믿는다[131].

나눔은 세상을 사랑하는 것이다. 나눌 준비를 하라. 우리의 마음은 원래 자신보다 남을 위해 무언가 할 때 더 보람과 행복을 느끼도록 설계되어 있다. 삶에서 성공한 사람은 반드시 나눔을 실천하고 있다는 점을 기억하자.

준비

사람만 떠나는 게 아니다. 나와 나의 가족을 위해 부여잡고 있던 직장도 떠나보내야 한다. 전문가 소리를 들었던 일도 떠나보내야 하고, 집착에 가까운 소중한 물건들도 버려야 한다.

나이가 들면서 물질에 대한 유혹이 현저히 줄어든다. 아예 관심이 없다.

---

131) 김남영, 남자의 품격(라온북, 2016).

지출이 급격히 줄어든다. 그 줄어든 지출을 중년의 품격을 위해 쓰자 품격은 마음에서 출발한다. 그 마음을 키울 수 있는 곳에 에너지를 할애하자. 친구, 문화생활, 책이 그런 넉넉한 품격 있는 마음을 만들어준다. 노년에 같이 놀아줄 사람은 배우자가 아니고 친구다. 품격있는 중년이 되기 위해 문화와 친해지자.

스텔스 창업과 스텔스 은퇴를 하자. 기업이 직원들의 은퇴 후 삶을 보장한다는 이야기는 들어본 적이 없다. 만약 그런 기업이 있다면 아마 임직원이 그 회사에 모든 것을 걸고 일할 것이다. 나의 강점이 무엇인지 찾아내서 그것으로 어떻게 멋진 은퇴후 삶을 살아갈 것인지 미리 준비를 하는 것이다.

열정[132]

열정의 끈을 놓지 않는다. 롱런long run하려면 롱런long learn해야 한다. 내가 경계하는 건 경험에 갇히고 능숙함에 발전이 없고, 그리고 통찰에 닫혀버린 덫에 빠지는 것이다. 변화를 하고 싶어도 몸과 마음이 따라주질 않기에 그냥 그대로 살아가려고도 한다. 이런 모습이 우리 중년의 모습이 아니길 바랄 뿐이다. 책속에 길이 있고 인생의 힌트가 한가득 있기 때문이다. 책은 무엇보다 우리에게 열정을 선사한다. 지금부터 나의 강점이 무엇인지 고민을 해보자 즐겁고 신이 나서 했던 일이 무엇이었는지 되돌아 보자. 그리고 그 일을 통해 어떻게 고객을 만들어 갈 수 있을지 기획을 해보자.

김남영은 〈남자의 품격〉에서 사람의 품격을 높이기 위해 몇 가지를 제안하고 있다. 소비는 가치를 사는 것이다. 사사키 후미오라는 작가가

132) 김남영, 남자의 품격(라온북, 2016).

쓴 '나는 단순하게 살기로 했다'라는 책이 있다. 최소한의 물건으로 살아가는 미니멀리스인 저자는 물건을 버리는 순간 삶의 여유와 행복이 찾아온다고 역설한다[133]. 물건에 빼앗긴 시간과 마음이 자신에게 되돌아오기 때문이다. 존재와 가치를 위한 소비를 하면 어떨까?

느림의 삶은 빠르면 놓칠 수 있는 것을 잡을 수 있는 점, 어수룩함은 손해 볼 줄 아는 지혜, 설렁설렁 살다 보니 마음에 여유가 생기고 그러다 보니 생활 자체가 부드러워진다. 또 도전은 젊어지는 비결, 세븐 업, 청결, 패션, 웃음, 당당함, 침묵, 져라, 사라(선물 싫어하는 사람없고, 밥 사주는 사람 싫어하는 사람 없다)고 했다. 몰입은 행복의 시작, 상대에게 집중하고 있으면 그냥 건성으로 대화하는 것 보다 훨씬 더 가까워지는 느낌이 들어 서로 이해도 깊어지는 것 같고, 나는 같이 있는 사람과 온전히 몰입하려고 노력해, 아주 작은 것이라도 진정으로 몰입해보자고 한다. 일리가 있는 말이다.

유머는 마음을 얻는 열쇠이다. 너무 심각하게 살지 말아보자 무뚝뚝한 표정을 버리고 입 꼬리도 좀 추켜올리고 순간순간 어떤 농담을 할까 주변을 살펴보자. 또 자아를 지킬 용기는 당당함에서 비롯된다고 한다. 살다보면 주변의 상황에 맞추어서 적절히 타협을 하면서 살아가야 하는 경우가 적지 않다. 내 색깔을 너무 진하게 내보이면 다른 사람들이 불편할 수도 있기 때문이다. 타인의 시선에서 벗어나는 노력을 해 보자 자신의 생각과 의지대로 행동해 보자.

그 외에도 겸손은 존경을 부르는 주문이라고 한다. 좀 못생기고 잘난구석 하나 없는 것처럼 보이는 사람에게는 대부분의 사람들이 경계를 하지 않는다. 사실 똑똑한 사람보다 겸손한 사람들이 돈도 더 잘 번다.

133) 사사키 후미오, 김윤경 역, 나는 단순하게 살기로 했다(비즈니스북, 2015)

주변에 많은 사람들이 그를 도와주려고 하기 때문이다. 외모는 그리 중요하지 않다. 마음 주머니 속에 담고 다니는 것이 무엇인지가 중요하다. 중년은 아는 것도 많고 경험한 것이 많아 말이 많아지고 가르치는 말투다. 이것은 위험의 신호다. 주변에 사람이 떠나가기 시작한다.

명상은 유혹으로부터 나를 다스린다. 편하게 앉아서 숨을 깊고 천천히 들이마시고, 내쉬어보자, 그 상태에서 눈을 잠시 감는다. 어떤 생각이 떠오르면 그냥 떠오르게 놔둔다. 또 다른 생각이 떠오를 수도 있다. 마찬가지로 그냥 지나가도록 놔둔다. 그렇게 5분만 편안하게 숨을 들이쉬고 내쉰다. 이제 눈을 뜬다.

긍정은 중년에게 더 중요한 에너지이다. 상황에 대한 반응은 습관이다. 자신에게 긍정의 신호를 자주 보내주자. 이 신호는 파동이다. 실제로 모든 현상, 사물이 파동으로 이루어져 있다. 불안을 다스린다. 아직 다가오지 않은 미래의 걱정은 미뤄두자. 그리고 현재에 숨 쉬면서 살자.

젊어지는 마법은 많은 사람들이 가장 강력한 조직이 '비전으로 하나 된 조직'이라고 한다. 자신이 간절히 원하는 사진을 붙여 놓은 비전보드를 만들어보자. 그 순간 우리의 가슴에 이상한 힘이 느껴질 것이다. 그것이 바로 비전 달성을 향한 강력한 에너지 태동이다. 가슴이 뜨거워진다. 시간의 속도를 늦출 수 있는 방법은, 잘 모르는 새로운 곳에 가고 잘 모르는 새로운 일을 하는 것이다. 어딜 가는 줄도 잘 모르고 하는 방법도 잘 모르니 힘은 들지만 재미는 2배이다.

식사 마케팅

'언제 식사 한번 합시다'라고 입버릇처럼 제안을 하고 약속을 지키지 못하는 사람이 있다. 반면 '식사 마케팅'이라는 용어까지 사용하며 전략적으로 식사하는 사람이 있다[134]. 평소 누구와 식사를 하는지 분석해 보고 식사 시간을 마케팅 기회로 활용하는 것이다. 당신은 보통 누구와 식사를 하나? 상사, 동료, 고객, 가족, 친구 등으로 구분해 보고, 외부 식사도 동창, 관공서, 고객, 동호회, 종교 등 다양한 형태로 구분해 볼 수 있다. 물론 혼밥족도 있다. 그러나 우리는 회사를 다니며 사회생활을 하는 사람이다. 만나야 할 사람도 많고, 좋은 관계를 유지해야 하고, 고객에게 접대도 해야 한다. 아무리 불편한 관계도 식사를 하면서 대화를 하면 오해가 풀리게 되는 경우가 많다. 또 좋은 사람들과 만나는 것이 나의 발전에 도움이 된다. 긍정의 에너지를 갖고 열정적이며, 독서를 많이 하는 사람을 가까이 두면 좋은 아이디어나 기운을 얻게 된다. 다양한 사람들과 점심 식사를 하고, 식사 때 만나 대화할 재미있고 유익한 소재나 내용을 미리 생각한다. 그리고 '을'에게 식사를 대접한다. 식사비는 가능한 한 내가 계산한다. 얼마 되지 않은 비용으로 마케팅하기 딱 좋은 도구가 식사대접이다.

평생지기로 함께 할 사람은 적어도 일 년에 한 번씩 식사를 하겠다는 계획을 세워 식사 약속을 미리하고 약속은 꼭 지키도록 하자.

---

134) 박해룡, 직장생활, 나는 잘 하고 있을까?(플랜비디자인, 2018).

13
보고/인사/고과

인사에는 다른 변수도 작용

'나라일터'에 공고가 떴다. 임기직 공무원(T급)소비자분쟁조정 전문가를 뽑는다고, '그래 이건 나야!', 나는 소비자분쟁조정 관련 연구로 박사학위를 받았다. 그리고 관련된 몇 개의 논문과 보고서도 썼다. 관련 일도 여러 해 동안 했다.

'혹시 이미 정해놓은 사람이 있을지 몰라' 기다렸다. 그리고 한 달쯤 뒤 재공고가 났다. 응시자가 부족해서 추가 응시자를 모집한다고... '그렇지! 나 말고 이 분야에서 더한 전문가는 없을 꺼야!!' 자신감이 생겼다. 원서를 내고 면접을 봤다.

'자기 소개해봐라', '여기서 무슨 일을 하는지 아느냐', '소비자분쟁조정에서 중요한 가치가 무엇이냐' 등등 아주 일반적인 내용의 질문을 받았다.

평소에 말을 잘하지 못하는 내가, 뭐하나 머뭇거림 없이 유창하게 답을 했다. 면접관들에게 생소한 '절차적 공정성과 분배적 공정성' 등을 설명을 했다. 지금까지 내 일생에 이렇게 답변을 잘한 면접은 없었다. '이번에는 되겠구나'라는 확신이 들었다. 발표날이 기다려졌다. 발표날까지 임용이 되면 출근코스는 어떻게 하고, 첫날 인사는 어떻게 하고 혼자만의 상상하는 시간이 즐거웠다.

드디어 발표날이 왔다. 자신 있게 홈페이지에 들어가 확인했다. 그런데 내 번호가 아니다!. '혹시 착오가 있었나??'

나중에 알았다. 그것은 착오가 아니고 형식적으로 추가모집공고를 냈다는 것을.. 규정이 그렇게 되어 있어서.. 착각은 자유지만, 그만큼 실망도 컸다. 인사는 능력 말고 다른 변수도 많다.

관련 규정이 원망스러웠다.

보고

보고하는 사람은 결재하는 사람보다 한발 앞서 생각하고 대비하고, 보고해야 인정받는다. 직장생활에서 일은 시간의 문제와 연동되어 있으며, 엄밀하게 생각해 보면 타이밍timing, 그것도 적기right time의 문제이다.

자문해 보기 바란다.

- 나는 내가 하는 일을 의사결정권자에게 얼마나 적기에 보고를 하고 있나?
- 이를 위해 내가 하는 일에 대해 얼마나 미리 챙기나?
- 이해 관계자들과 사전에 충분히 커뮤니케이션은 하는가?

상사에게 어필할 수 있는 기회는 보고하는 자리다. 보고에도 전략이 있다. 업무를 시작할 때, 업무에 속도가 붙을 때, 어느 정도 정리가 되었을 때, 일이 끝났을 때 즉각적으로 보고하는 것이 순리이다. 보고하는 목표가 상사로부터 합격 통보를 받는 것이므로 수시로 보고하고 상사와 그 과정을 함께 나눌 기회를 자주 만드는 것이 전략적 방법이다. 상사와 빈번하게 마주하며 업무적인 이야기를 많이 나누다 보면 서로에게 익숙해지고 친밀한 관계로 발전할 가능성이 크다. 물론 일을 깔끔하게 잘 처리한 사람일 때라는 전제가 깔려 있다[135].

상사는 부하가 지시받은 내용을 잘 이해하고 상사의 마음에 드는 결과를 약속한 기한 내에 제출해주기를 기대한다. 중간에 자꾸 진행상황을 물어보는 것도 못 믿는다는 오해를 줄 수 있기 때문에 내심 불안하지만 참고 있을 수도 있다. 그러니 지금까지의 경과와 예상치 못한 문제점이나 난관이 있으면 말씀드리고, 혹시 기한내 결과물을 제출하기 어

135) 장한이, 회사에 들키지 말아야 할 당신의 속마음(이다북스, 2018).

려우면 미리 상사의 양해를 받으면 된다. 상사도 당신의 솔직한 보고에 너그럽게 기한을 연장해줄 것이다.

인사

인사(人事)는 두 가지 의미가 있다. 먼저, 안부를 묻거나 공경·친애·우정의 뜻을 표시하는 예의가 인사이고 또 하나 한글과 한자 모두 人事이지만, 또 다른 의미의 인사로 직원의 임용이나 해임, 평가 등과 관계되는 행정적인 일을 인사라고 한다. 모든 조직에서 인사는 '원칙'이 있어야 한다고 강조하면서 사업성과를 위해 유연하게 지원해야 한다고 한다. 한편에서는 모든 사람을 만족시키는 인사제도는 없다고 한다. 사람은 합리적으로 생각하는 이성적인 동물이라고 하지만 실상에서는 다분히 감정이 앞선다는 것도 경험하게 된다. 남의 입장을 생각하고 이해하고 배려하며 나를 희생하기는 태생적으로 어려운 것이다. 나를 버리고 남을 위해 희생, 봉사하는 사람들은 존경을 받게 된다.

직장생활을 하는 우리는 인사에 대해 궁금해하면서 의견도 많다. 인사는 과학적인 분석과 근거를 토대로 이루어지는 것이 당연하지만, 원래 인사는 비과학적이고, 인사권자의 뜻대로 하는 것이다. 인사권자의 마음대로 판단하고 그에 따른 책임도 지는 것이 인사의 본질적인 속성이다. 그래서 채용 기준이나 평가도 인사권자의 의도가 반영되는 것이다[136].

다만, 평가 잣대를 사전에 설정하고 공유하며, 평가에 본인이 참여를 하며(자기 평가), 결과에 대해 피드백을 하면서 평가자의 의도나 판단 기준에 대해 소통을 하는 것이 중요하다. 그래서 평가자의 소양이 중요

136) 박해룡, 직장생활, 나는 잘 하고 있을까?(플랜비디자인, 2018).

하고 평가를 위한 제도적 지원이나 교육이 중요해진다.

조직에서는 평가결과를 토대로 급여/성과급/승진 등 인사에 관한 의사결정을 한다. 그래서 성과에 따라 상응하는 평가를 하는 것이 공정하다. 하지만 예산, 자원, 기회의 제약으로 상대평가를 하게 된다. 그래서 평가가 어렵다. 이렇게 어려운 일도 여러 사람의 의견을 들어보면 수용성이 높아진다. 가령, 팀원 각자에게 자신을 포함해서 전 팀원을 평가해서 순위를 정하도록 하고 이를 종합하여 평균을 구해보면 팀장이 평가한 결과와 매우 유사함을 발견하게 된다.

고과

취업포털 잡코리아는 2022년 1월 남녀 직장인 351명을 대상으로 '인사평가 결과 만족도' 설문을 한 결과 '만족스럽지 않다'는 응답이 75.8%에 달했다고 밝혔다. 불만족한 이유로는 '평가 방법과 기준이 공정하지 못하기 때문'이 49.2%를 기록, 가장 많았다. 뒤이어 '연봉 인상과 승진 등에 반영되지 않는 형식적인 절차라서'(27.1%), '상대평가라 열심히 해도 누군가는 낮은 점수를 받기 때문'(19.5%) 등이 꼽혔다[137]. 평가 후에는 항상 불만이 있기 마련이다.

윗사람이 아랫사람을 평가하는 시대는 끝났다. 오히려 윗사람이 아랫사람의 평가를 받아야 하는 세상이다. 그렇지만 아직 윗사람이 아랫사람을 평가하는 것이 대세이다.

고과권자에게 '어떤 사람에게 고과를 잘 주고 싶은가?'라는 질문에 '상사가 의도하는 바를 정확히 이해하고 팀웍을 통해 성과를 내는 사람'이라고 답한다. '자기 업무에 전문가이며, 주인의식을 가지고 주도적으로

137) 직장인 75% 인사평가 '불만족'…"공정하지 못해서"(세계일보, 2022.2.17.).

끝까지 하는 모습을 가진 사람, 조직을 위하면서도 자기의 성장을 항상 준비하는 사람, 팀원들을 칭찬하고 추천하는 사람, 묵묵히 조연 역할을 성실하게 하는 사람, 관련 부서와의 협력을 잘하고 새로운 일에 두려움이 없이 도전하여 성공하는 사람, 매사에 긍정적으로 표현하는 사람, 선후배간 소통을 잘하는 사람, 본인의 부족한 부분을 채우기 위해 부단히 노력하는 사람, 자기의 생각을 가지고 일하는 직원, 더 나은 방향으로 일을 처리하여 성과를 내는 직원, 성실하게 일하는 사람, 내가 조금 힘들더라도 상대를 배려하고 협력하고 공동의 성과를 창출하는 사람, 기존의 관행을 탈피하고 창의적이고 유연한 사고방식과 행동으로 타의 모범이 되는 사람, 낭중치추(囊中之錐)처럼 굳이 나서려하지 않아도 자연스럽게 존재감이 들어나는 사람' 등등이다.

요약하면, 고과를 잘 받는 사람들의 특징이다.

① 열정, ② 희생, ③ 주인의식, ④ 합리적, ⑤ 인사성, ⑥ 실행력, ⑦ 지시받은 업무에 즉각 반응, ⑧ 발뺌하지 않음, ⑨ 공은 타인에게, 과는 본인이, ⑩ 불만 요소에 남 탓하지 않음, ⑪ 겸손, ⑫ 말을 잘한다, ⑬ 경청/배려, ⑭ 예의, ⑮ 된사람 등이다.

이외에도 업무의 성격에 따라, 납기를 잘 지키는 사람, 열정이 있는 사람, 그리고 태도가 좋은 사람을 든다.

충성심과 해당 분야의 전문지식을 바탕으로 본인의 목표/과업과 조직목표 달성에 기여한 실적이 있고 기여하고 있는 사람, 프로의식을 바탕으로 성실하게 직무를 수행하여 과업을 완수하는 사람, 회사의 핵심가치의 내재화를 바탕으로 해당 직급에 부합한 공통역량 및 전문역량을 보유/발휘하고 있고, 차상위 직급에서 요구되는 역량을 배양하고자 부단히 노력하는 사람이다.

다시 말하면, 내 일을 잘하는 것은 기본이고, 남도 도와야 하며, 인성도 바르고 평판도 좋아야 하며, 미래의 재목으로 키울 사람에게 고가를 잘 주는 모습을 볼 수 있다.

내가 속한 조직에서 고과자는 어떤 사람에게 좋은 점수를 주고 어떤 사람을 승진시키고 싶어 하는지 개인적으로 상담해 보자.

센스

남들이 기피하는 곳에 지원하는 건 좋은 업무 평판의 시작점이 되기도 한다. 커리어패스는 입사 초기의 적극성이 절반이다. 칼퇴근을 방해하는 요소는 3가지다. 무능한 나, 못난 상사, 더 못난 회사 업무가 익숙해지고 나서도 야근을 하는 사람은 본인이 무능한 것이 아닌지, 정말 업무가 1인분 이상이어서 버거운 것인지 돌아볼 필요가 있다.

회사에 남아있는 사람 중에 누군가는 정말 할 일이 있어서 야근하고 누군가는 야근하는 자신을 봐주길 바라며 야근한다. 일이 없어도 남아 있는 것은 미덕도 의리도 아니다. 이런 야근은 미련한 야근이다.

아주 간단한 일도 어렵게 만드는 마이너스의 손을 가진 사람들이 있다. 한치의 양보도 없고, 쉽게 가는 일도 없으며 심지어 지름길이 있어도 쳐다보지 않는다. 고생을 사서하는 부류다. 이들은 개인적인 고집이 업무의 중요도를 앞선다. 일에 대한 눈높이가 완벽주의에 가깝다. 본인의 능력은 완벽주의에 미치지 못한다[138].

쉬운 일은 쉽게 끝내고, 어려운 일도 쉽게 끝내는 것이 센스있는 직장인이다. 사소한 것 하나 놓치고 싶지 않고, 본인의 기대치에 맞추고 싶

138) 이 찬, 박소영, 센스를 배웠더니 일머리가 돌아갑니다(자몽, 2021).

은 마음은 누구나 가지고 있다. 하지만 회사는 함께 일하는 곳인 만큼 이런 욕심은 넣어두자. 자신만의 기준이 회사의 기준이 아니라는 점을 알자[139].

- 후배인 경우, 완벽하게 완수해서 가져가도 실장은 마음에 들지 않을 수 있다. 차라리 완성도가 떨어지더라도 빠르게 만들어서 자주 피드백을 받는 것이 방법이다.
- 선배인 경우, 만약 완벽을 기하기 위해 시간을 더 달라고 하는 경우 중간보고를 자주 하도록 지시하자. 그리고 중간보고를 바탕으로 빠르게 결론을 내려 주자.

상사를 대놓고 칭찬을 하다가는 자칫, 아부로 들릴 수 있다. 아무리 선의라도 상대방 입장에서는 뭔가 대가를 바라는 아부처럼 보이기 쉽다. 상황과 타이밍이 중요하다. 먼저 상사에게 좋은 말은 당사자에게 하는 것보다 주변인에게 하는 것이 훨씬 효과적이다. 특히 상사와 가깝거나 친한 사람을 알아 둔다면 자신이 전한 칭찬의 말은 전달될 확률이 높아질 것이다. 그렇다면 언제 하는 것이 좋을까. 상사가 휴가나 출장 등으로 자리를 비웠을 때가 적절하다. 상사가 복귀 후 우연히 제 3자에게 이야기를 전해 듣는 것이 가장 자연스럽다[140].

---

139) 이 찬, 박소영, 센스를 배웠더니 일머리가 돌아갑니다(자몽, 2021).
140) 이 찬, 박소영, 센스를 배웠더니 일머리가 돌아갑니다(자몽, 2021).

14

조직과 협업

평가는 어려워

이제 나도 6년차 팀장이다. 고참팀장이다 보니, 팀의 규모가 컸다. 부서내에 하나밖에 없는 팀을 맡았다. 나를 제외한 팀원의 수가 20명이나 된다. 나보다 나이가 많거나 직급이 높은 팀원들도 35%에 육박했다. 무엇보다 팀원들은 고학력자이다. 박사가 15명, 나머지는 석사이고 학사는 거의 없었다. 고학력자의 특징은 나름 논리적이고 자기주장이 확실하다는 점이다.

그때 직원평가제도에 상향/동료평가가 도입되고 평가점수를 공개하는 체제로 완전히 바뀌었다. 동시에 평가에 따른 성과급제도가 도입되었다. 1차 평정자인 팀장의 역할이 60%이고 상대평가이며 평가점수를 본인에게 피드백하고 직원면담도 공식적으로 이루어지는 완전민주적인 방식으로 개선(?) 되었다.

승진에 기대할 것이 없는 고학력팀원들은 성과급에는 민감했다. 실적으로 보이는 것은 그것으로 커버되지만, 확실치 않은 것은 직원을 설득하는 일이 쉽지 않았다. 일등과 이등 삼등을 가리는 것은 문제가 아니다. 무엇보다 낮은 점수를 줄 수밖에 없는 직원들에게는 확실하게 설명이 되어야 한다. 어떤 부분이 부족해서 C나 D를 받을 수밖에 없음을 이해시켜야 했다.

장기휴가나 휴직, 중간에 복직을 한 직원에 대해서는 그런대로 명분을 쉽게 찾을 수 있다. 그러나 연중 같이 일하면서 나름대로 열심히 하는 직원에게 낮은 점수를 주려면 확실한 증거나 본인이 수긍할 수 있는 뭔가가 있어야 한다. 이거 팀장이 직원들 일 잘하기를 기대하고 격려하고 칭찬해야 하는데, 거꾸로 뭘 못하나를 찾아야 하는 꼴이다.

물론 팀장인 나도 해당 직원도 그렇게 하면서 좀 더 역량이 개선되고 합리적인 직원으로 성장하는 계기가 되었겠지만, 지금 생각해도 쉽지 않은 일이었다.

위계 조직/역할 조직

교육수준이 올라가면서 이에 우리는 스포츠카를 타는 것처럼 더 큰 업무역량을 갖게 되었다. 하지만 기업문화는 그에 맞춰 변화하지 않았고, 이전 시대에 안전을 중시하며 만들었던 속도 제한과 신호등을 그대로 유지했다. 따라서 그 안에 갇혀버린 고학력 전문 인력들은 지옥 같은 답답함을 맛보게 되었다[141].

그동안 열심히 돈을 모아 산 스포츠카를 시속 50 km로 속도가 제한된 도로에서 운전해야 하는 것처럼, 열심히 공부해서 쌓아올린 실력과 전문성도 위계조직의 틀에 갇히니 아무런 소용이 없었다. 똑똑한 사람들이 회사에 들어가서 바보가 되어버리는 일이 일어나는 것이다.

박중근[142]은 기존의 강력한 위계 조직과 대비되는 조직을 역할조직이라고 한다. 역할조직에서는 회사에 대한 충성심이나 애사심, 배우려는 자세, 겸손함과 한결같은 성실함은 별 의미가 없다. 이것은 과거의 패러다임이다. 이제 "당신은 당신의 능력을 이용해서 어떻게 우리 회사의 진전에 기여했나?"라는 질문에 답할 수 있으면 된다.

위계 조직은 공무원이나 제조업 중심의 대기업조직에 맞는 시스템이다. 다른 말로 관료조직이라고 할 수 있다. 이 조직에서는 개인의 창의성이나 다양성은 크게 중요하지 않다. 시키는 대로 해야 하는 조직문화가 형성되어 있다. 윗사람의 결정에 따라 최대한 빠르게 움직일 수 있다. 이 조직은 성적으로 사람을 뽑는 경우가 많다. 이미 주어진 일을 열심히 해내는 사람들이기 때문이다. 이 조직은 개인이 갖는 정보와 윗사람과의 관계가 중요해진다.

---

141) 박중근, 70년대생이 운다(EBS북스, 2020).
142) 박중근, 70년대생이 운다(EBS북스, 2020).

역할 조직은 변화에 대응하기 좋다. 핵심가치나 미션이 매우 중요하다. 의사결정에 충돌이 생길경우 회사의 미션을 생각해보면 답이 나온다. 종합적인 판단능력과 전문가들의 의견을 수용할 수 있는 소통능력이 필요하다.

위계 조직과 역할 조직의 차이

	위계 조직	역할 조직
특징	• 중앙집권적 의사결정	• 구성원에게 분산된 의사결정 • 자신의 역할에 대한 의사결정
호칭	• 위계(부장, 과장, 사장 등)	• 역할을 나타냄(엔지니어, 프로덕트 매니저, COO)
장점	• 빠른 의사결정과 수행	• 변화에 빠른 대처
단점	• 변화와 혁신에 취약 • 소수의 의사결정권자의 능력에 따라 조직의 성과가 좌우됨	• 조직원의 목표와 가치관이 일치하지 않을 경우 많은 혼란이 생김(미션, 핵심가치 등이 중요) • 각 개인의 의사결정 능력이 중요하기 때문에 채용에 많은 비용이 발생
이상적 구성원	• 내려온 일을 빠르고 효율적으로 수행하는 사람	• 자신의 역할에 책임을 지고 신중하고 탁월한 의사결정을 하여 자신의 맡은 미션을 수행해나가는 사람
인재상	• 우리 일(협업 중시) • 성실하고 눈치 빠른 인재 • 나보다 뛰어난 사람은 일 시키기 어려움 • 회사를 위해 일한다	• 내 일(책임과 성과가 분명) • 창의적이고 소통하는 인재 • 나보다 못한 사람 뽑으면 그의 역할까지 동료가 해야 한다. • 자신의 커리어를 위해 일한다.
적합	• 제조업 중심(정보공유 제한)	• 소프트웨어 개발(정보공유)
혁신	• 윗 사람을 설득해야	• 세상을 바꾸는 혁신

역할 조직에 적합한 '생각하는 사람'을 만들기 위해서는 인문학 교육과 글쓰기 교육, 토론 교육이 필수적이다. 항상 깊이 생각하고 자신의 생각을 글과 말로 표현하여 다른 사람들과 시너지 효과를 낼 수 있도록 교육해야 한다. 작은 스타트업을 함께 운영하는 전문가들도 생각하는 능력은 필수적이다. 학교교육에서도 자신이 배운 것을 바탕으로 의견을 조리 있게 글로 쓰고 말로 하는 교육이 더 중요해질 것이다.

개인에게 일어날 수 있는 가장 좋은 일은 최신 기술을 배우고 혁신에 기여하여 업계에 이름이 알려지는 것이다. 전문가들의 세계에서는 사내 승진보다 업계 경쟁력이 중요하다. 현재 회사를 떠나는 것은 그리 심각한 일이 아니지만, 퇴사 후 나를 찾는 회사가 없다면 큰일이다. 그래서 전문성을 갖춘 사람들은 커리어와 포트폴리오 관리에 매우 신경을 쓴다. 포트폴리오 관리를 위해서는 새로운 것을 도입하고 혁신을 이루어 내야 한다. 남들 다하는 일을 하는 사람을 높은 연봉을 주고 스카웃을 할 회사는 별로 없기 때문이다. 그런데 새로운 것을 하다보면 당연히 실패의 확률이 올라간다. 역할 조직은 각 프로젝트의 실패 확률이 매우 높다. 처음 해보는 것들이 많아서, 큰 프로젝트가 실패하는 일도 자주 일어난다. 구글에서 구글 묘지Google Graveyard라고 입력해 검색해 보면 매년 쏟아지는 실패한 프로젝트들을 수 없이 볼 수 있다. 성공확률이 90%인 프로젝트를 실패하면 아쉽고 후회할 만하지만, 성공 확률이 10%인 프로젝트를 실패하는 것은 당연한 것이다. 성공했을 때는 큰 보상이 돌아오고, 실패하더라도 실패로부터 배울 수 있기 때문에 그 낮은 성공 확률에 베팅하는 것이다[143].

143) 박중근, 70년대생이 운다(EBS북스, 2020).

부서 이기주의

부서 이기주의는 부서의 전문성 향상에 따른 자존심이 높아져서인지 상호 간에 협조가 잘 안되는 것이다. 매사를 자기 부서의 입장에서만 생각하고 행동하는가 하면 힘든 일, 어려운 일이라도 생기면 서로 미루거나 다른 부서로 떠넘기려는 경향이 있다. 좋은 결과에 대해 경쟁적으로 자기들의 공이라고 홍보하지만, 나쁜 결과에 대해서는 아무도 책임지려 하지 않고 오히려 책임을 전가하기도 하며 때로는 자기 부서의 입장만 생각하고 회사에 손해가 생기는 행위조차 서슴치 않는다. 회의만 하면 서로 자기들의 주장만 하고 전혀 건설적인 결론이 도출되지 않는다[144].

해결책은 회사를 위해서 일하는 사람들이 모여 있으니 당연히 모든 결정은 회사에 도움이 되어야 한다는 명분을 강조한다. 즉, 우리 부서가 다소 힘들어질 것 같은 경우에 회사를 위하는 일이니 우리가 조금 더 일하자는 생각으로 흔쾌히 동의해주고, 타부서의 협조 요청에 1순위로 응해주면, 결국 타부서는 우리 부서에 신세진 것이므로 나중에 우리 부서에서 협조 요청을 했을 때, 아무래도 좀 더 부드럽게 도움을 받을 수 있지 않을까? 이때 무엇보다도 중요한 것은 부서의 장 또는 리더의 역할이다.

먼저, 우리 부서의 이익이나 입장만 생각하다 보면 그 부메랑이 반드시 나에게 돌아온다. 다음 명분을 논리나 근거를 가지고 강조하자. 마지막으로 결국 회사에서 알고 개입하는 사태가 발생하기 전에 수습하는 것이 무조건 내가 덜 손해 보는 길이다.

144) 우경명, 내일도 무사히 출근했습니다(황금 부엉이, 2019).

협업

인간은 서로 의지하면서 산다. 서로 도움을 주고받으면 생각했던 것 이상의 '플러스 알파'가 생겨나는 경우가 많기 때문이다. 시대가 복잡해질수록 지식이 넘쳐날수록 이 모든 것을 혼자서 처리한다는 것은 불가능하다. 지금 많은 비즈니스 분야가 4차 산업혁명 시대의 '초연결'을 향해 달려가고 있다. 각각의 분야 자체도 전문화되어 있을 뿐만 아니라, 그 전문화된 분야가 서로 연결이 되어야 시너지 효과가 난다. 과거를 분업의 시대라면 지금은 협업의 시대로 불린다.

실리콘밸리를 대표하는 경영컨설턴트이자 전략 전문가인 태아싱어 스피처Thea Singer Spitzer는 〈협업의 시대〉에서 협업은 "자신의 생각과 노력을 '집단의 뇌'에 녹여 혼자 일할 때 보다 더 나은 결과를 낳으려는 의지와 능력"이라고 했다. 도움을 주고 받는 것을 협업의 차원으로 끌어올리기 위해서는 기브앤테이크가 필수다. 이렇게 도움을 주고 받으면 협업을 하는 것은 바로 최적 타이밍을 놓치지 않기 위함이기도 하다. 사실 세상의 많은 일들이 이 타이밍에 의해서 결정된다. 도움을 요청할 때, 한 가지 팁이 있다면 누군가를 만나 직접 도움을 요청할 때 훨씬 더 좋은 결과가 나온다는 점이다. 한 연구결과에 따르면, 약 75~90% 가량은 당사자가 직접 부탁할 때 도움을 주었다. 타인을 거쳐서 도움을 요청하는 것은 오히려 도움을 받을 가능성을 낮출 수 있다.

이제 타인에게 도움을 요청하는 일에 주저하지 말자. 그것은 상대방에게도 좋은 일이고 나에게는 더욱 좋은 일이다. 이것은 뻔뻔해지는 의미가 아니라 서로 도움을 주고받으면 하나가 되어 힘든 현실을 함께 개척하자는 동지애의 발로이기도 하다.

성과주의/기여주의

성과주의는 잘리지 않기 위해 일하고, 월급을 받기 위해 일하고 해고되지 않기 위해 일하는 모습, 최소한으로 일하고 최대한으로 돈을 받는 것이 목표가 된다[145].

기여주의는 당신은 우리 회사의 미션에 어떻게 기여했습니까? 라는 질문을 던진다. 커리어를 성장시키기 위해 일한다. 회사도 커리어를 위해 일하는 것을 잘 알고 있기 때문에 무한한 자유를 준다. 정당한 연봉을 주고 그의 기여를 활용해 회사 도약의 계기로 삼는다. 안전하고 익숙한 일만 하다가 더이상 성장하지 못하면 다른 회사에 취업이 어려워진다. 새로운 프로젝트를 계속 시도하고 배우며 경험을 쌓고 성장하기 위해 노력한다.

145) 박중근, 70년대생이 운다(EBS북스, 2020).

15
나만의 비즈니스 전략

언제 식사 한번 해요

나보다 나이는 적지만, 직장에서는 2년 선배로부터 여러 차례 들어 온 이야기다. 그럼에도 22년을 근무하는 동안 그 선배와 개별적으로 식사자리를 같이 할 기회는 없었다. 얼굴을 보면 생각이 나지만 막상 서로 시간을 만들지 못했기 때문이리라.

직장에서 동료나 선후배간의 친교를 나눌 수 있는 가장 쉬운 방법은 같이 식사를 하는 것이다. 물론 술자리는 두말할 것도 없고.

우리말에 '식구'라는 말이 있는데, 한집에 살면서 끼니를 같이하는 사람이라는 뜻이다. 같이 일하고 같이 밥까지 먹으면 가족이나 마찬가지다.

나는 식사를 같이 하는 것, 특히 내가 밥을 사는데 주저하지 않는다. 직장을 떠날 때 반드시 같이 일했던 직원들에게 돌아가면서 식사자리를 마련하고자 했다. 송별회가 아니고 떠나는 사람이 그동안 베풀어주신 덕분에 무사히 떠나게 되었다는 인사식사인 셈이다. 이런 경우는 흔치 않다. 많은 이들은 식사초대에 감사하게 생각하고 나중에 기회가 되면 꼭 갚으려고 노력하는 모습을 확인할 수 있다.

먹은 사람은 때깔도 좋지만 밥을 산 사람에게는 대체로 호의적일 수밖에 없다. 돈 얼마 안들이고 1시간이면 충분한 일이다.

밥을 많이 사자. 넓은 세상에 내 사람이 많아진다.

상대 투자자가 진정 알고 싶은 것은 그 사람의 인품과 정말 신뢰할 수 있는 사람인지 아닌지이다. 아무리 대기업에서 엘리트 코스를 밟았다고 한들 한발만 밖으로 나와도 그런 직함 따위는 아무 소용이 없다. 사내에서 통용되었던 경력을 들고나와 아무리 강조한들 온갖 세파를 겪은 경영자들에게는 아무런 관심도, 공감도 불러 일으키지 못한다. 그보다 앞으로의 비전을 설득력 있고 열정적으로 토로하는 편이 듣는 사람의 마음을 훨씬 더 움직인다. 설령 실현 불가능하게 여겨지는 꿈일지라도 말이다.

독립비즈니스

독립비즈니스는 한 개인이 직장생활을 통해 배양된 역량을 통해 시작되고, 협업의 관계를 통해 일의 규모가 커진다. 흔히 말하는 많은 창업자금이나 투자금이 필요하지 않으며 타고난 끼나 예속적인 감각에 의지하지 않는다. 하루하루 열심히 살아가지만, 미래에 대한 불안감을 가지고 있으며 실제 갑작스러운 퇴직이 현실화 되었을 때, 매우 위험한 상황에 처할 수 있는 사람들이기도 하다. 이런 사람들이 자신의 능력과 네트워크, 여기에 더해진 자기계발의 노력만으로 새로운 사업의 판을 짜는 기회는 분명 새로운 삶을 열어가는 계기가 될 수 있다.

이제 자신만의 여러 가지 직업을 갖기 위해서는 환경이 나의 인식을 지배한다는 사실을 인정하고 그것에서 완전히 자유로워질 수 있는 자신을 상상해보는 일이 중요하다.

이런 활동이 가능한 것은 직장생활을 하면서 제조사 관계자, 영업직원, 고객사, 납품업체, 고객 등 수많은 사람과 진심 어린 인간관계를 맺고 네트워크를 형성할 수 있기 때문이다. 직장생활을 하면서도 트렌드 왓칭을 자주한다. 앞으로 세상이 어떻게 변화할 것인지에 대해 뉴스, 잡지, 해외 정보는 물론 일반 소비자의 행동을 유심히 들여다보면서 나의 관심이 가는 분야를 찾아야 한다.

개인의 시대라는 패러다임에서 훌륭하게 살아가기 위해 우리는 치유,

균형, 차이에 대한 인정과 더불어 사는 삶으로서의 연대에 익숙해져야 한다. 그리고 이 연대의 정신을 더 많은 사람에게 알려야 한다.

독립비즈니스를 하는 사람에게 가장 소중한 자원은 자신의 역량과 주변의 네트워크이다. 이 두 가지가 온전히 결합해야만 자신에게 걸 맞는 경제적 활동을 펼쳐나갈 수 있다. 이제 나 스스로가 하나의 화가가 되려면 네트워킹의 기술도 달라져야 한다. 나의 능력은 이 네트워크 속에서 비로소 피어난다는 생각으로 사람을 대하는 태도와 방법을 알아보자.

월급은 누가주나?

당신이 받았던 월급은 회사라는 '조직'이 주는 것이 아니다. 바로 소비자라는 '사람'이 준 것이다. 소비자로 불리는 일군의 사람들이 낸 돈이 회사로 들어오고 회사는 그 돈을 모았다가 특정한 날에 당신에게 입금해 준 것이다. 회사가 당신을 먹여 살린 것이 아니라 회사 밖의 '다른 사람들'이 당신을 먹여 살렸다. 돈의 흐름을 알 필요가 있다[146].

돈의 흐름 안으로 들어가게 되면 회사보다 훨씬 좋은 점들이 있다. 우선 그 흐름 안에서 일방적으로 퇴출당할 염려가 전혀 없다. 타의에 의해 나의 운명이 결정되지 않는다는 자부심은 인생의 안정적인 기반으로 작용한다. 일반적인 경영의 원리에서 보면, 당신이 200만 원의 월급을 받기 위해서는 그 세 배인 600만 원어치의 노동을 해야 한다. 그래야 회사의 경비와 복지비용까지 만들어진다. 많은 직장인이 복지가 좋은 회사를 원하지만, 그 복지에 쓰이는 돈도 결국은 본인들이 벌어들인 것에 불과하다. 회사를 벗어나면 이제 당신이 월급을 받기 위해 했던 세

---

146) 서준열, 개인의 시대가 온다(㈜미래엔, 2020).

배의 노동에서 벗어날 수 있다. 물론 퇴사 직후부터 이런 일이 발생하지는 않겠지만, 돈의 흐름이 어느 정도 안착이 되면 훨씬 더 많은 시간이 남는다는 사실을 알게 될 것이다.

직장이 사라진 자신의 미래를 상상하는 순간, 어두운 먹구름이 마음을 갑갑하게 만들기 때문에 그나마 '청량감'이 있는 월급을 선택하게 되는 것이다. 도태에 대한 지나친 걱정은 접어두기 바란다. 회사에서 했던 것만큼만 하면 무작정 자신이 도태될 것이라는 걱정에 휩싸일 필요가 없다. 그렇다면 '회사에서 했던 것만큼'은 무엇을 의미할까. 당신이 미처 깨닫기 전에 회사는 이미 보이지 않게 당신에게 '도태되지 않는 비결'을 전수하고 있다. 도태는 대부분 경쟁자가 없는 데서 시작된다. 투지도, 극복의 열정도 없는 상태에서 안락함이 계속되면 변화의 틈새를 필사적으로 찾지 않게 된다.

N잡의 시대

이제는 평생에 걸쳐서 3~5가지의 직업을 갖는 것은 당연한 시대가 되었다. 그리고 동시에 두세 가지의 일을 할 수도 있다. 어떤 일을 그만두고 다시 시작하는 것이 쉬운 일만은 아니다. 자신의 이력을 자기 스스로 책임져야 하는 것은 커다란 도전이다. 도전을 무사히 헤쳐나가는 사람들은 자유와 기회를 한껏 음미할 것이고 그렇지 않은 사람들은 직장생활 이후의 생활이 힘겹고 숨 막힐 것이다. 그런 사람일수록 시간과 노력을 들여 자신의 가치를 높이고 스스로 인생을 책임지며 사는 방법을 배워야 한다[147].

우리는 직장에 다니는 동안 '감수하는 삶'을 살고 있다. 한번 뿐인 생을

147) 김용진, 퇴사이후 어떻게 살것인가?(미다스북스, 2019).

그저 감수하며 살고 싶지 않다면 바깥으로 나올 수 있는 시간과 기회를 의도적으로 확보해야 한다. 내가 지금 하는 일을 통해 직장 밖에서 할 수 있는 일을 충분히 숙고하고 내가 정말하고 싶은 일이 무엇인지 찾는 노력을 해야 한다. 만족스러운 결과를 얻으려면 충분한 시간을 투자해야 한다.

4차산업이니 혁명적 변화니 해도 전문직 종사자나 서비스 업종에 일자리는 계속 존재할 것이다. 하지만 대기업 정규직이나 공무원들처럼 일정 기간 정년까지 일할 수 있는 직종은 제한적이거나 눈에 띄게 줄어들 것이다. 앞으로 많은 사람들이 정규직보다는 프리랜서나 시간제 일을 통해 먹고사는 문제를 해결할 것이라고 예상한다. 그렇게 보면, 개인이 여러 종류의 일에 종사하는 것이 일반화 될 것이다.

한 살이라도 젊을 때 부딪히면, 실패하더라도 금방 일어날 수 있다. 자기 전공을 벗어나 새로운 일을 시도하는 것도 두려울 수는 있지만, 우리가 정말 경계해야 하는 일은 불안감과 막연한 두려움 때문에 아무것도 하지 않고 소중한 시간을 낭비하여 인생을 정말 위험하게 만드는 일이다. 직장을 다니는 동안 조금씩 준비하길 바란다. 인생에서 수입과 지출의 시기를 나누어 보면 그래도 안정된 회사에 다니는 동안은 수입의 시기다. 인생 2막에 대해 조금씩 준비해나간다면 회사를 떠나야 하는 지출의 시점이 왔을 때, 보다 안정적으로 시작할 수 있을 것이다.

이를 위해 자신의 잠재력을 발견하라. 이렇게 하기 위해서는 다양한 경험이 필요하다. 현대 생활에서 다양한 경험은 쉽지 않다. 이를 보완할 수 있는 것이 간접체험이다. 광범위한 독서를 통해 다양한 분야를 간접적으로 체험해 볼 수 있다. 또 자신의 잠재력을 발견하기 위해 필요한 준비는 호기심이다. 처음 가본 곳에서 만나는 낯선 환경, 어디를 가야 할지 모르는 당황스러운 상황, 다른 문화와 충돌하고 극복해나가는 경험만이 나에게 새로운 자극을 선물한다. 우선 나에게 많은 것을 마주하고 대면할 기회를 주어야 한다. 그 과정에서 우연히 영감의 실마리를 발견하면, 그것이 바로 나의 잠재력을 잡는 순간이다. 비록 늦었더라도 과감하게 방향을 틀어 도전해볼 수 있는 용기가 필요하다. 인생은 바로 자기 자신에 대한 도전이고 혁명이다. 무조건 도전하라. 그리고 훈련하라. 그럼 무엇이든 할 수 있다.

단지 살기 위한 삶이라면 내 인생이 너무 초라해진다. 그래서 나는 자신이 좋아하는 일, 하고 싶은 일을 찾는 것부터 시작하라고 권한다.

경쟁하지 않는 삶[148)]

경쟁의 긍정적인 효과는 결과를 얻을 수 있다는 믿음이 있는 한 유효하다. 그러나 승자 독식이라는 약육강식의 정글로 변한 경쟁 사회는 안식처가 될 수 없다. 하고 싶은 일을 하며 자기만의 길을 가는 것이 오히려 성공하는 시대가 되었다. 경쟁에만 집중하면 큰 그림을 보지 못한 채 우물 안 개구리로 전락할 가능성이 높다. 경쟁하지 않고 자기가 원하는 길을 가야 한다. 낯선길이 두려움으로 다가올지라도 한 발 앞으로 내딛자.

피 말리는 경쟁은 시간이 지날수록 경쟁자들 간의 차이가 없어지고 모두가 비슷해지는 경쟁적 수렴 현상을 유발한다. 그런데 경쟁적 수렴 현상은 참여하는 경쟁자들 모두에게 재앙으로 다가온다. 아무리 열심히 노력해도 경쟁적 수렴 효과로 인해 이익을 얻을 수 없기 때문이다. "성공에는 어떤 속임수도 필요 없다. 주어진 일을 위해 피와 땀을 흘려 일

---

148) 조철선, 공공은 경쟁하지 않는다(전략시티, 2018).

할 뿐이다"라는 강철왕 앤드류 카네기Andrew Carnegie의 말은 원론적인 수사일 뿐이다. 경쟁이라는 상대적인 게임에선 아무리 열심히 노력해도 패자가 생기기 때문이다. 또 치열한 무한 경쟁시대에 모든 일을 잘하는 사람은 평범한 사람에 그친다. 오로지 경쟁에서 이기기 위해 헛된 노력을 쏟는 모습들이 곳곳에서 목격된다. 한 예로 대학 진학률이 80%가 넘는데도 국가 경쟁력은 오히려 하위권을 맴돈다. 스위스 국제경영개발원IMD이 평가한 대학 교육의 사회적 요구에 대한 부응도에서 우리나라는 55개국 중 53위를 차지했다. 실질적으로 유용하지 못한 교육을 받기 위해 어릴 때부터 사교육까지 받아가며 십여 년 넘는 삶을 몽땅 투자했다는 소리다.

기업은 너도나도 블루오션을 찾고 '경쟁하지 말고 독점해야 한다'며 온리 원Only One을 외치고 있다. 이제 성공한 사람들의 면모가 바뀌고 있다. 전형적인 성공의 길로 가는 거리가 먼 사람들이 오히려 성공가도를 달리고 있다. 겨우 밥벌이하며 살아갈 것 같은 사람들이 방송에도 나온다. 자기만의 색깔로, 자기만의 길을 가며 세상을 향해 당당하게 외치고 있다. 이러한 것은 풍요로움에서 기인한다. 모든 것이 부족할 때에는 작은 것 하나에도 크게 만족하지만, 풍요로울 때는 추가적으로 하나 더 가지는 걸로는 쉽게 만족하지 못한다. 그러다 보니 비슷비슷한 상품과 서비스에는 관심을 가지지 않게 되고, 독특한 상품, 그 어디에서도 접할 수 없던 서비스에만 열광한다. 온리 원, 자기만의 길이 각광을 받는 이유가 바로 거기에 있다.

사회적 경쟁이 심화될수록 더욱 강조해야 할 지점은 '문제를 해결하기 위해 다른 사람들과 합리적으로 논쟁하라'가 아니라 '문제가 해결되는 과정에서는 늘 상처를 받는 사람이 있을 수 있다'는 것이어야 한다. 공동체가 합리적인 논쟁을 통해 최선의 해결책을 찾아내더라도 그 과정에서 정서적으로 배려받지 못한 사람이 나온다면, 그는 그 해결책을 실행하는 데 협력할 동기를 잃고 방관자가 될 가능성이 크다. 사회적 혁신은 경쟁을 통해서만 얻어지는 것이 아니다. 도리어 경쟁보다는 협력이, 경쟁조차도 유쾌하게 할 수 있는 사회적 분위기가 더 큰 사회적 혁신을 가능하게 한다.

경쟁과 관계없는 사람들의 삶을 보자. 공부보다 개를 좋아한 반려견 훈련사 강형욱, 미대 입시에 떨어진 만화가 미생의 윤태호, 저질스러운 춤을 추는 B급 가수 싸이(본인이 B급가수라고 한다), 걷기에 미친 제주 올레의 서명숙, 커피와 사랑에 빠진 박이추, 의대를 나와 요리사가 된 김훈이, PC방 죽돌이였던 게이머 임요한, 인터넷방송이나 하는 허팝과 이사배, 경쟁의 관점에서 보면 이들은 낙오자이다. 이러한 낙오자, 떨거지, 또라이들이 오히려 세상의 전면에 나서고 있다. 이들은 세상이 뭐라 하든 자기만의 길을 간다. 좁디 좁은 경쟁의 길에서 벗어나 성공가도를 달리고 있다.

경쟁과 관계없는 초격차를 이루기 위해서는 단순히 시장의 파워나 상대적 순위를 의미해서는 안 된다. 비교 불가한 절대적 기술 우위와 끊임없는 혁신, 그에 걸 맞는 구성원들의 격을 의미한다. 초격차란 미래를 대비하여 기업의 모든 차원을 과감히 혁신하는 것이다. 즉 다른 누군가와 비교 대상이 되기를 거부하고 기술은 물론 조직, 시스템, 공정, 인재배치, 문화에 이르기까지 모든 부문에서 누구도 넘볼 수 없는 격level(格)을 높이는 것이 초격차 전략이다. 초격차는 규모나 자본에 의해 그 실현 가능성이 결정되는 것이 아니라 과감한 혁신을 향한 리더의 의지, 구성원의 주도적 실천에 의해 이루어지는 것이다. 변화가 필요하다고 느낀다면 머뭇거리지 말고 과감히 실행에 옮겨 자신만의 '격'을 만들라[149].

새로운 길

사람은 꿈을 먹고 산다. 꿈이 없다면 하루하루는 어제와 별반 다르지 않은 지루한 일상일 뿐이다. 꿈은 가슴에 열정을 안겨준다. 고난을 이겨낼 힘도, 꿋꿋이 참아낼 인내심도 만든다. 먼 미래에 성공한 자신을 떠올리며 열심히 노력하는 게 사람이다. 목표의식이 뚜렷해야 한 방향으로 집중할 수 있다. 그런 점에서 목표 의식이야 말로 성공하는 데 가장 중요한 요소라고 할 수 있다[150].

성공하기 위해서는 목표가 있어야 하고 항상 긍정적인 자세와 끈기 있는 습관은 성공의 처음과 끝이다. 그리고 인간관계는 모든 성공의 윤활유 역할을 한다.

승자의 저주라는 말이 있다. 경매나 입찰 경쟁에서 이기긴 했지만 이겨도 이긴 게 아닌, 오히려 더욱 상황이 나빠지는 경우를 말한다. 무조건 이기고 싶은 마음에 자신이 손해를 볼 수 있음에도 경쟁 심리가 발동해 무리하게 추진하다 낭패를 보는 격이다.

위대한 기업, 애플, 아마존 구글 등 초일류기업들은 경쟁에서 승리해 그 자리에 올랐다고 생각할지 모르지만, 사실은 그렇지 않다. 경쟁에는 관심을 조금도 두지 않은 채 오로지 새로운 길을 개척해 나갔다.

애플은 초기 성공에 도취 되어 업무용 스마트폰에만 머물던 블랙베리와 달리 다양한 앱을 활용할 수 있는 애플만의 스마트폰을 만들기에 집중

149) 권오현, 초격차. 1(쌤앤파커스, 2018).
150) 조철선, 공공은 경쟁하지 않는다(전략시티, 2018).

했다. 아마존도 전자상거래를 구현하는 데 만족하지 않고 오로지 고객 편의성을 제고시키기 위해 모든 역량을 쏟아 부었다. 팝업과 배너 광고 등 수익 창출에 몰두했던 야후 등과 달리 오로지 검색 기능 강화를 통해 '검색'만을 위한 검색 사이트를 구현한 구글도 있다.

20세기 자동차 시대를 열었던 헨리 포드Henry Ford가 경쟁에서 이기길 원했다면 자동차가 아니라 더 좋은 마차를 만들었을 것이다. 애플과 아마존, 구글 역시 마찬가지로 기존의 경쟁자들보다 더 나은 것을 지향하지 않고 남다른 시각으로 새로운 길을 개척했기에 지금의 자리에 오를 수 있었다.

고통과 마주하라

우리는 죽을 때까지 새로운 것을 배우듯, 죽을 때까지 나 자신을 테스트하는 것을 멈춰서는 안 된다. 언제나 세상은 변하고, 예상은 불가능하고 또 새로운 것이 등장하기 때문이다. 이런 테스트과정에서 하나 배운 것이 있다면, 그것은 바로 '고생'에 대한 것이다. 직장생활에서 뻔한 미래가 보임에도 불구하고 선뜻 새로운 인생을 개척하지 못하는 이유는 바로 고생할 것 같은 느낌 때문이다. 이러한 고생과 고통만이 나를 성장시킬 수 있다는 사실을 알게 된다. 힘든 그 고통스러운 시선들을 하나씩 걷어가는 과정에서 나는 부쩍 성장하고 조금씩 나의 힘을 확장해 나가고 있다는 사실을 느낀다. 직장생활을 하는 사람이라면 누구나 느끼듯이 일을 해내는 고통을 참아내야만 성취라는 것도 있고, 그 과정에서 자신의 업무 능력이 하나씩 더 발전하게 되는 법이다. 고통은 성장으로 가는 지름길이다. 그것을 외면하지 않고 당당하게 받아들이는 자세를 가질 때 직장 이후의 삶은 더 빠르게 성장할 수 있다.

자신만의 온전한 직업이 있다면, 여기에는 '확장성'이라는 것이 존재한다. 즉 한 분야에서 전문가가 되면 그 다음부터 주변으로 확장하기는 그리 힘들지 않다. 그리고 이런 확장을 스스로 해 나가다보면 자연스럽게 직업이 열개인 사람이 된다. 직업의 개수가 많다는 것은 전문성이 떨어지는 것이 아니라 오히려 전문성을 갖춰야 하는 일이기도 하다.

회사에서 열심히 일해야 하는 이유는 회사라는 거인의 어깨 위에서 많은 것을 배울 수 있기 때문이다. 이 거인에 올라 탈 때는 나름의 전략을 잘 짜야 한다. 그 높은 곳을 올라 세상 풍경만 감상할 것인지, 아니면 치열하게 세상을 관찰하고 거기서 무슨 기회를 찾을 것인지, 어떻게 자신만의 탐험을 해나갈지를 결정해야 한다. 이 과정을 어떻게 보내느냐에 따라 결국 거인의 어깨에서 내려왔을 때의 삶이 결정되기 때문이다.

회사는 충성스럽고 성실한 인재를 통해 계속해서 성과를 만들어나가야 하고, 그렇지 않은 사람은 퇴출해야 할 이유가 충분히 존재한다.

회사는 당신의 일에 대한 능력을 키워주는 인재개발원이다. 중요한 것은 이 연수를 제대로 받으려는 태도다. 회사의 모든 일에 깊숙이 관여해야 더 많은 일을 할 기회도 주어지고 그렇게 해야만 경험의 폭도 넓어진다. 대개 회사는 일을 열심히 하는 사람에게 더 많은 일을 준다. 회사에서 할 수 있는 것은 다 해볼 필요가 있다. 흔히 말하는 '라인'도 타보고, '파벌싸움'도 해보자 상사의 눈치를 보면서 기분을 맞추는 스킬도 체득하자. 회사에서 할 수 있는 모든 것을 경험하면 연수 생활은 더욱 풍성해지고 당신이 나중에 사회에 나와서 할 수 있는 것도 더 많아진다. 그 안에서 최대한 성과를 내면서 회사와 윈윈의 관계를 만들어 낼 수도 있다.

회사의 시스템은 돈을 버는 인류의 지혜가 응축되어 있다. 따라서 개인적으로 독립하기 전에 이 모든 지혜를 자신의 것으로 만들고, 거기에 익숙해지는 것은 향후 독립을 위한 최고의 방법이 아닐 수 없다. 특히 작은 기업이 좋다. 대기업은 자신에게 주어진 역할만 하면 그만이기 때문에 다양한 분야를 섭렵하기가 쉽지 않다. 회사에 다니면서 더 중요한 것은 자기 스스로가 회사의 사장이 되었다는 생각으로 모든 과정을 직간접적으로 체험해 보는 일이다. 회사라는 과정을 거치고 그 안에서 먼저 배워야 한다. 그것이 바로 인류가 발명한 거인의 어깨에서 더 크고 넓은 안목을 기를 수 있는 방법이기 때문이다.

16

이력서 다시 쓰기

분쟁조정은 합리적이여야

한 겨울에 정전이 발생해서 경상북도 고령군 142개의 농가에서 딸기 냉해로 피해를 입었다. 온실의 온풍기와 보일러가 중단되어 딸기 포기가 얼어 죽거나 열매가 열려도 기형과 냉해가 생겨 상품이 되지 않는 것이다.

피해의 원인은 한국전력에서 관리하는 전봇대위의 '리크로자'라는 부품의 문제로 정전이 발생한 것인데 원인을 찾아 복구가 늦어지면서 피해가 확산된 것이다.

문제는 피해액을 산정하는 것이 관건이었다. 현장에 나가 피해액을 산출했다. $1 m^2$ 당 딸기 포기수, 피해 정도를 산정하고, 이를 전체면적에 적용, 딸기 가격은 전국의 농가산출 3년 평균치를 적용했다. 이를 집계를 하니 총 145억 원의 피해액이 산출되었다. 이 작업에 농민과 담당자인 나, 지역의 농협이 참여했다. 한전측에 참여를 요청했으나, 참여하게 되면 피해를 인정하게 된다는 이유로 참여를 거부했다.

이것을 소비자분쟁조정위원회에 상정하여 심의한 결과, 전체 피해액의 50%에 해당하는 금액을 농민에게 보상하도록 조정안을 냈다. 왜 50%만 인정을 받았나? 그것은 정전이 되었으면 농민들도 자구책으로 짚 등을 이용하여 불을 피운다던지 발전기를 돌린다던지 노력을 해서 피해액을 줄이려는 시도를 했어야 하는데 그런 것을 발견할 수 없어 이 과실을 50%로 봤다.

한전은 조정안을 거부했다. 이유는 보상액 규모의 문제가 아니라 감사원과 국정감사를 받는 조직으로 쉽게 합의할 수 없다는 이유였다. 결국, 소송지원을 통해 대법원까지 가는 지루한 논쟁 끝에 피해액의 40%를 보상하도록 결론이 났다.

당시 시위를 주도하고 분쟁조정을 신청한 농민대표 김모 위원장은 '이 건이 잘되면 떡 두 가마를 해서 고생한 담당직원들에게 돌린다'고 했는데.... 아직도 소식이 없다?

좋은 대학을 졸업해 대기업에 취직하면 성공한다는 방정식은 통하지 않는다. 앞으로는 직장이 아닌 직업을 찾아야 한다. 내 강점을 살리고 열정적으로 몰입할 수 있는 업(業)이 필요하다. 직업에 대한 변화가 일어나고 있다. 직장은 일할 곳과 직책을 주었으나, 당신의 평생을 책임질 직업을 제공하지는 않는다. 기업은 고용은 줄이고 생산을 늘리는 방식을 고려할 것이다. 80세까지 일해야 하는 시대가 왔다. 누구에게도 의존하지 않고 스스로 생존할 수 있는 방안 마련이 시급하다. '내가 곧 직장'이 되어 원하는 삶을 살아야 한다[151].

직장은 취업, 취직, 일하는 장소, 직책과 타이틀이 있으나, 길게 보아 30년이다. 이곳은 전쟁터, 정보력, 직장은 직업을 찾기 좋은 곳으로 상징된다. 전문성을 확보하고 외부 활동과 연계해 조금씩 영역을 확대할 필요가 있다.

직업은 전문성과 기술이 필요하다. 직장생활 후 독립해서 살 수 있어야 한다. 내가 곧 직장이고 이것은 평생의 업으로 할 수 있는 것이다. 직장을 그만두면 낭떠러지에 서있는 느낌이 들지만, 전문성으로 무장하고 사전에 준비만 하면 평생의 직업도 어려운 것이 아니다.

프리랜서는 나름 자신의 전문성과 자신의 영역에서 생존하는 전략중 하나다. 이는 스스로 시장 수요를 이끌어내기보다는 의뢰받은 일을 진행하게 된다.

퇴직에 준비하고 다음과 같이 행동해라.

- 직장생활에 끝이 있으니까 퇴직을 대비해야 된다는 것을 명심하라.

---

151) 홍순성, 나는 1인기업가다(세종서적, 2017).

- 더 오래 일하기 위해서 현재 직장에서 최선을 다하라.
- 다른 곳에서도 일할 수 있도록 현재 직장에서 최선을 다해 일해서 역량을 개발하다.
- 갑작스런 퇴직에 대비하라.
- 장기적인 계획으로 투자하라.
- 준비를 해두고 마음 편하게 현재 직장에서 최선을 다하라.

어떤 소방관이 직업적으로 늘 죽음의 순간을 준비해야 하기 때문에 최대한 오늘을 재미있고, 의미 있게 살려고 한다는 말을 듣고 공감이 갔다. 끝과 죽음에 대해 미리 생각해보는 것은 시간에 대한 시야를 축소해주는 매력이 있다. 나에게 남겨진 시간이 그리 많지 않다는 것을 깨닫게 해준다는 뜻이다. 나의 죽음과 끝에 대한 그림을 그리고 나면 현재 어떤 의사결정을 해야 하는지 지금의 시간을 어떻게 보내는 것이 나을지 명료하게 생각할 수 있다.

죽음과 끝에 관한 생각을 하게 되면서 나는 좋은 술은 아끼지 않고 먼저 마신다. 먹고 싶은 음식이 있으면 되도록 무리하지 않는 선에서 먼저 먹어보고, 가보고 싶은 여행지가 있으면 미루지 않고 먼저 가본다. 배우고 싶거나 모험하고 싶은 것이 있어도 그렇다. 현금만이 아닌 추억도 '저축'의 대상이다.

전문성

많은 직장인들은 전문성 확보에 많은 니즈가 있다. 대부분의 직장인은 다른 사람은 전문가로 인정하지만 정작 본인은 전문가가 아니라고 생각한다. 직장인들이 일반적으로 인정하는 전문가는 자격증을 취득한 사람이다. 변호사, 의사, 감정평가사, 그리고 교수, 기계장치나 공사현장의 특정기술자 등을 의미한다. 전문성에 관한 세 가지 관점으로 생각해 보고 전문성을 보는 이해도를 높여 자신의 커리어 방향에 참고할 만하다[152]. 전문성은 상대적이다. 기획, 인사, 전략, 마케팅, 물류, 홍보 등등 모두 전문적인 일이다. 다음 전문성의 핵심은 암기의 양이다. 의사, 변호사와 같은 직업은 자격증을 획득하기 위해 무척 많은 양을 암기해야 하기 때문이다. 이는 직장인의 특성상 암기할 것이 많지 않기 때문이다. 지금 하고 있는 일에 또는 연관된 분야에서 암기할 것이 있는지를 찾아 이 분야를 공부하는 것이다. 마지막으로 전문성이라는 해당 분야의 전체를 알아야 한다. 의사, 변호사와 같은 보편적인 전문성외에 회사에서 어떤 분야에서 일정기간 일하고 공부했다면 그 분야의 전문가로 볼 수 있다.

전문성은 특정한 분야에 뛰어난 지식과 경험을 가지고 그 분야의 문제해결 능력을 갖추는 것이다. 전문성을 갖추려면 오랜 시간 동안 시간과 노력을 한 분야에 쏟아야 한다. 문제해결 능력은 끊임없는 생각의 힘이 필요하다.

전문성을 갖춘 직장인들에게는 몇 가지 공통점이 있다. 그들은 뚜렷한 전문분야를 가지고 계속 학습하는 특성이 있다. 그들은 일에서 의미를 찾고 일을 두려워하지 않는다. 도전적이고 어렵지만 배울 수 있는 일이라면 기꺼이 뛰어든다. 그들은 실패를 하더라도 이를 두려워하지 않는다. 실패도 배움이다. 그들은 직장 안의 많은 사람들에게 한 분야의 전문성으로 존재감이 크다. 그들은 그 문제에 대한 해결사이다. 그들은 승진보다 중요한 것이 자신의 성장이다. 전문성은 일의 성과를 통해 입증된다.

152) 전준하, 불안과 불만사이(싸이오메이커, 2019).

일이 생길 때 떠오르는 사람, 주특기가 뭐냐고 물을 때, 3초 안에 답할 수 있는 사람이 되어야 한다. 이는 전문분야를 가지면 가능하다. 해당 분야의 전문 지식을 갖추고 경험을 쌓고 지식을 정리해서 체계화하는 등 나만의 역량을 쌓아야 한다. 해당 분야의 전문가 그룹과 교류하고, 다양한 사례를 연구해야 한다. 특정분야에 미쳐야 한다. 물론 전문성의 징표로 해당 분야의 공인 자격증을 취득하거나 학위를 취득하는 것도 병행하면 좋다. 회사에서 찾는 사람이 많아 바쁘고 힘들다고 하는 사람이 있는데 이는 찾아 주는 사람이 있는 것이 행복한 상황이다. 찾지 않은 사람은 지금의 자리조차 지키기 어렵다.

자신의 목표를 회사에서 정해놓은 부서나 직책으로 설정한 것이 아니라, 자신이 관심 있는 주제를 정해놓고, 이를 다양한 기회와 각도에서 경험하면서 자기만의 영역을 구축해나간다. 직장인이 승진을 목표로 삼았다면 마케팅 부서에서 일하다가 전혀 경험이 없는 인사부로 옮기지는 않을 것이다. 승진보다는 전문성을 만들어가는 데 도움이 되는 경험을 찾아다니는 것을 주저하지 말자.

승진을 목표로 삼으면 직장생활이 피곤해지기 마련이다. 더 큰 문제는 경쟁자를 이기는 데만 신경쓰다 보니 자신의 전문성을 제대로 구축하기 힘들어진다. 반대로 전문성을 중심으로 노력하다 보면 실력에 따라 승진할 가능성도 커질테고 승진이 안 되더라도 자신의 전문성으로 새로운 것을 시도해 볼 가능성이 생긴다. 목표가 생기면 관련 프로젝트에 참여할 기회를 찾아보고, 어떤 교육을 받아야 할지 고민하고, 인터넷을 찾아볼 때도 자연스럽게 관심 분야의 자료를 찾게 된다. 전문성이 어느 정도 쌓이면 책을 써보고, 강의도 하고, 토론회에 나가 발표도 해보는 것이다. 이를 통해 외부와 네트워크는 물론 본인의 전문성을 테스트 해

보는 것이다. 그러면서 본인의 전문성이 확보된다.

미래의 이력서를 만들어보는 것도 방법이다. 만일 38세의 직장인이라고 생각하고 20대 중반에 직장에 들어와 50세 즈음에 퇴직하는 현실을 생각하면 중간 지점에 와 있는 나이다. 45세까지 만들고 싶은 전문성이 있다면 매년 자신이 경험하거나 배워야 할 것을 역순으로 미리 생각해 볼 수 있다.

회사가 아닌 내 이름으로 돈을 벌 수 있는 나만의 개인기, 전문성은 무엇인가?

직장생활 10년 했다고 전부 전문가가 되는 것은 전혀 아니다. 의식적으로 노력을 해야 한다. 자기 분야에 대한 전문코치가 필요하다. 1만 시간, 10년 이상의 노력을 시작하기 전에 어느 정도의 투자를 아까워하는 것은 어리석은 생각이다. 학습된 무력감을 극복하고 어떤 일이 생기든 거기서 배울 점이 있다고 생각하는 성장형 자세를 갖는 것이다. 우리의 감정과 행동을 유발하는 요인은 객관적인 사건 자체가 아니라 주관적인 해석이다.

이력서 다시 쓰기

직장을 다니면 굳이 재취업이 아니라도 본인의 이력서를 써볼 필요가 있다. 현재 본인의 수준이 어느 정도인지 점검하고 부족한 부분이 무엇인지 확인하는 것이다. 기존의 이력서가 단순히 과거의 경력을 정리한 것이라면 '6E 이력서'는 전문성을 발견하고 미래를 준비하는 데 도움을 준다[153].

153) 김 호, 직장인에서 직업인으로(김영사, 2020).

① **경험(Experiences)**: 실제 내가 실행했던 프로젝트들을 구체적으로 적어본다. 각 프로젝트에서 내가 기여했던 일과 긍정적 피드백이 있었던 점은 무엇인가? 최대한 상세한 목록을 만들수록 전문성을 발견하는데 도움이 된다.

② **전문 분야(Expertise)**: 이 경험 중에서 내가 그 과정을 즐겼고, 힘들었지만 그래도 재미를 느끼고 비교적 결과에도 만족했던 경험은 무엇인가? 자신의 전문분야를 명확하게 표현하는 사람은 자연스럽게 그 전문성을 발전시키기 위해 노력하게 된다. 향후 3년 이내에 나의 전문분야를 어떻게 다른 사람에게 설명해야할지 정리해보자.

③ **증거(Evidence)**: 전문성을 입증하기 위한 경력이 있어야 한다. 전문성을 염두에 두고 이번에는 거꾸로 경험의 리스트를 살펴보면서 자신의 전문성을 가장 잘 뒷받침할 만한 성취를 골라본다.

④ **노력/교육(Efforts/Education)**: 나의 전문성을 강화하기 위해 노력이나 받아온 트레이닝이 무엇인지, 혹은 전문성을 강화하기 위해 앞으로 받아야 할 교육이나 노력이 무엇인지를 살펴본다.

⑤ **추천인(Endorser)**: 자신의 전문성에 대해 주변에서 아무도 이야기해주지 않는다면 힘을 받을 수 없다. 특히 우리사회는 네트워크 사회다. 우리가 회사에서 승진하고 새로운 직업적 기회가 생기는 것은 누군가 다른 사람들의 추천과 칭찬이 있기 때문이다. 직장에 다니는 동안 자신의 전문성을 발견하게 되고 미래의 직업으로 발전시켜 나가려는 사람은 이러한 프로젝트에서 일할 기회를 얻었을 때 다른 태도로 임하게 된다.

⑥ **교환(Exchange)**: 직업을 만드는 전문성은 한 가지 수식어가 붙어야

한다. 돈으로 교환할 수 있는 전문성이어야 한다. 내가 가진 전문성, 개인기 중에서 돈과 교환할 수 있는 기술이 무엇인지를 따져보는 것이다. 지금 당장 없다면 앞으로 직장인에서 직업인으로 전환하는 과정에 반드시 찾을 필요가 있다. 돈으로 바꿀 수 없는 전문성은 취미의 영역에 머물 뿐이다. 내 이름을 직장 내에서 브랜드로 생각할 때, 사람들은 나라는 브랜드를 선택할까?

적극적인 생각

독립해서 사업을 하게 되면 직장생활을 했을 때 만들었던 인간관계가 직간접적으로 영향을 미치게 되는데, 사업을 나중에 하든 안하든, 직장에서의 인간관계가 중요하다는 점을 강조한다.

직장 다니면서 경험했던 '수단'들이 독립하고 나니 자신의 개인기가 되어 돈을 벌어들일 수 있는 경우가 있다. 나도 직장에서 조직에 교육을 받으러 온 학생, 단체, 타회사의 직원들 대상으로 또는 고객사를 대상으로 한 '강의'를 진행했는데 당시에는 나의 주된 업무도 아니고 그리 중요하게 생각하지 않았다. 그런데 회사를 그만두고 나서 독립하여 직장에서 월급을 받으며 배웠던 것이 경제적 가치를 만들어내는 수단이 되었다. 직장에 있는 동안 새로운 것을 배워서 자신의 도구로 만드는 것이 중요하다. 직장 다니는 동안 돈 받고 독립할 수 있는 트레이닝을 받는다고 생각하거나 향후 사업할 수 있는 기반을 만든다는 생각으로 일에 접근한다.

직장을 떠날 때

저점이 아닌 고점에서 옮겨라. 고점에서 옮기라는 조언에 대해 일도 신나게 잘 풀리고 승승장구할 때 옮기란 말인가라는 의문이 생길 수 있다. 고점에서 옮기라는 말은 다시 풀어보면 무엇인가 익숙해질 때 옮기라는 말이다. 익숙하다는 말은 더는 배움이나 자극이 없다는 말이다. 커리어를 개발하면서 익숙함은 경계의 대상이다. 성장이 멈추었다는 뜻일 수 있기 때문이다. 나도 공공기관에서 21년 10개월을 근무했다. 모든 것이 익숙했다. 어느 것 하나 처리하는 데 그렇게 어려운 것은 없었다. 팀원과의 관계, 부서장 및 임원과의 관계, 사업수행하는 것, 계획서, 결과보고, 보도자료 내는 것 등등 이미 20년 넘게 해온 것들이었다. 상도 받아보고 승진도 해봤다. 나는 더 배울 것이 별로 없다고 느꼈다. 떠난다고 하니 다들 놀랬다.

떠나기로 마음 먹었다면 잘 헤어져야 한다. 보통 직장을 옮길 때 우리는 새로 옮기는 직장에 더 비중을 두고, 떠나는 직장에는 소홀히 하는 경우를 자주 보게 된다. 소셜미디어로 더 강하게 연결된 세상에서 이것처럼 자신을 망치는 일도 없다. 한 두 사람만 거치면 모두가 아는 사이다. 끝이 안 좋으면 앞으로 또 문제가 되어 돌아오기 때문이다. 급하고 안 좋은 상황에서 어쩔 수 없이 독립하는 것이 아닌 느긋하고 안정된 상황에서 오랜 고민과 준비 끝에 독립하는 게 더 나을수 밖에 없다. 회사를 떠나는 일도 주도적으로 해야 한다. 떠밀려 나오지 말고 고점에 있을 때 내발로 걸어 나와라.

마음가짐

은퇴하면 가족으로부터 외면을 받기도 하고, 무엇을 해야 할지 모르는 공허함에 시달리기도 한다. 또 과거의 사람들과 단절되면서 외로운 생활을 할 수 있다. 퇴직한 사람은 그간 일을 배우고 성과를 올리느라 노곤해진 몸의 뭉친 근육을 풀고 비뚤어진 뼈를 다시 맞추는 일, 그래서 일에 지친 자신의 인생을 건강한 상태로 되돌려가는 하나의 과정이다. 모든 직장인들은 언젠가 직장을 나가 맨몸으로 사회를 만나야 한다. 기왕에 이런 결말을 맞을 수밖에 없다면 스스로 준비하고 나오는 것이 최선이며 유일한 방법이다.

살면서 평안하고 안정적인 모습도 중요하지만, 너무 뻔한 삶을 사는 것은 참을 수 없다. 교사를 그만두고 보험설계사를 하는 사람의 모습에서 스스로 얼마나 새로운 삶을 위해 전력투구 하는지를 본다. 작은 붕어빵을 하나 먹더라도 설령 그 맛이 좀 떨어지더라도 우리가 스스로 만든 붕어빵을 나누어 먹고 싶다. 똑똑하게 열심히 고민해서 말이다. 스스로 만든 붕어빵이라는 자기 성취감에 대한 강렬한 열망이다.

무엇이 될것이냐 보다 어떻게 살 것인가? 우리는 어렸을 때부터 끊임없이 '무엇이 되라'는 이야기를 들어도 '어떻게 살고 싶니?'라는 질문은 받지 못했다. 그래서 우리는 결국 저마다 그 무엇이 되기는 하지만, 결국 삶의 내용과 방향은 공허한 상태가 되고 말았다. 지금이라도 어떻게 살 것인지를 고민하자.

노후가 외로우면 인생을 헛되게 살았다고 할 수 있고 자유로우면 그만큼 인생을 잘 살았다고 할 수 있다. 은퇴는 당사자는 물론 가족들에게도 정신적으로 힘든 시기다. 그런 어려움에서 빨리 벗어나려면 새로운 세계를 만들어 몰입하면서 즐기는 것이 최선의 방법이다. 매일을 소중하게 보내는 길만이 두려움과 불안에서 해방되는 길이다. 노인이 되어도 인생은 목표를 요구한다. 그것 없이는 제대로 살아갈 수 없기 때문이다. 사람은 받는 것보다 주는 것이 더 많아졌을 때 비로소 어른이 된다.

은퇴 기간을 길지 않게 만들려면 현직에서 더 오래하면 된다. 은퇴를 해도 끈질기게 청년으로 살면 된다. 평생 직업을 가지고 평생공부를 하면 은퇴로 볼 수 없다. 사람을 늙게 만드는 것은 은퇴라는 말 자체일 뿐이다.

뒷모습

회사를 떠나는 모습은 여러 가지다. 이들 중에는 사무실을 한 바퀴 돌면서 선후배나 동료들에게 정중하게 인사하거나 감사 메일로 마지막 인사를 대신하기도 한다. 떠나는 뒷모습이 아름다운 사람이다. 반면에 어느 날부터 갑자기 안보이는 사람, 평소 싫어하던 상사에게 불평불만을 쏟아내고 임원이나 대표이사에게까지 상사에 대한 악의적인 정보를 흘리는 사람도 있다.

안 좋은 일로 회사를 떠나더라도 마지막 모습은 아름답게 포장하는 것이 슬기로운 행동이다. 마지막 순간에 좋지 않은 인상을 남기면 사람들은 그 모습만 기억한다. 직장에서 그동안 쌓아온 좋았던 이미지가 한 순간에 무너질 수 있다. 승자의 강점은 타고난 출생, 높은 지능, 뛰어난 실력에 있지 않고 오직 태도에 있다.

원하지 않는 해고나 권고사직, 퇴직, 계약 만료 등의 사유로 회사를 떠나야 할 경우라도 절대 부정적인 인상을 남겨서는 안 된다. 불평불만을 있는 그대로 표현하거나 속마음을 가감없이 드러낸다면 그동안 회사에서 쌓아온 덕은 한순간에 소멸하고 만다. 남아 있는 이들은 속 좁고 볼품없는 당신의 마지막 모습만 기억할 것이다.

아름다운 마무리는 처음의 마음으로 돌아가는 것이다. 아름다운 마무리는 내려놓음이다. 비움이고, 용서고, 이해고, 자비이다. 평판조사시 동료들은 대부분 거짓말을 하지 않고 아는 범위에서 솔직하게 말한다는 조사가 있다. 친하다고 무조건 두둔해주지 않는다. 뛰어난 능력과 경력이 마지막 평판 조회에 발목 잡히지 않도록 평소 자신의 모습을 수시로 점검하고, 주변 사람들에게 자신이 어떤 사람인지 수시로 되돌아보기 바란다[154].

154) 장한이, 회사에 들키지 말아야 할 당신의 속마음(이다북스, 2018).

참고문헌

강보라, 나만 잘되게 해주세요(인물과 사상사, 2019).

강원국, 강원국의 글쓰기(주, 메티치미디어, 2020).

강환규, 스탠퍼드는 이렇게 창업한다(㈜라온 아시아, 2020).

곽준철 외 11인, 열한 가지 찐 창업 이야기(리커리어북스, 2021).

권순용, 퇴직은 있어도 은퇴는 없다(도서출판 유심, 2017).

권오현, 초격차1 (쌤앤파커스, 2018).

권혁찬, 슬기로운 회사생활(한국경제신문, 2018).

김계순, 박순주, 감정노동기술(새로운제안, 2020).

김남영, 남자의 품격(라온북, 2016).

김명희, 지금시대의 자기경영(바이북스, 2021).

김병도, 도전력(해냄출판사, 2018).

김용무, 손병기, 언택트 시대, 프로 일잘러의 업무공식 S.T.A.R(팜파스, 2020).

김용진, 퇴사이후 어떻게 살것인가?(미다스북스, 2019).

김종원, 문해력 공부(㈜ 알에치코리아, 2020).

김주형, 20대가 준비해야 할 것들(미래문화사, 2017).

김철수, 작고 멋진 발견(더 퀘스트, 2018).

김 호, 직장인에서 직업인으로(김영사, 2020).

노성열, AI시대, 내 일의 내일, -인공지능 사회의 최전선(동아시아, 2020).

매일경제신문, "오늘 퇴사했어요". 수천대 1 뚫었어도 미련없이 던지는 2030 (2022.2.4).

모기룡, 평생직장이 사라진 시대에 '나'라는 브랜드로 살아남기(책들의 정원, 2019).

박서윤, 최홍석, 누가 저 대신 프레젠테이션 좀 해주세요(씽크스마트, 2017).

박승억, 가치전쟁(사월의 책, 2020).

박원익, 조윤호, 90년대생들이 정말 원하는 것(지와인, 2019).

박중근, 70년대생이 운다(EBS북스, 2020).
박해룡, 직장생활, 나는 잘 하고 있을까?(플랜비디자인, 2018).
백금기, 간절한 목표가 인생을 바꾼다(보는 소리, 2015).
서준열, 개인의 시대가 온다(㈜미래엔, 2020).
송혜진, 하마터면 남들처럼 살 뻔했다(비즈니스북스, 2018).
사사키 후미오, 김윤경 역, 나는 단순하게 살기로 했다(비즈니스북, 2015).
사이토 다카시, 하진수 역, 데카르트가 21세기의 회사원이었다면?(마인더브, 2020).
새라 케슬러, 김고명 역, 직장이 없는 시대가 온다(더 퀘스트, 2019).
신군, 사장이 원하는 회사/직원이 바라는 회사(㈜라온아시아, 2021).
양병태, 두려움에 딴지를 걸어라(북랩, 2019).
오수향, 긍정의 말습관(북클라우드, 2018).
오승건, 하루 하루 시작(詩作)(흔들의자, 2020).
M과장, 요즘직장 생존법(흐름출판, 2020).
우경명, 내일도 무사히 출근했습니다(황금 부엉이, 2019).
이와따 마쓰오, 김윤경역, 결국 성공하는 사람들의 사소한 차이(비즈니스북스, 2019)
이명혜, 17년째 버티고 있는 중입니다(싱크스마트, 2021).
이정전, 초연결사화와 보통사람의 시대(여문책, 2019).
이찬, 박소영, 센스를 배웠더니 일머리가 돌아갑니다(자몽, 2021).
이후경, 한국인의 정신건강(학지사, 2022).
정동일, 리더십 강의(2021.9.28.).
월리엄 테일러, 정지현 역, 차별화의 천재들(토네이도미디어그룹(주), 2017).
장한이, 회사에 들키지 말아야 할 당신의 속마음(이다북스, 2018).
제이 설리번, 도지영 역, 심플하게 말하기(매일경제신문사, 2017).
전준하, 불안과 불만사이(싸이오메이커, 2019).
조관일, 회사는 유치원이 아니다(21세기북스, 2020).
조철선, 공공은 경쟁하지 않는다(전략시티, 2018).

최석규, 직업을 얻는다는 건(밥북, 2019).
한봉주, 어떻게 자신을 변화시킬 것인가(미래지식, 2014).
한근태, 고수의 질문법(미래의 창, 2018).
홍순성, 나는 1인기업가다(세종서적, 2017).
홍익희, 김정환, 이민영, 코리안 탈무드(행복한 북클럽, 2021).
홍장표, 보고서 작성 실무 강의(한빛미디어, 2019).

[기타]

ZDnet Korea, MS 직원 90% "원격근무 후에도 회사에 소속감 느껴"(2021.9.10.).
이데일리, 급여 더 주면 바로 이직, 출근도 꺼려… 기업들 인사관리 '비상'(2022.1.27.).
한국경제신문, 당신이 '애들'이라 부르는 그들이 당신의 미래를 이끈다〈김용섭의 트렌드 빅 퀘스천〉(2021.06.08.).

에필로그

『100세 시대, 직장에서 배워야 할 것』을 마무리하면서 정작 하고 싶은 이야기를 하지 못했다는 아쉬움이 남는다. 저자가 말한 대로 직장생활을 열심히 하고 나면 무엇을 할 수 있는데? 라는 질문에 답을 미처 제시하지 못하고 있다.

이 책은 30~40대 직장인을 위한 책이라면, 지금 40대 후반에서 50대까지 은퇴를 앞둔 이들이 무엇을 어떻게 준비해야 하나에 관한 고민이 있을 것이다.

이에 후속편으로 '100세 시대, 직장을 은퇴한 뒤, 해야 할 일'에 대해 고민하는 내용에 대해 준비하고자 한다. 예를 들면, 50대 은퇴자의 좌·충 우돌 도전기 정도, 은퇴 후 창업(독립/프랜차이즈)에 관한 고민, 재취업을 위한 면접과 프리랜서활동 등에 관한 내용을 저자의 경험을 중심으로 진솔하게 엮어나가고자 한다. 그리고 은퇴를 앞둔 시점에서 여러 종류의 자격증에 대하여 관심이 많은데 자격증을 취득하기 위해 어느 정도 시간과 노력이 필요한지, 또 얼마나 쓸모가 있는지에 관한 내용도 살펴보고자 한다.

꼰대의 조언 100세시대, 직장에서 배울 것들

발 행 일 • 2022년 4월 18일

저　　자 • 백 병 성
발 행 자 • 최 봉 조
발 행 처 • 진샘미디어
주　　소 • 서울시 은평구 연서로 5길 28 부호아파트 102동 상가5호
전　　화 • 02)353-4421 / FAX 02)353-4431
홈페이지 • www.jinsaem.co.kr

신고번호 • 제311-2005-000025호
I S B N • 979-11-91419-19-1 03330

정가 14,000원